ウタタビ
フタたビ

藤野まり子

鉱脈社

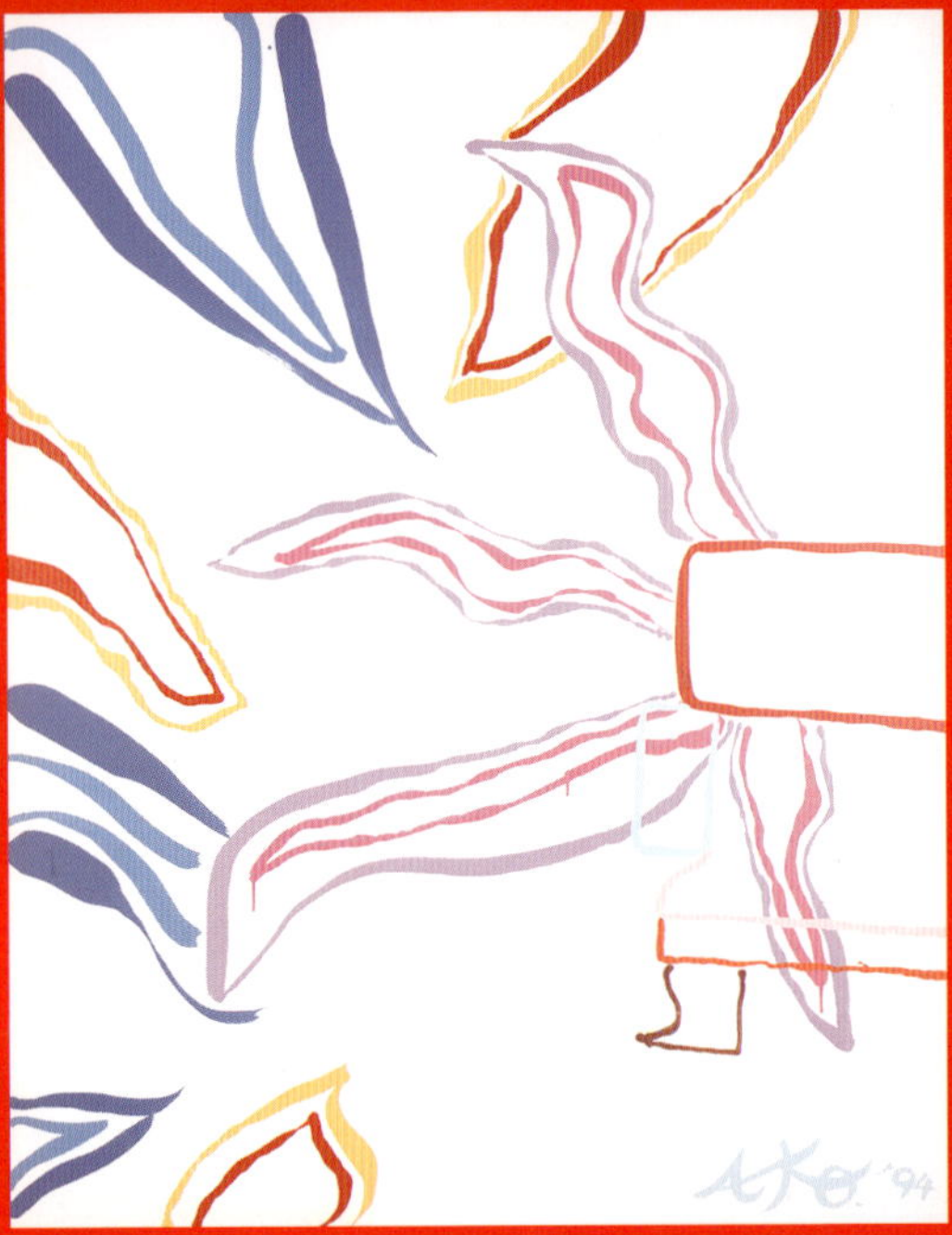

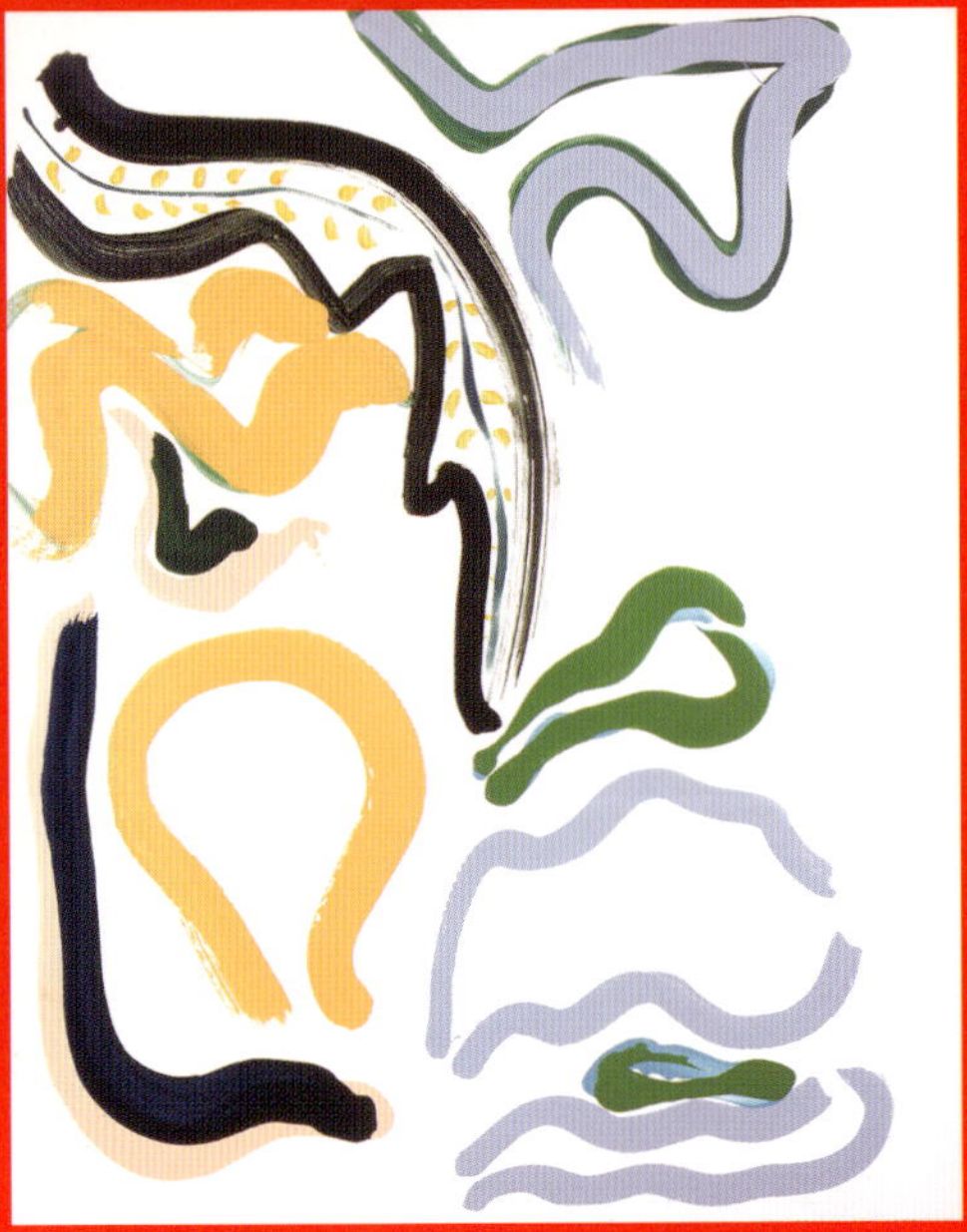

絵　藤野ア子
装幀　川口道子

王様のいす
にやりとわらった
かすかに笑う
イタリアの壺

カバー　ジャスミンフラワー
見返し　おしゃべりゆわかし
September　前扉　夏がきた

じゅぴあ Gallery

名作逍遥

白髪一雄「張良」

1990年　キャンバスに油彩
227×181.8㎜
現代っ子ミュージアム所蔵

じゅぴあ Gallery

生き物のようにうねる豪快で大胆な「黒」

現代っ子ミュージアムの和室に、白髪一雄氏の大作「張良《ちょうりょう》」が掛けてある。通称「帳良の間」。生き物のようにうねる、豪快で大胆な「黒」のその光沢は、絵の具の匂いまで伝わるような質感があり、さまざまに想像がふくらむ。

天井から吊るしたロープにつかまり、床に置いたキャンバスの絵の具の塊の上を、はだしで滑走する二十五分間の行為。まさしく、画家と絵の具とキャンバスの格闘技であろう。一九九六年、尼崎に白髪氏を訪ねた時、「私の画法は速い。二十五分間で終わる。その精神を集中させるため、半年前ぐらいからあんまり人さんには会いとうないんです。」と語られ、作品に対する厳しさを感じた。明治初期に建てられた日本家屋の玄関は、来客用と奥まった家族用があり、そこから出迎えて下さった。ご夫妻そろって和服でもてなされ、作品からは想像だにできないさりげない心豊かな暮らしぶりが垣間見られた。アトリエにはお不動さんが祀られ、制作の前に拝まれるという。比叡山延暦寺に籠り、精神の集中も。『僧籍　素道』

（文・藤野まり子）

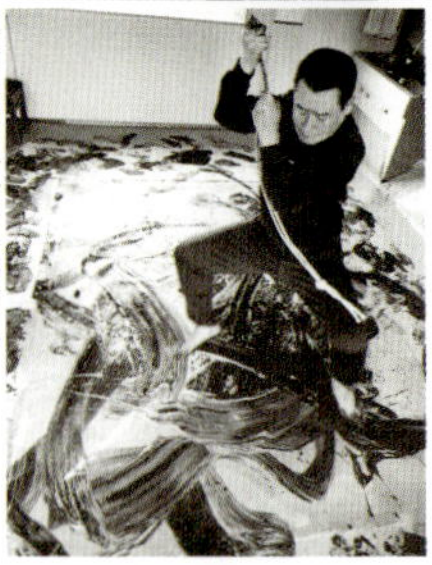

写真提供／サンケイ新聞社

しらが かずお ●PROFILE
1924年尼崎市生まれ。1955年、具体美術協会に参加。1973年「戦後日本美術の展開展」。1986年「日本の前衛芸術展」（パリ・ポンピドゥーセンター）、1993年「ベニスビエンナーレ展」。1978年、ご夫妻で来宮。2008年没。

※このコーナーでは、現代アートの名作を鑑賞していきます。

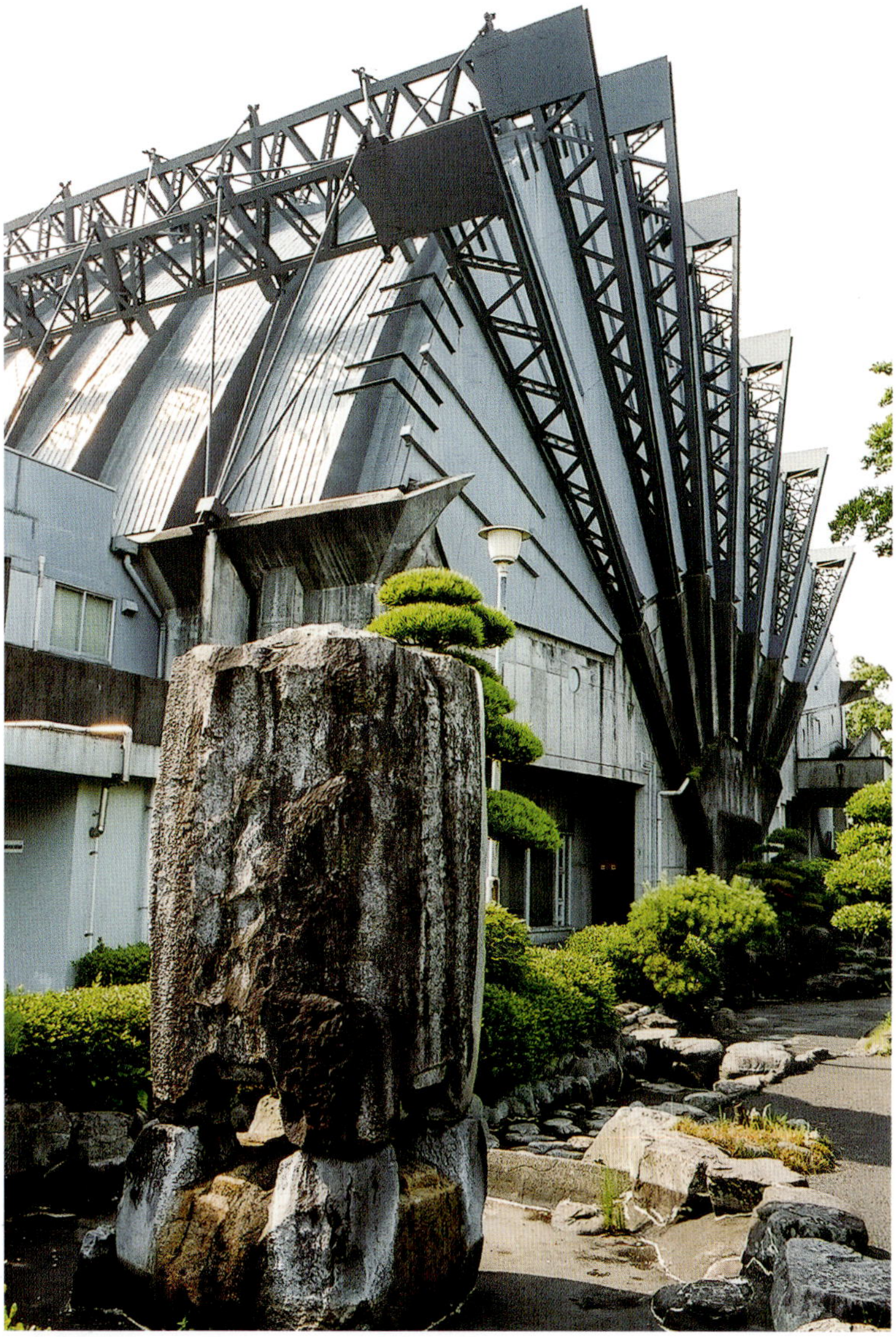

田中充秋
「ストーンスピーカー」

1960年頃　御影石
1m×1m×2.4m
都城市民会館所蔵

じゅぴあ Gallery

御影石のスピーカーと、怪獣のような建物

「ストーンスピーカー」。この耳慣れない言葉は、いったい何のことだろう。荒削りや磨いた部分のある御影石の彫刻。都城市民会館の東側の日本庭園。そこの池の南面に「ストーンスピーカー」が設置されている。

東京オリンピックの選手村で使用されていたものを移設。世界中から集まった選手たちにどんな役割を果たしたのだろうか。どこから音が出ていたのか、下から見上げたら、確かに音が出ていたであろう器具があった。柔らかい振動で、選手村に音楽などが流れていたと思われる。

一九六六年に開館した、菊竹清訓氏の建築設計による都城市民会館。共に関わった建築家の内井昭蔵氏は、「全体が幌馬車のようで、当時は〝ゴジラか怪獣のようだ〟と言われた。とてもすばらしい建築で、ピカ一の作品」とも。「形は三半規管なんですよ」と菊竹氏（『INAX REPORT no.134』）。先頃、九州国立博物館も手がけた菊竹氏の都城市民会館は、維持費の面で取り壊すべきか、芸術的歴史的価値で残すべきか、今、市民は決断を迫られている。

（文・藤野まり子　写真・藤野忠利）

資料提供・㈱菊竹清訓建築設計事務所

たなか みつあき ● PROFILE

本名　充昭。現在は空　充秋で活躍中。1933年広島県生まれ。1963～64年メキシコに滞在。東京オリンピック選手村に石彫制作。1973年第1回彫刻の森美術館大賞展。1987年第5回ヘンリー・ムア大賞展優秀賞。

※このコーナーでは、現代アートの名作を鑑賞していきます。

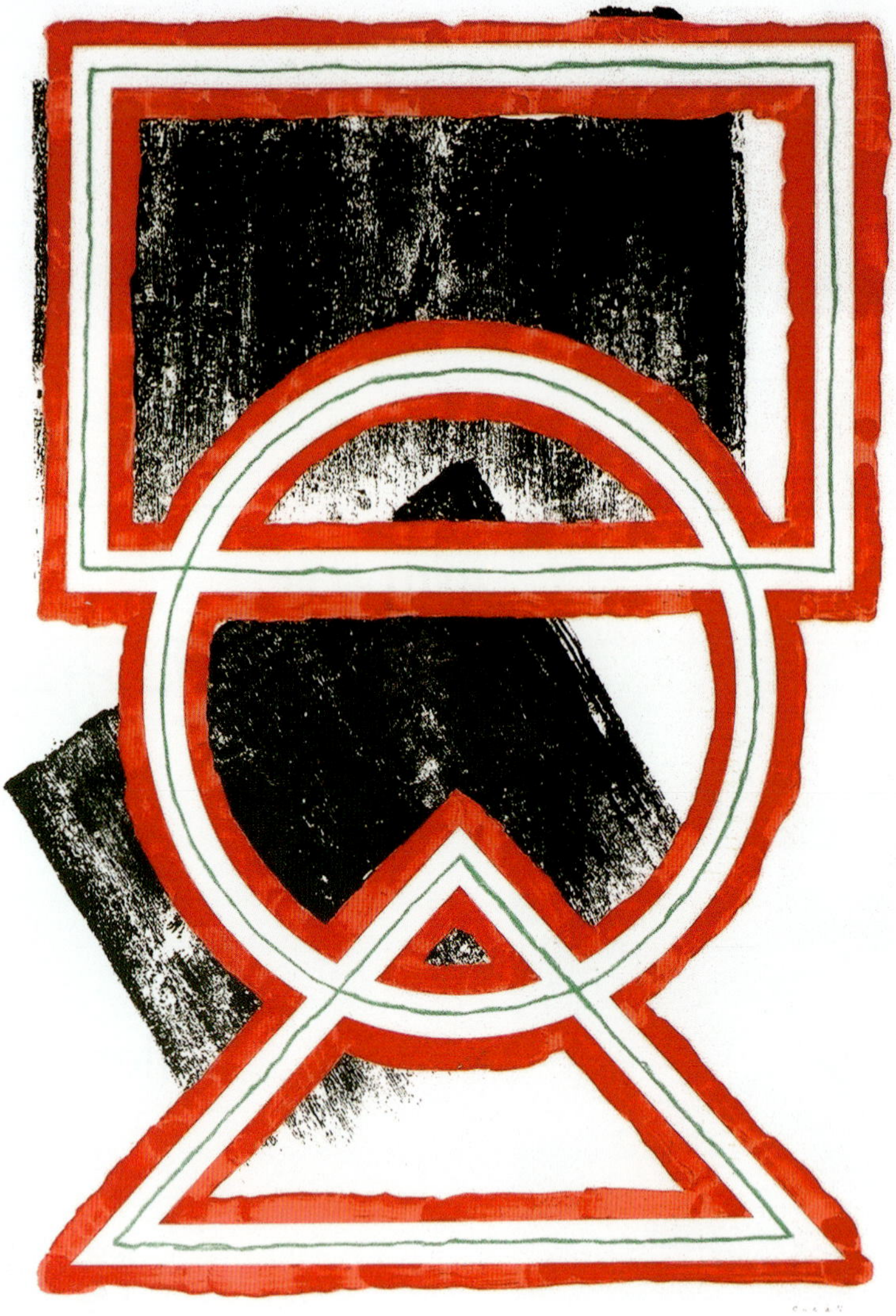

菅井 汲

「赤鬼」

49/50
1985年 リトグラフ
72.5×59.5cm
宮崎市・アート歯科マツダ所蔵

じゅぴあ Gallery

バスの中から捉えた「赤鬼」

バスの窓から□○△の赤い記号が見えた。思わず、〈あれ―スガイ〉と呟いていた。道路沿いに「アート歯科マツダ」の看板が見えている。家に帰って早速画集を見ると確かにリトグラフの『赤鬼』である。松田先生にお会いしてお話を聞く。「この作品は平成四年、開院記念に恩師の松尾通先生に戴いたもので、毎朝自分の気持ちを確認する意味で見ている。日によって違って見える不思議な作品です。〝おでん〟だと言う患者さんもいます」とも。

ポルシェで高速道路を走っていて事故を起こした菅井さんは、走りながら目につくものを作品化していったと聞いている。『オートルート』『標識』など、より単純で明確な形と色彩は、瞬時に視覚的に識別することができる。この『赤鬼』も走行中のバスの中から捉えたのだから。

一九八六年、夫、藤野忠利が菅井さんのパリのアトリエを訪問した。菅井さんは、Yシャツは紺の細縞、セーターは紺の丸首、夕食はいつもビフテキと話されたという。この『赤鬼』は五十枚刷られている。世界のどこかの国々に棲んでいるかと思うと、それだけで愉快である。

（文・藤野まり子　写真・藤野忠利）

すがい くみ ● PROFILE

1919年～1996年。神戸市生まれ。1952年渡仏、以降パリで暮らす。1965年サンパウロ・ビエンナーレ最優秀賞受賞。1969年東京国立近代美術館壁画制作。1972年ノルウェー国際版画ビエンナーレ名誉賞受賞。全国の美術館にコレクション多数。

菅井さんのパリのアトリエにて

※このコーナーでは、現代アートの名作を鑑賞していきます。

堀内 正和
「球の切り方」

1970年　ブロンズ
45×30×30cm
宮崎市・宮崎銀行本店所蔵
高校教科書『美術1』（光村図書）に掲載

じゅぴあ Gallery

不思議なエネルギーを周囲に発散

三十年来、ずっと気になっている造形がある。宮崎銀行本店受付前通路に、知る人ぞ知る雰囲気で設置されている堀内正和の『球の切り方』。第十回現代日本美術展が巡回展として宮崎県立博物館で開催された時、『これはひとつのリンゴである』の造形を見たので、宮崎銀行の作品もリンゴだと私は思い込んでいた。この造形は、一九七一年八月二日、銀行の創立記念日に本店新築を記念して、当時の旧友会と役職員一同で寄贈されたもので、かなり目利きの人がいたと思われる。第二回インド・トリエンナーレに出品された代表作で、二点作られたもう一点は、東京国立近代美術館が収蔵。建築設計の段階ですでに、場所、照明が図面に表されていたことはすばらしい。

御影石の円柱の台座で金色の球体は、中心に向かって削りとられ捩《ねじ》れてゆき、不思議なエネルギーを生み出して発散している。七一年、岩切章太郎を訪ねて来宮した建築家の磯崎新は、田舎にこんなイイモノがあるとは…と興味を示した。八六年五月、宮崎を訪れた堀内もまた、作品と久しぶりの再会をした。所蔵されている芸術作品でその企業の体質が見える。

ほりうち まさかず ● PROFILE

1911年～2001年。京都市生まれ。'47年に二科会会員。'50年京都市立美術大学（現芸術大学）教授。'76年から名誉教授。'57年サンパウロ・ビエンナーレ、'69年第1回国際彫刻展で大賞を受賞。'80年山口長男・堀内正和展（東京・国立近代美術館）を開催。

86年に来宮した堀内さん

文・藤野まり子　写真・藤野忠利　※このコーナーでは、現代アートの名作を鑑賞していきます。

池田満寿夫
「宗達讃歌」(天)

1985年　リトグラフ
100.0×480.0cm
都城市・浄土真宗本願寺派攝護寺所蔵

御影堂の欄間に現代版画

'96年『瑛九展』で来宮した池田氏

いけだ ますお ● PROFILE
1934年～1997年。満州国奉天市生まれ。'60年第2回東京国際版画ビエンナーレ展で文部大臣賞受賞。'66年第33回ヴェネツィア・ビエンナーレ展版画部門で大賞受賞。画家、彫刻家、陶芸家、小説家、映画監督として活躍し、'77年『エーゲ海に捧ぐ』で第77回芥川賞を受賞。'96年『瑛九展』で来宮し、記念講演を行った。

浄土真宗本願寺派攝護寺の御影堂に、池田満寿夫の『宗達讃歌』(天)のリトグラフがあることに気づいたのは、母の七回忌の法要を営んでもらった時だった。何気なく振り向いた御影堂の欄間に、〈MASUO〉と綺麗なグリーンで大きく書かれた大型版画が目についた。

お寺さんの欄間に現代版画なんてとても考えられない。信じられない気持ちで作品の真下に立ち、しみじみと見上げたのである。御影堂は、親鸞聖人の御真影を安置し、その遺徳をしのぶところである。日々読経の流れる御影堂にこの版画は障子や天井ともよく調和して、詩情さえ感じられる。

讃歌は讃美であり、あらゆる意味での人間の救い主である「仏」を讃美するように、鮮やかながら少し抑制の効いた緑、青、金泥、黒などがリズミカルに意匠化され、左右どこまでも続いていくような広がりを見せている。

佐々木鴻昭ご住職は、かねてから池田満寿夫の陶芸や版画作品に興味を持たれていたらしい。『宗達讃歌』の作品は、1985年に制作されたもので、ある人が持っていたのを人を介してこちらの御影堂に入ることになったと話された。二階の納骨堂の父と母にちょくちょくお参りに行く。その後、この作品の前で休息するのが慣わしになっている。

じゅぴあ Gallery

文・藤野まり子　写真・藤野忠利　※このコーナーでは、現代アートの名作を鑑賞していきます。

宮崎正二

「無題」

1989年　壁画レリーフ
300×570cm
日向市文化交流センター所蔵

考えずに描いた

「考えずに描いた」「何となく描いた」「無抵抗」「空間と存在」「平凡に描いた」「無題」。これらは『宮崎正二画集』(鉱脈社) におさめられている作品のテーマである。

正二の作品には、一見評価されることを徹底して拒んでいるような大胆不敵さがある。しかし、その強烈な作家魂と人柄は多くの人に慕われ、親戚で詩人の金丸桝一 (故人) によれば、絵具を溶くのにガソリンを多用し、遺作にはひび割れが生じている。作品を遺そうなどという野心は放棄していたのかもしれない、というようなことを画集の「編集を終えて」に書いている。

日向市駅前にある自宅兼アトリエを訪ねたことがある。本通りから家に入ると細い土間が続き、その奥がアトリエで、一階には大作のキャンバスが、二階には下絵が積まれていた。奥は清子さんの茶室でお弟子さんたちが出入りしていた。清子さんは茶道のお師匠さんをしながら、子供の目で正二が自在に描くことを扶《たす》けていた。

私の長女ア子が十歳の時「ア子は私のよきライバルである」と書かれた一行書きのハガキが届いた。この時正二63歳。

この陶板壁画は、赤、黒、緑、紫などの花が主張しながら響き合うユーモラスな作品である。

『宮崎正二画集』(1999年・鉱脈社) より

みやざきしょうじ ● PROFILE

1913年～1985年。大分県臼杵市生まれ。'35年から大分県下の小学校に勤務。'38年結婚。'48年教職を退き臼杵に移住。これより終生、妻清子に画業を扶けられる。1950年日向市美術会初代会長。'54年初個展。'58年第10回宮日総合美術展で特選。'61年新象作家協会正会員、26回展まで毎年出品。1967年『七人の美術作家展』。個展多数。

じゅぴあ Gallery

文・藤野まり子　写真・藤野忠利　※このコーナーでは、現代アートの名作を鑑賞していきます。

イサム・ノグチ「あかり」

和紙
宮崎観光ホテル蔵

じゅぴあ Gallery

光と和紙のコラボレーション

宮崎観光ホテルのレストラン「はな花」にイサム・ノグチの〈あかり〉がある。日本の提灯に触発され、岐阜提灯をモチーフに制作された「あかり」(Akari) シリーズ。和紙を通して豊かな灯りの揺らぐ表情は優美な光の彫刻である。

詩人、野口米次郎を父に、アメリカの作家で教師のレオニー・ギルマーを母に持つイサム・ノグチは、彫刻家、舞台芸術家、画家、インテリアデザイナーとしても有名で、日米両国を足場に幅広く活動した、二十世紀を代表する芸術家の一人である。

普段の生活空間のなかでこそ使ってほしいと作られた〈あかり〉。光を入れない時は「紙の造形」、光を放ったとたんに不思議な存在感を放つこの〈あかり〉は、まさに光と和紙のコラボレーションである。詩的ではかない和紙によって「和」の灯りが現代によみがえった。

洋食のレストランで、〈あかり〉はテラスと内部とを繊細な雰囲気で繋ぐ。長い、低い、丸いなど形を組み合せることで、より複雑な美しさが生まれる。世界的に有名なイサム・ノグチの〈あかり〉をさりげなくお客様に提供する姿勢に、老舗ホテルのゆかしさを感じた。

イサム・ノグチ ● PROFILE

日本名は野口勇。1904年〜1988年。ロサンゼルス生まれ。2歳から13歳まで東京に暮らす。'27〜'28年パリでブランクーシに師事。'51年<あかり>のデザインを開始。'70年大阪万博の噴水制作。'88年札幌市に「モエレ沼公園」構想の具体化に着手し、2005年完成。山口淑子(李香蘭)と結婚していた。

イサム・ノグチ

文・藤野まり子　写真・藤野忠利　イラスト・増元貴美子

※1月31日(水)まで、宮崎市の現代っ子センターにて「イサム・ノグチ AKARI展」を開催中。

篠田桃紅

「結ぶ」

1962年　陶壁
163×250×22cm
日南市・日南市文化センター所蔵

じゅぴあ Gallery

筆の躍動感が伝わる

鬼の洗濯板と呼ばれる波状岩が広がる日南海岸。この日南海岸を南下した日南市に、側面から見ると鋭角の波状岩をイメージさせる、丹下健三設計の日南市文化センターがある。ここに篠田桃紅の緞帳と陶壁が収められている。

緞帳の作品名は「築く」、ロビーにある信楽焼きの陶壁は「結ぶ」である。完成当時の一九六三年一月十二日付読売新聞夕刊では「土地柄にぴったり」「丹下設計の日南公会堂と桃紅書のどん帳コンビ」という見出しで紹介されており、「ホールとつづれ織り、ロビーと陶板という関係も、それぞれの空間のもつ性質と素材とにまことにふさわしい」とある。幼い頃より学んだ書を抽象表現にまで発展させ、即興的な感性で表現された桃紅文字や造形は、世界的に注目されている。この「結ぶ」からも、斬新で力強い筆の動きと筆跡の躍動感が伝わってくるようである。

また、「結ぶ」は手を結ぶ、魂を結ぶなどにも通じるもので、緞帳の「築く」によく呼応している。取材がちょうど年末と重なったこともあって、日南市文化芸術協会事務局の方が陶壁を綺麗に水拭きして、ライトをつけてくれた。四十年以上も前の陶壁が、今取りつけたようにつやつやと蘇った。

しのだとうこう● PROFILE

1913年～。中国・大連生まれ。'19年、書き初めで初めて筆と書に触れる。'53年、毎日書道展の審査員。'54年、「日本現代書道展」（ニューヨーク）、'61年「ピッツバーグ国際現代絵画彫刻展」、'94年「戦後日本の前衛美術展」（横浜美術館グッゲンハイム美術館）。93歳の今も国内外で創作活動を行っている。

篠田桃紅

文・藤野まり子　写真・藤野忠利　イラスト・増元貴美子

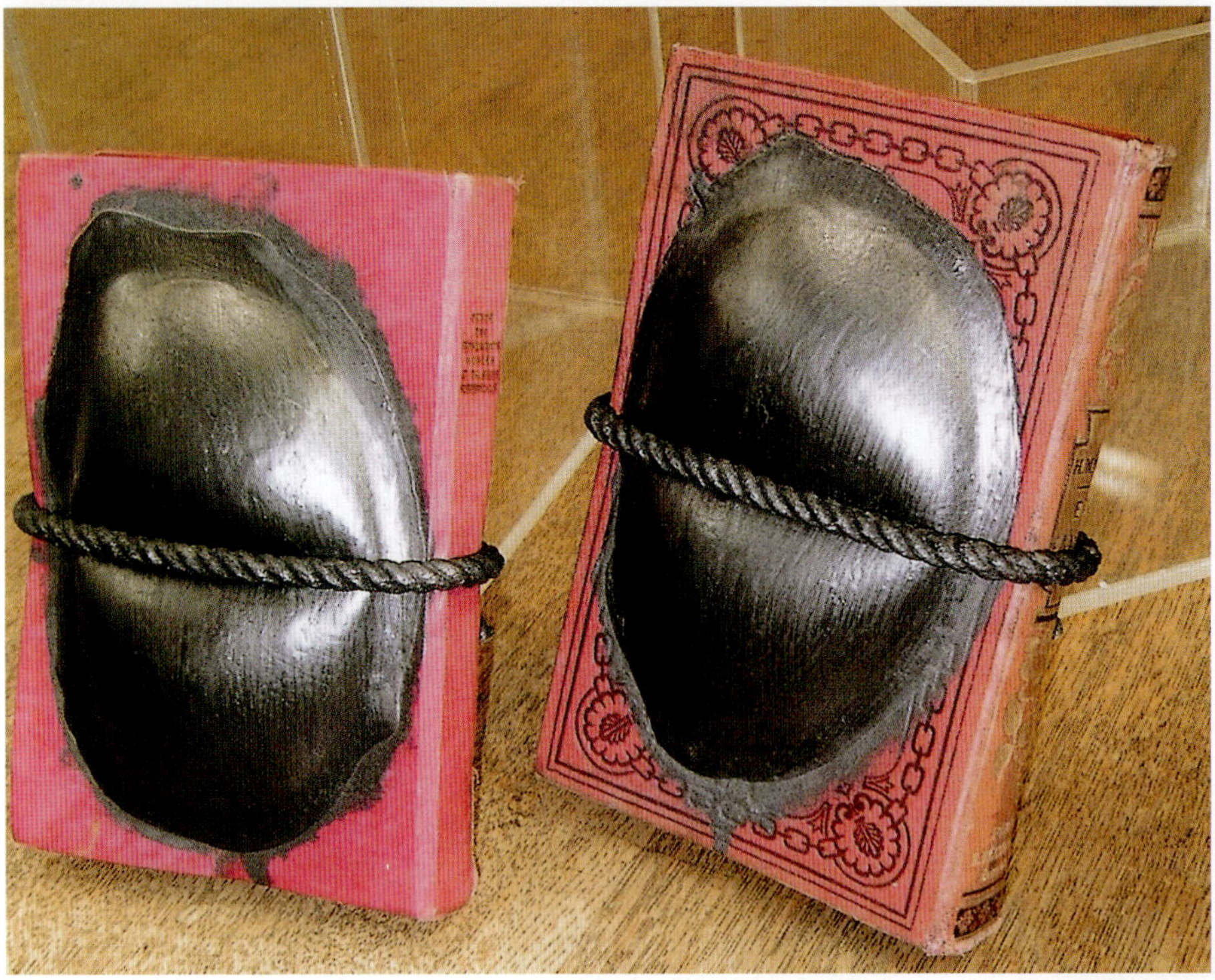

松谷武判
「メタモルフォーゼ」

1996年
18×11.8×6㎝(右)
17.2×12×5.5㎝(左)
鉱脈社所蔵

百年前のアンティーク本のオブジェ

5月、フランスは「本の月」である。「本の市」が立ち、良質の紙や美しい活字、石版画、銅版画、木版画などを駆使した挿絵や、工夫を凝らした意匠的な装本など、手づくりの詩画集やオブジェ本、限定本など展示される。フランスでは美しい本や好みの本を本の市で探し、大切な人への贈り物や自分のコレクションにして楽しむ習慣がある。

画家である松谷武判は、パリは11区のバスティーユに40年間住んでおり、近くの12区の広場には毎週日曜日に「のみの市」と呼ばれる古物市が立つ。このオブジェ本は、松谷がこの古物市で探し出した100年前の2冊の本を、シリーズで作品化したものである。その本のタイトルに関係なく、表紙の上にボンドをたらし、ストローで息を吹き込んで立体化する。さらに、木綿の固い紐によって、読まれるための「本」という機能を全く拒否されたアンティークの本。「読めないからこそ、様々なイメージをしてほしい」と松谷は語る。さらにはそのボンドや紐の表面を鉛筆で塗り込む、気の遠くなるような作業。私もその制作風景を垣間見たことがあるが、絵を描くというよりは職人技であった。「メタモルフォーゼ」はドイツ語で変身の意味。100年前の本は、画家によって見事に本のオブジェに変身した。

1月30日、個展のため来宮した松谷武判

まつたに たけさだ ●PROFILE

1937年大阪生まれ。60年、新製品ビニール接着剤「小西ボンド」に興味を持ち、絵のマチエール(素材)に使用。第9回具体美術展に初出品。72年具体美術開放まで連続出品。66年フランス政府留学生選抜第1回毎日コンクールグランプリを受賞し渡仏。以来、パリのバスティーユにアトリエを持ち活動中。67年S.Wヘイターの版画工房「アトリエ17」に入門。2003年西宮市文化賞受賞。

じゅぴあ Gallery

「松谷武判パリ在住40年記念 鉛筆による黒の世界展」(3月31日(土)まで宮崎市の現代っ子ミュージアムにて)

文・藤野まり子　写真・藤野忠利　※このコーナーでは、現代アートの名作を鑑賞していきます。

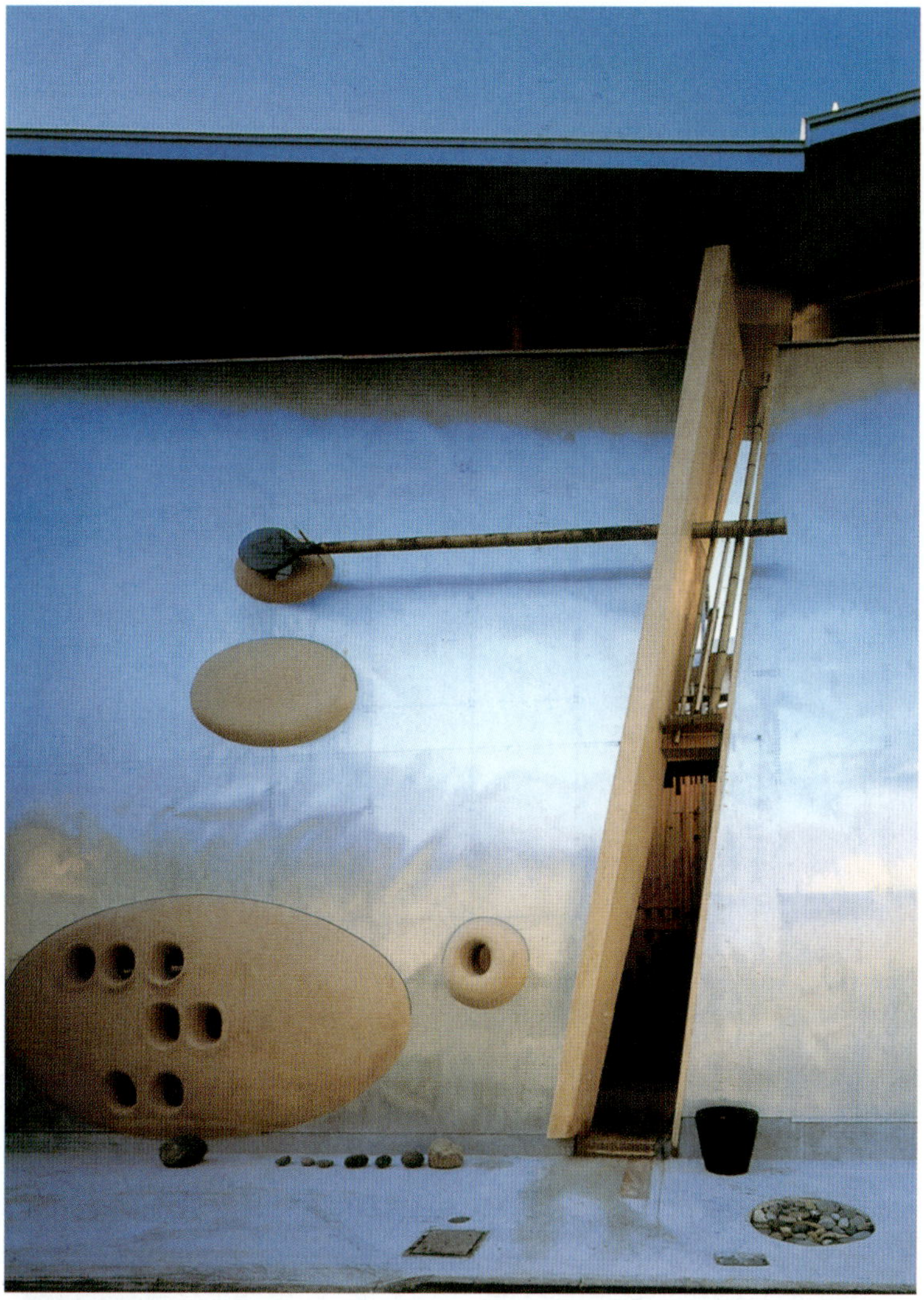

撮影＝二川幸夫
© GA photographers Photo by Y.FUTAGAWA

石山修武「現代っ子ミュージアム」

1999年
現代っ子センター所蔵

じゅぴあ Gallery

笑いの家

大淀河畔はホテル街の裏のひっそりとした露地に、七つの楕円の窓をつけアルミエンボス板の壁をペコペコ光らせて建っている建物がある。好奇心を駆り立てられ、覗いてみたくなる七つの窓。人ひとりがやっと通れる裂け目を入ると、いきなり赤土で囲まれた中庭がある。四角に切り取られた天を仰ぐと青空と白い雲、周囲の赤土との対比が美しい。建物や細い入り口、中庭やギャラリーも斜めに設計され、ギャラリーへの階段には屋根がなく、雨の降る日はびしょ濡れである。人が使うことを極力拒否しているようなこの建物に満ち溢れているものは、設計家にして画家の石山修武の意地悪な「笑い」である。「誰でも住める家は作りたくない」と楽しみながら設計した石山修武。都城のシラスを加えた美々津の赤土と、馬糞紙で構成されたこの創造空間を、現代っ子ミュージアムでは「笑いの家」と呼んで納得している。

ここは昭和天皇の料理番を務めた吉岡金弥が住んでいた土地で、その名前を貰って一階のカフェを「カフェキンヤ」と命名。また、具体美術を中心に収集、展示するアートスペースでもあり、和室では、白髪一雄の大作『張良』（本誌06年7月号で紹介）が迫力ある雰囲気で迎えてくれる。

いしやま おさむ● PROFILE

建築家、早稲田大学理工学部教授。1944年生まれ。68年早稲田大学理工学部建築学科大学院修了。85年「伊豆の長八美術館」で第10回吉田五十八賞、95年「リアス・アーク美術館」で日本建築学会賞、2001年度芸術選奨文部科学大臣賞など受賞多数。著書に『世田谷村日記―石山修武画文集』『夢のまたゆめハウス』など。1998年より現代っ子ミュージアム建築設計監理のため数回来宮。

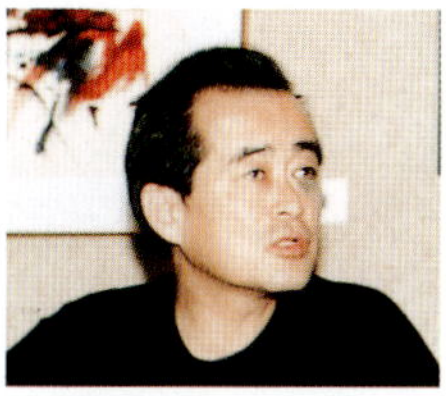

石山修武

文・藤野まり子

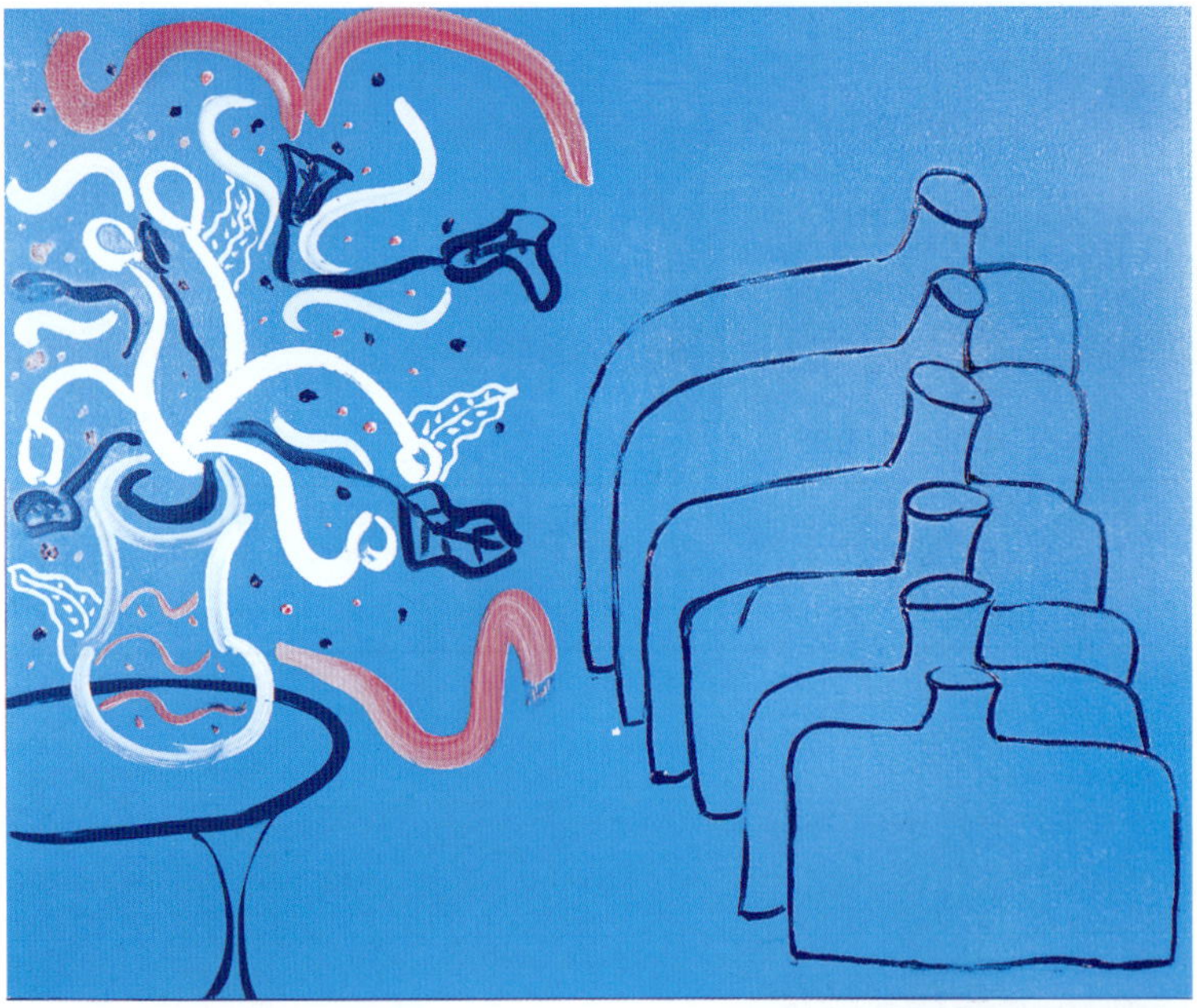

透明な夏　　みどりにんげん
おもちゃ箱　　HANAHANA　　みどりいろのうろこ
マセルボーム　　あなたをみつめる

魔法をかなえてくれそうな

石の光陰

うたの見える風景

朝まだき
すずしくわたる橋の上に
霧島ひくく
沈みたり見ゆ
長塚節

長塚節+岩切章太郎+加倉井昭人

大正3年8月、結核を患っていた長塚節は、かねてからの憧れであった宮崎を訪ねている。二度の台風に見舞われながらも青島、鵜戸、油津など、県南の風物に親しんでいる。歌碑の前にある黒御影の碑銘筒に「27日、宮崎にのがる。明くれば大淀川のほとりを徜徉《さまよ》ふ」と刻まれている。宮崎に戻ってきて台風の過ぎた大淀川のほとりや橘橋の上を、さわやかな風に吹かれながら朝の散歩を楽しんでいる様子が思われる。ただ、「霧島ひくく沈みたり見ゆ」に病んでいる故にか、何か晴ればれとしない鬱屈とした気持ちが感じられる。

橘橋北詰の橘公園にあるこの歌碑は、宮崎では唯一建築家の設計によるものである。宮崎の石工が「八紘台」と呼んだ、清武の万能岩でつくられた石塀のような碑壁に、白磁の信楽焼に紺色の文字が楷書で刻まれた陶板がはめ込まれている。清らかでさっぱりとしたその雰囲気は、大淀川の流れに添うのにふさわしい。

えびの高原ホテルや宮崎交通本社などの設計で、岩切章太郎翁の大のお気に入りであった加倉井昭人氏に、宮崎観光ホテルの旧館や「山吹」の設計を再び依頼された折、この歌碑も頼まれたと聞いている。加倉井昭人氏は、俳人「加倉井秋を」氏のことである。

長塚節

ながつか たかし (1879～1915)
茨城県生まれ。3歳の時すでに百人一首を暗誦できたといわれる。正岡子規の門下に入り、『馬酔木』『アララギ』に多数の短歌を発表。30代前半に東京朝日新聞に連載した小説「土」で農民文学を確立。子規の没後もその写実主義を継承した。

うたの見える風景
宮崎市 橘公園

文 藤野まり子　*photo Fujino*

うたの見える風景

都城市高城町高城地区公民館

秋あかつき
若き神々
こゑあげて
金の
穂波のうへ
わたり来よ

邦雄

塚本邦雄

つかもと　くにお（1920〜2005）
滋賀県生まれ。前川佐美雄に師事。『水葬物語』『日本人霊歌』他歌集、評論など300冊。短歌結社「玲瓏」主宰。現代歌人協会賞、詩歌文学館賞など受賞多数。79年、黒松正一郎氏の『火宅』の出版記念会に出席のためご夫妻で都城を訪問。

「言葉の魔術師」に選ばれた穂満坊

高城小学校の校庭に続く地区公民館の庭に建てられているこの歌碑は、「言葉の魔術師」と呼ばれた塚本邦雄が「穂満坊」という美しい地名に惹かれて詠んだものである。児童たちが放課後自由に集まってくる児童館もあり、この日は、桜青葉の下の碑のまわりで、児童たちがボールを投げたり蹴ったりして歓声を上げていた。歌を書き写しながらふと、「若き神々こゑあげて」の光景そのままだと思った。地名の穂満坊の穂は金の穂波、坊は坊や、子ども、すなわち「若き神々」。「穂満はもとは宝満坊。ゆたかな黄金色の稲穂の波打つ様子を祝う名でもあろう。塚本邦雄選『新歌枕東西百景』の一つとしてここに歌碑を建てる」と歌の横に刻まれている。原作は神は神、こゑは聲、来は來。

塚本邦雄が亡くなって一年。この稿を書いている6月19日、宮崎日日新聞文化欄でも一周忌を機にしての記事が詳しく掲載されていた。私が持っている7冊の塚本歌集の一つ、『青き菊の主題』は、歌が浅葱色の罫に囲まれたさわやかな装丁。『海の孔雀』『閑雅空間』など、商社に勤めていた塚本の歌集はどれも、ヨーロッパの、それも中世の香りが高い。文字はもちろん正字で、どの一冊にも、流麗な塚本文字でサインと歌一首が書かれており、塚本美学を見る思いである。

文 藤野まり子　*photo Fujino*

ふるさとの尾鈴の山のかなしさよ
秋もかすみのたなびきて居り

若山牧水

わかやま ぼくすい（1885～1928）
東郷町坪谷生まれ。坪谷尋常小学校、延岡高等小学校、県立延岡中学校、早稲田大学に学ぶ。同期の北原白秋と交友を深める。歌集『別離』で注目を集める。他にも『みなかみ』『くろ土』『海の声』など、歌数八千余首、「酒の歌人」「旅の歌人」とも呼ばれる。

「かなしさ」は「哀」と「愛」の切なさ

宮崎市の中央卸売市場の西側入口にあるこの歌碑は、尾鈴山を一望できる地を選び、市場開設15周年の平成4年、当時社長であった中馬明氏（現会長）が寄贈された。現在は近くに建物が建ち、尾鈴山が望めないのが残念である。高さ2.6mもある四国産の孔雀石は頂に雲母が白くかかり、いかにも「かすみたなびきて居り」の感がある。また12個の飛石は歌の五七をなぞっているようにも見える。

牧水は、早稲田大学卒業後も文学活動を行うため東京にとどまっていたが、明治45年7月20日、父危篤の知らせを受け、新婚2ヶ月の妻喜志子を東京に残し、急ぎ帰郷した。文学への思いと父母のことを思い、心くるしい気持ちで郷里の秋を迎えねばならないことになる牧水。空澄む秋の季節にも大好きな尾鈴山にかすみのかかっている「かなしさ」とは、東京と故郷への「哀」と「愛」の両方を思う切ない気持ちであったのであろう。

若山牧水の業績を顕彰し、伊藤一彦氏らの努力で宮崎県に短歌文学賞「若山牧水賞」が創設されたのは、平成8年のことである。また、牧水生誕120年の平成17年には、東郷町の生家近くに伊藤氏が館長をつとめる若山牧水記念文学館が開館し、全国から牧水ファンが訪れている。

うたの見える風景
宮崎市中央卸売市場

文 藤野まり子 *photo Fujino*

秋山のもみちを茂み惑ひぬる
妹を求めむ山路知らずも

柿本人麻呂

かきのもとのひとまろ(生没年未詳)
万葉歌人で、三十六歌仙の一人。石見国の役人にもなり讃岐国などへも往復し、旅先(石見国か)で没した。序詞、枕詞、押韻などを駆使し、長歌を中心とする沈痛、荘重、格調高い作風で集中第一の抒情歌人。山部赤人とともに歌聖と称された。

(岩波書店「広辞苑第五版」より)

妻恋いの挽歌

秋山のもみじがあまりに茂っていて、迷い込んでしまったらしい妻を探し求めているが、その山路がわからず途方にくれているよ、と嘆いている歌。「妻の死《みまかり》し後、泣血哀慟《なきかなし》みて作れる歌二首」の詞書きと長歌がある。この妻は人麻呂の前の妻のことである。また「去年《こぞ》見てし秋の月夜《つくよ》は照らせれど相見し妹はいや年さかる」という歌もある。恋妻の死をみとめたくない人麻呂の、抒情歌人ならではの妻恋いの挽歌。

取材の日、緑濃いもみじ葉の上に木漏れ日がちらちらと動き、人麻呂の恋妻が〈こっちよー〉と手まねきしているような幻覚を覚えた。この「じゅぴあ10月号」が店頭に並ぶ頃、あのもみじも少しずつ色づきはじめているだろう。

早水公園の一画にある都城万葉植物園は、近くに早水神社があり、子どもの頃、都城地方に伝わる『六月灯《ろっがっとう》』という夏祭りによく連れて行ってもらった。園内には、はぎやむらさき、あかねなど万葉集に詠まれている植物167種が植えられている。植物の脇に添えられた高札は335首にもなり、植物の和名や万葉名も記されている。紫陽花の池、むらさきの池、湧水のせせらぎを歩きながら高札を巡っていると、万葉人の息吹きを感じるようである。体育文化センターやサンピア都城の一帯にあり、野鳥のさえずりの中を若者のグループや家族連れ、シニアが散歩し、思い思いに楽しみ憩っている。

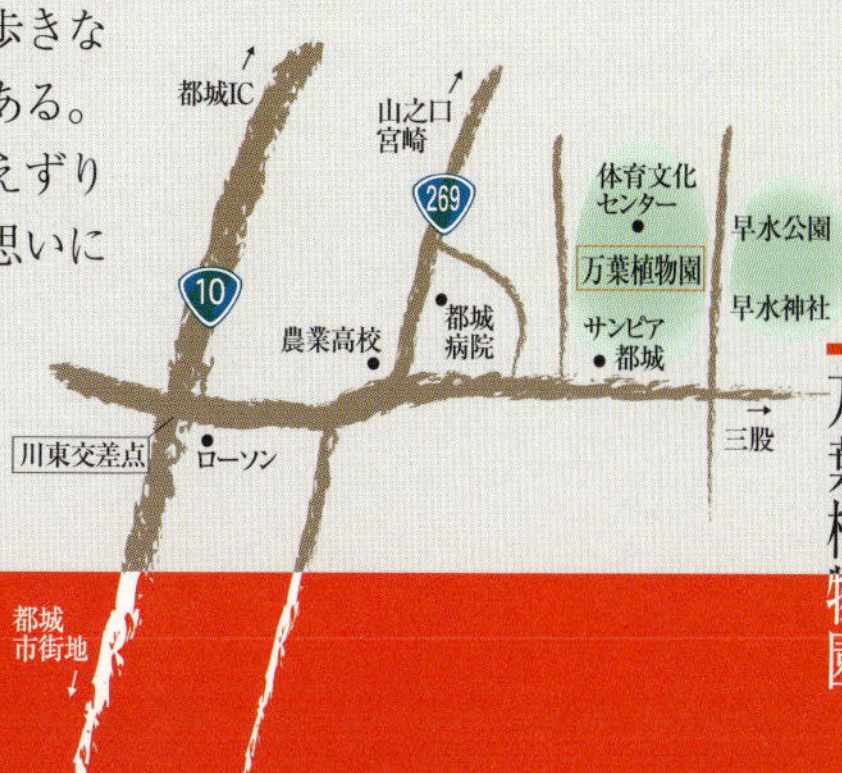

うたの見える風景
都城市 万葉植物園

文 藤野まり子

家に居てもの思ふことの愚かさよ
山に来たればよき日なりけり

越智渓水

おち　けいすい（1898～1978）
愛媛県生まれ。本名道規。幼少時、両親、姉弟とともに東郷町坪谷に移り牧水の隣に住み、呉服商を営む。後、延岡で山本清子と結婚し、渓流短歌会を起こす。歌集に『古風なる風景』『応徴前後』『日向の空と山川』など多数。昭和43年、越智渓水歌碑建設会が、城山の牧水歌碑の横に渓水の歌碑を建立した。

牧水の精神を受けついだ渓水

北大手門の石段を登ると、千人殺しの石垣が出現する。越智渓水の歌碑は、その前方梅林の少し奥まった所にある。歌碑に刻まれた直筆の文字は風格があり、気魄にあふれている。

家に居てあれこれ思い悩むのは愚かなことだ。山に来てみれば、空は高く鳥も鳴き、花も咲いている。晴れ晴れとしていい気分だよと呼びかけているようである。訪れた日は、まさしく降るような蝉時雨であった。

渓水は15歳の時、当時29歳の牧水に短歌の指導を受け、まもなく「創作」に入り作品を発表する。昭和23年、戦後いちはやく、渓水と妻清子は「渓流短歌会」を起こす。私が歌を始めた頃、県歌人大会でいい評が得られず落ち込んでいた時、選者の一人であった清子が歌評を確《しか》としてくれた。

その清子の一首「秋冷えの冷たき光放ちつつ石蕗の花咲き匂うなり」。

渓水は県北歌壇の中心的存在として、延岡市を中心に52年の歴史を残し、没後は清子が引き継ぎ、本県歌壇の興隆や牧水顕彰に大きな役割を果たしている。

歌人で鎌倉彫・漆芸家でもある長女理恵子は、自らも懐の深い歌を詠む。「はらはらと降りくる雪は旅人を迎へる街のポプラの花よ」（フィンランド）。宮崎県観光審議会委員をこの八月まで務めていたほどの旅好きで、渓水の精神を受け継いでいる。

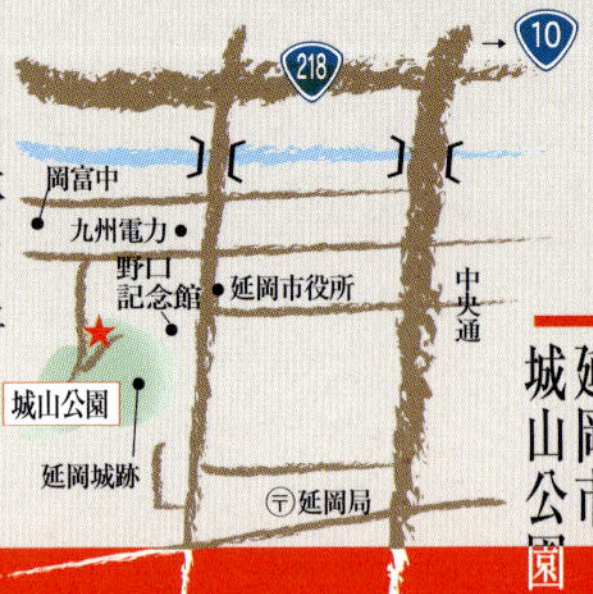

うたの見える風景
延岡市城山公園

文 藤野まり子　*photo Fujino*

陵の媛に由りて桜咲く

みささぎのひめにゆかりてさくらさく

加倉井秋を

かくらい あきお（1909~1988）
茨城県出身。本名昭夫。東京美術学校（現東京芸大）建築科卒。『馬酔木』『若葉』に投句。富安風生に師事。戦後、俳句作家懇話会を結成、『諷詠派』創刊。85年『風祝《かざはふり》』で俳人協会賞受賞。句集に『胡桃』『欸乃《ふなうた》』『隠愛《なびはし》』など。建築家としても有名。

加倉井秋をの設計による黒御影の碑

祭りのために開花日を調整しているというまだ丈のみじかいコスモス畑を抜けると、西都原ガイダンスセンター「このはな館」が見える。加倉井秋をの句碑は、高さが低いとは聞いていたが、おいそれとは見つからない。辺りをよくよく見ていたら三ツ葉つつじの根もとに、黒御影石の石槨を形どったといわれる碑が見つかった。

句は、女狭穂塚の木花開耶姫に由りあるものとして桜が咲くよ、というものである。

桜という言葉から、どことなく色彩的で匂うような情緒ゆたかなものが感じられる魅力ある句で、秋をの呟きが聞えているような口調である。建築家でもある加倉井自身による文字と設計の句碑は、高さ59センチ、幅125センチと意外に低い。『みやざきの文学碑』（鉱脈社刊）によると、昭和54年の設計当時は円墳状の築山に乗せて1.4メートルほどの高さであったという。現在はその築山も風化してほとんど形がなく、雑木や藪の中にあったのが、平成15年10月に開館した「このはな館」の整地の時に見つかった。時折、俳句の同好会の人たちが訪れている。

加倉井秋をは、『じゅぴあ7月号』で紹介した長塚節（宮崎市橘公園）の歌碑も設計している。

うたの見える風景
西都市 西都原公園

文 藤野まり子　*photo Fujino*

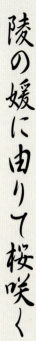

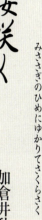

日向路の街道埃灰ぼこり馬車にて日ねもす南し南す

木下利玄

きのした りげん(1886~1925)
本名としはる。岡山県生まれ。足利藩最後の藩主、木下利恭の甥。5歳で宗家・木下子爵家の養嗣子になる。学習院初等科で武者小路実篤と同級。13歳で佐々木信綱に師事、竹柏会「心の花」に入会。実篤や志賀直哉らと「白樺」を創刊。窪田空穂や島木赤彦らにも影響を受け、その短歌はわかりやすく写実的で、利玄調と呼ばれる。

「南し南す」ひたすら南へ

歌集『一路』に収められているこの歌は、大正６年、日向から宮崎への道中を詠んだもので、一連の作品には、「五月　一人汽船にて豊後より日向に入る」の詞書きがある。「ここら一円朱欒《ざぼん》の木々の花ざかり空気澱《とん》もりとんろりにほふ」ともあり、海沿いの道を馬車に揺られて南下しながら、ざぼんの香を楽しみ、また行き交う馬車の土埃に悩まされながらも「南し南す」とひたすら南へ心も向っているようである。相次いで長男、次男を亡くしている利玄のその淋しさ、切なさがこのように「南」を求めたのであろう。

碑の側面に、＜歌「白樺」の創作同人　木下利玄　大正六年三十二歳　旅吟　碑石　大正七年武者小路実篤創設「新しき村」の野石　建碑　昭和六十二年五月　省吾書＞とある。歌碑のある、宮崎市広島通のギャラリー「日向路」の緒方真人さんによれば、歌碑は、新しき村の宮崎支部発足を記念して作られた。新しき村は、作家武者小路実篤が大正７年、木城町石河内につくった作った理想郷。新しき村の野石に、今も村の精神を受け継いで暮らしている松田省吾さんの書でこの歌が彫られたという。緒方さんの父が、新しき村と交流のあったことが、この歌碑の誕生につながった。「日向路」という店名に、歌や新しき村への感慨がうかがわれる。

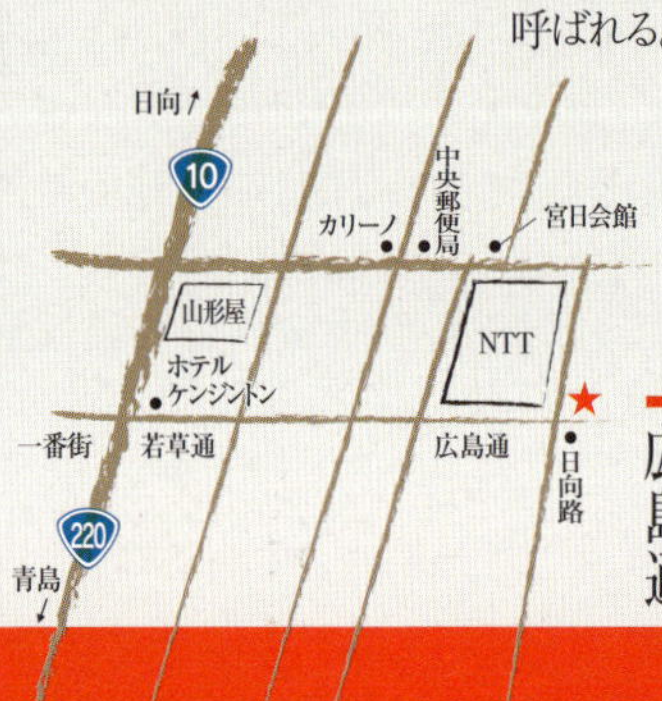

宮崎市
広島通

うたの見える風景

文 藤野まり子　*photo Fujino*

ほがらかに人は生くべし夕されば
こがねのごとき月いづるなり

春田　操

はるた みさお(1895～1976)
宮崎県佐土原町生まれ。藩医飯田洞敬の五男。10歳を過ぎて水俣の叔父春田七美の養子となる。京都帝大、大学院を経て医学博士に。台湾総督府に招かれ、花蓮港病院長で終戦を迎えた。佐土原に帰り診療所を開設。小中学校の校医を務め、広瀬中や那珂中の校歌も作詞した。

励ましと期待への思い

佐土原の歌人春田操の歌碑は、操が校医を務めていた広瀬中学校の校庭の山茶花園の中に、昭和57年4月29日に建立されている。この歌は、昭和6年広瀬大炊田の浜で詠んだ歌であることが刻まれている。

くよくよしないで人はほがらかに生きるのがよい。夕べには黄金のような月も出るよというもので、明るくて大らかな歌いぶりが、青春期のはじめにいる中学生のこれから出会うであろう人生のさまざまな場面への、励ましと期待への思いと重なる。ゆるやかな坂をつつじや石蕗を見ながら上り、少し高台にある学校からは、はるかに目をやると日向灘の初冬の海が青く広がり、いかにもその水平線から黄金の月が上がってくるようであった。

病弱であった妻を看取りながら、結婚6年で失わねばならなかった操は、長く病床にある妻に医者としてほどこす術のないことが切なく、またその深い悲しみが作品に深い陰翳を与えたと言われている。

「十六夜の月照る道に揺られゆく嬬の柩をみまもりにけり」(『白蓼』)。昭和2年アララギに入会した操は、伊崎三郎、蓑部哲三、中武茂三郎らと佐土原歌壇を興し、逞しい行動力と面倒見の良さでその中心的存在となっていったのである。

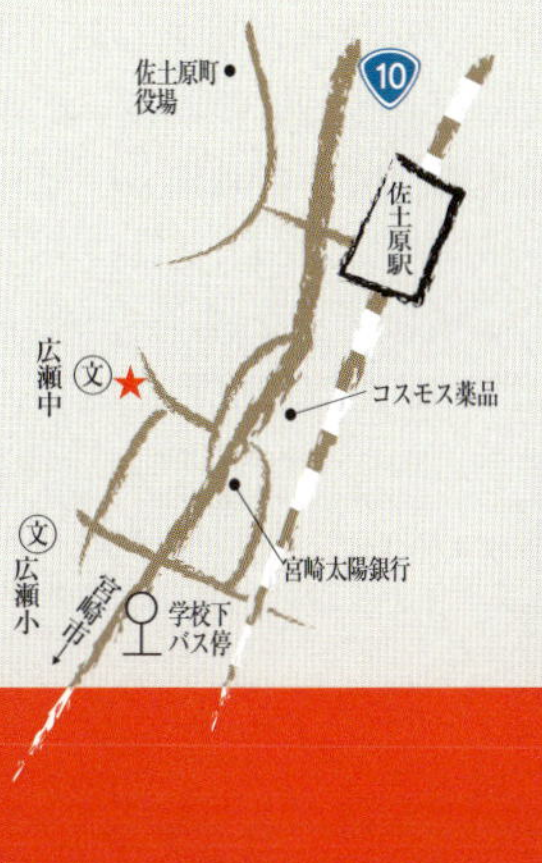

うたの見える風景
宮崎市佐土原町
広瀬中学校

文 藤野まり子　*photo Fujino*

うたの見える風景

宮崎市 県立青島亜熱帯植物園

ここ青島鯨吹く潮われに及ぶ

金子 兜太

スケールの大きな幻視

現代俳句の巨匠、金子兜太は、太平洋に浮かぶ青島を「青島は、海と陸の合体という広大な思想の地」と言っている。目を閉じると、金子兜太のあの大きな身体が海の上の参道を潮を浴びながら、その青島へ吸い込まれるように渡って行く姿が浮かんでくる。「鯨吹く潮」は、兜太の動物的な鋭い感覚が鬼の洗濯板の彼方に潮を吹く鯨を視たのであろう。青島と渾然一体となっている一体感がよい。

千葉県我孫子市の真栄寺には、「梅咲いて庭中に青鮫が来ている」の句碑があり、ここでも梅の咲く庭に、しかも庭中に青鮫が来ているというのである。いずれにしてもスケールの大きな幻視である。兜太を慕う声や気持ちが「吹く潮」となり「われに及」んでいるのかも。自らが揮毫した力強いふとぶととした文字も魅力的ながら、パリ在住の画家、ケイト・バン ホウテンによる英訳が刻まれた副碑が添えられているのも珍しい。このことは、金子兜太句碑建立実行委員会会長、福富健男の努力によるところが大きく、今や、海外でも短歌や俳句がブームになっており、外国人観光客にも興味を持たれるであろう。

かねこ とうた(1919～)
埼玉県生まれ。父(俳号伊昔紅)の影響で18歳で初めて作句。1941年より加藤楸邨に師事。東京大学卒業後、日本銀行に入行。55年、第一句集『少年』刊、翌年現代俳句協会賞受賞。62年『海程』創刊。前衛俳句、社会性俳句の旗手として活躍。紫綬褒章、蛇笏賞、日本芸術院賞などを受賞。平成17年7月10日、句碑除幕式のため来宮。

文 藤野まり子 photo Fujino

曇日は花すら色の褪せて見ゆ
椿は晴れて見るべかりけり

若山　牧水

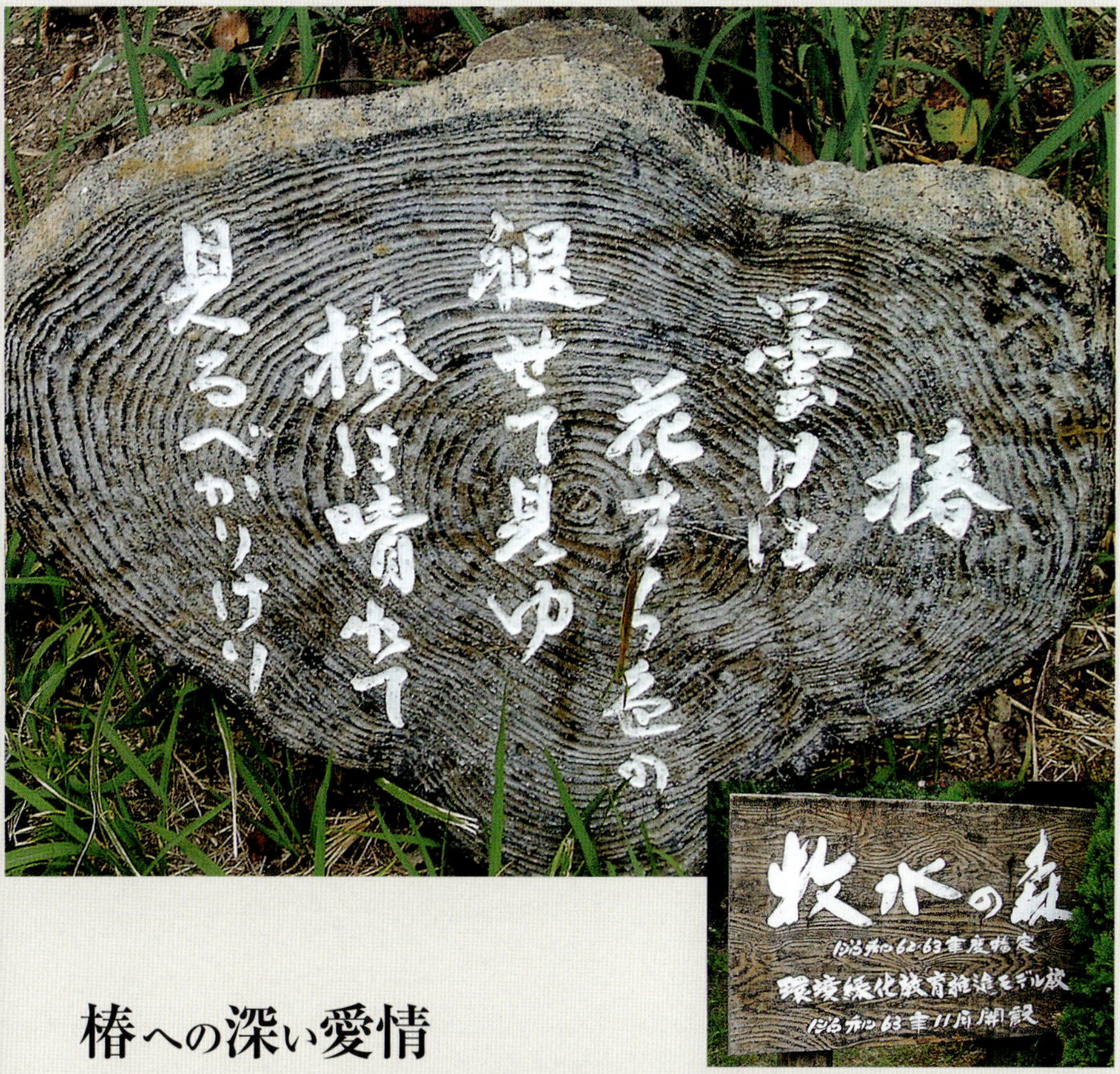

椿への深い愛情

この歌は、第十五歌集『黒松』に収められており、人間や自然をこよなく愛した牧水らしい歌だ。調べが流麗で朗誦性に富み、椿に深い愛情を寄せている。曇った日は花の色も褪せて見え、見るのもふびんである。椿の深い真紅の花も、緑濃い葉も、晴れの日にこそふさわしい。つまり、椿は晴れているときにもっとも輝いて見える。晴れている時に見るのがよいと言っている。

この歌碑のある富島高校は、環境緑化教育推進事業の一環として、昭和62、63年度のモデル校に指定され、昭和63年11月に「牧水の森」が開設されている。

牧水には、人間はもちろん木々や虫など自然の風物を詠んだ歌も多い。この「牧水の森」には、牧水の詠んだ木を二十本植え、それぞれに木の歌が添えられている。「朝霧のやゝ晴れゆけば夏の日の青み輝き銀杏は立てり」「稀なれや今日のうらら日庭さきの真冬篠竹ひかりてやまず」など。椿の歌は、妻喜志子が、牧水の十五冊の歌集に収められている約七千首の中から二千首あまりを選出した『若山牧水歌集』(若山喜志子選／1936年 岩波文庫) にも収められている。

わかやま ぼくすい(1885～1928)
現日向市東郷町坪谷生まれ。坪谷尋常小学校、延岡高等小学校、県立延岡中学校、早稲田大学に学ぶ。同期の北原白秋と交友を深める。第3歌集『別離』で注目を集める。他にも『海の声』『みなかみ』『くろ土』など、歌数八千余首、「酒の歌人」「旅の歌人」とも呼ばれる。

うたの見える風景
日向市 富島高校

文 藤野まり子 *photo Fujino*

前の世じゃしこたま 貯めた男なり

目野 丁堪切

宮崎弁で詠む日向狂句

宮崎市小戸神社の鳥居の右側にある日向狂句、丁勘切の句碑。丁勘切がこの句を詠んだ昭和初期、世の中は、1929年、アメリカの株価大暴落に始まった世界恐慌により、深刻な不景気や生活難など、社会的緊張が続いていた。そんな社会不安の中、当時、小戸神社の近くの川野牧場で「行き倒れ」があり、そのことを悲しんだ丁堪切が詠んだ句である。最初、句碑は川野牧場の中にあり、子どもの頃その辺りでよく遊んでいたと、当時の牧場主の長男である川野照雄さんが話された。その後、牧場の閉鎖により句碑は神社の境内に移されたという。

行き倒れた人を憐れに思い、死んで花実を咲かせようとの粋な計らいで「前の世じゃしこたま貯めた男」に仕立て上げたのであろう。弱者に対する温もりがじんわりと感じられ、集まってきた人々の姿も見えるような一句である。

「一度どみゃ持った心配《しんぺ》がしてみてえ」「天の川みちょる二人が握っちょる」など、宮崎弁で遊び心と風刺を利かせ、滑稽でおどけた句を詠む日向狂句。丁勘切が日向狂句を世に出したのは1927年（昭和2）頃。そのアイロニー溢れる作品はたちまち大衆の心を捉え、同好者による「へちま会」は300人にも達したという。

めの ちょかんきり(1887～1936)
本名清吉。大分市生まれ。幼少の頃、両親とともに宮崎市に移住。宮崎尋常高等小学校を卒業後、写真師を目指して上京。さらに旧満州に渡って腕を磨き、1914年(大正3)宮崎に帰り写真館を開く。ホトトギス派の俳人としても活躍する一方、狂句に取り組み、日向狂句の生みの親と言われた。「ちょかんきり」は宮崎弁で「とかげ」のことである。

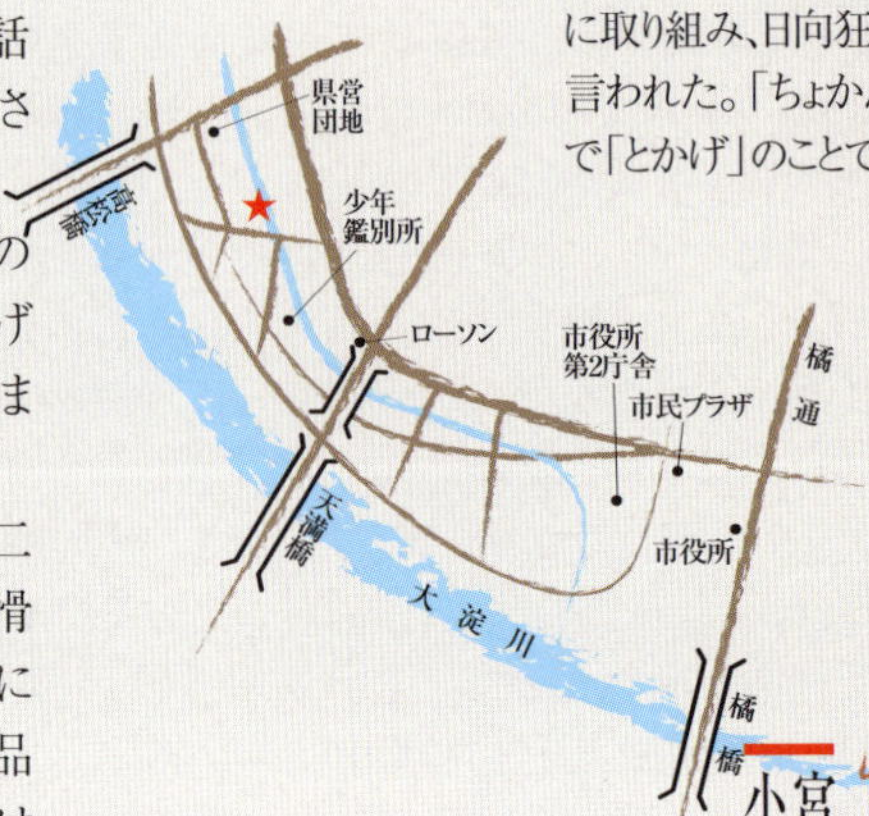

宮崎市 小戸神社

うたの見える風景

文 藤野まり子

うたの見える風景

宮崎市 五所稲荷神社

柿の赤さはつゝみきれない

杉田 作郎

実りのよろこび

深まりゆく秋の、澄んだ空気の中で赤さを日ごとに増してゆく柿。その赤い色はどんなにしてもつつみきれるものではないと、実りの喜びを詠んでいる。柿の実の大きさや色の濃淡も感じさせ、また人は何かうれしいことがあると自然に顔が綻びる、そんなことも思わせてくれる一句である。

作郎は、明治31年に宮崎市橘通り東3丁目に宮崎県では初めての眼科病院を創設。県医師会会長を20年間にわたって務め、その間、県医師会館の建設、「宮崎県医師会50年誌」の編集など、宮崎医学会の発展に尽力した。

一方、俳句の活動は、尾崎紅葉や巌谷小波らの秋声会に入って、ホトトギスに投句。〈花咲いて手摺あぶなき二階哉〉　開業してからは、同好の士と「初音会」をつくり会誌「つくし」を編む。正岡子規の指導を受け、地方俳壇の選者として新派俳句導入につとめ自由律の道を歩む。その作郎の生涯は荻原井泉水により碑陰にまとめられている。昭和5年には托鉢姿で訪ねた山頭火のために、同志を非常招集して句会を開く。そんな中でも「後世に残す一句とてなし」と句集は出さず、没後10年目に長男正臣（俳号井蛙）が『杉田作郎句集』を刊行。次男秀男は前衛画家瑛九、長女君子は宮崎市でひまわり画廊を主宰する鳥原雪の母。つつみきれない赤さに、杉田家に脈々と続く芸術の精神がうかがえる。

参考文献／『瑛九』評伝と作品　山田光春著・青龍洞刊

すぎた さくろう(1869〜1960)
本名直。父野田丹彦（佐土原藩士・国学者）、母栄。幼名栄次郎、長じて直一郎、1877年に直と改める。三歳で百人一首を諳んじていたといわれる。1884年、杉田ナカの養子となり杉田直と改める。1898年東大眼科を辞す。1900年杉田眼科病院新築落成。医師である一方、俳人としても活躍し、1896年秋声会に参加、1954年には『日向俳壇史』を発行。1953年藍綬褒章、1955年県文化賞を受賞。

五所稲荷神社は、宮崎神宮の東の参道側にあり、句碑は築山の上に静かに建っている。

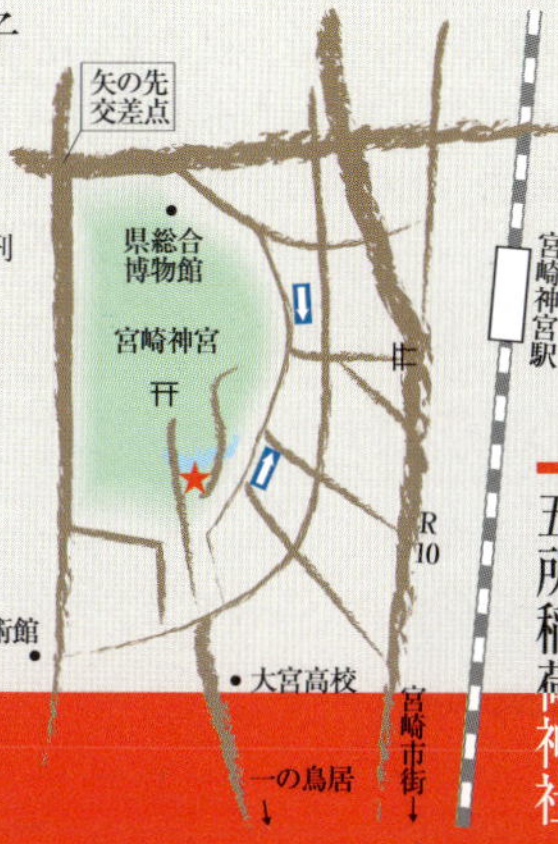

文 藤野まり子　写真 藤野忠利

とこしへに慰もる人もあらなくに
枕に潮のおらぶ夜は憂し

長塚 節

ながつか たかし(1879～1915)
茨城県生まれ。3歳のときすでに百人一首を暗誦できたといわれる。正岡子規の門下に入り、『馬酔木』『アララギ』に多数の短歌を発表。30代前半に東京朝日新聞に連載した小説『土』で農民文学を確立。現在も愛読されている。子規の没後もその写実主義を継承した。

辛くて堪えがたい青島の宿

大正3年8月、九大病院で喉頭結核の治療を受けていた節は、回復しないまま14日に退院。16日には最後の旅となる日向の青島に向かっている。人吉、小林を経て、かねてからの望みであった青島入りをしたのだが、その頃すでに台風が近づいていた。

この旅で、一度ならず二度までも台風に襲われることになる節にとっては、心身を癒し、風物を楽しもうと憧れていた明るい南の国の旅とはならなかった。旅の印象、さらには病状の悪化による精神の動揺、これらの宮崎での日々変化していく歌は『鍼の如く(五)』に発表されている。台風が近づき潮がおらぶ、不安でたまらない辛くて堪えがたい青島の宿。「とこしへに慰もる人もあらなくに」の背景には、明治44年9月、黒田てる子との婚約が整いながらも、11月に判明した喉頭結核のため12月に自ら婚約を解消せざるを得なかったいきさつがある。しかし、その後もてる子とは手紙のやりとりが続いていたが、大正3年5月てる子の兄から交際を断わる手紙が届くことになる。

この歌碑は、節が好んだ青島の、県立亜熱帯植物園の中に海を見渡すように立てられており、宮崎市労働文化協会の建立によるものである。

歌碑のある亜熱帯植物園から望む青島

うたの見える風景

宮崎市 県立青島亜熱帯植物園

文 藤野まり子 写真 藤野忠利

涅槃図の余白なきまで嘆き合ふ

田﨑賜恵

たさき たまえ(1912~2005)
平壌生まれ。昭和20年、京城から夫の郷里である高千穂に引揚げ、その後、夫が宮崎市に皮膚科を開業。26年、夫(俳号・茶山)と共に俳句を始める。中村汀女に師事、「風花」宮崎支部長となる。句集に『双燕』(夫婦句集)、『涅槃図』『花ざぼん』など多数。宮崎県文化功労賞受賞。

夭逝の長男を詠んだ句

浄土真宗安楽寺の納骨堂前に献納されているこの句碑は、賜恵さん自身が選んだという台湾石が珍しい。取材の日は、降るような蟬時雨で、大銀杏やもみじ、錦木の深い緑が涼しかった。秋には紅葉の濃淡が美しい、「賜恵さん好みの庭です」と坊守さんが話された。

涅槃図は釈尊が涅槃に入る時、弟子や草木や花や虫、鬼畜、天竜、菩薩などが泣き悲しむさまを描いた絵。戦後の苦しい時期に長男を亡くし、泣き続けていた賜恵さんがこの絵に出会い、詠んだのがこの句であるという。「余白なきまで嘆き合ふ」に思いがこもっている。この句は九州俳句大会で大会賞を受賞し、句碑は昭和55年、三男で田﨑皮膚科医院を継いだ田﨑高伸先生により建立された。

賜恵さんは社交ダンスも得意で、92歳で「亡くなる二日前には、私といつものようにワルツとタンゴを踊った」と随筆「俳句とダンス(母の思い出)」の中で高伸先生が書いている。「家内の提案で、好きだったダンスのドレスを着せ、花でまわりを飾り、まるで白雪姫のようにして納棺した」とも。

天寿終へし母祝ふごと紫木蓮　　詩門(高伸)

街中の静かな寺の境内に句碑は建っている。

文 藤野まり子　写真 藤野忠利

若竹の伸びゆくごとく子ども等よ真直ぐにのばせ身をたましひを

若山　牧水

「たましひ」の充実を大切に

この歌碑は、昭和62年、宮崎市が文化の森に科学技術館を開館したときに、明日を担う子どもたちの成長を願い建立したものである。一読して平明な歌で、とてもわかりやすい。「あくがれ」の歌人と呼ばれる牧水は、何よりも「たましひ」の充実を大切にしている。この一首には、子どもたちに対する慈愛と願いのようなものが感じられる。この歌の作られた大正12年、牧水には4人の子どもがおり、歌が収められている『黒松』には、「をさな日の澄めるこころを末かけて濁すとはすな子供等よやよ」もある。

取材の日、夏休みも最終日に近い科学技術館では、“素粒子の世界を拓く”と題され、ノーベル物理学賞受賞の湯川秀樹・朝永振一郎生誕百年記念展が開催されていた。ノーベル賞は世界で最も名誉と価値のある賞で、この展示会では、両博士が幼少から勉学や研究に取り組んだノート、参考書類、論文草稿とともに、核兵器廃絶と世界平和へ向けた活動なども紹介されている。実験の装置などに触れ、科学の謎ときをしている子どもたちを見ながら、思わず「真直ぐにのばせ身をたましひを」と呟いていた。

市民の憩いの場となっている文化の森

わかやま ぼくすい(1885～1928)
現日向市東郷町坪谷生まれ。坪谷尋常小学校、延岡高等小学校、県立延岡中学校、早稲田大学に学ぶ。同期の北原白秋と交友を深める。第3歌集『別離』で注目を集める。他にも『海の声』『みなかみ』『くろ土』など、歌数八千余首、「酒の歌人」「旅の歌人」とも呼ばれる。

うたの見える風景
宮崎市 文化の森

文 藤野まり子　写真 藤野忠利

水の味も身にしむ秋となり

山頭火

たねださんとうか(1882〜1940)
山口県生まれ。本名正一。早稲田大学中退。家業の造り酒屋を手伝う。1911年「層雲」に寄稿、萩原井泉水に師事(1913年)。1924年得度、1925年より全国を漂泊、自由律の句を詠む。句集に『草木塔』など。

友情への感謝

山頭火は、行乞《ぎょうこつ》の旅の中で季語や字数にとらわれない自由律俳句を作りつづけた漂泊の俳人として知られている。この句碑は、昭和5年に宮崎を訪れた折に水郷飫肥で詠んだ句を、平成4年に宮崎市橘通西2丁目の「ふるさと料理杉の子」に建てられたものだと宮崎県芸術文化団体連合会編『みやざきの文字碑』に書いてある。また、近くの「たかさご」の壁面には〈うまい句ひが漂ふ街も旅の夕ぐれ〉があり、これも同じ時期の句である。

杉田作郎(本誌7月号に紹介)はこの時、托鉢姿の山頭火のために、黒木紅足馬など同志を非常招集して句会を開いている。身にしむ水の味とは、こんな仲間の友情への感謝も入っているのであろう。こころのこもったしみじみとした、よい句である。

全国を行乞行脚した山頭火は、また全国の水の味がわかる名人だったかも。このごろでは、飲み水はほとんどが買ったり、湧水を汲みに行ったりする。私の家でもアルカリ水を作ったり、霧島裂罅水を汲みに行く。水の味・質・匂いなどさまざまな水のブランドがあり、いまや水は一つの産業になっている。山頭火が生きていたら、こんなご時世をどう詠んだだろうか。もしかしたら、造り酒屋に生まれ酒の大好きだった山頭火であるから、あるいは「水利き名人」になっていたかもしれない。

宮崎市の中心部に静かにたたずむ碑

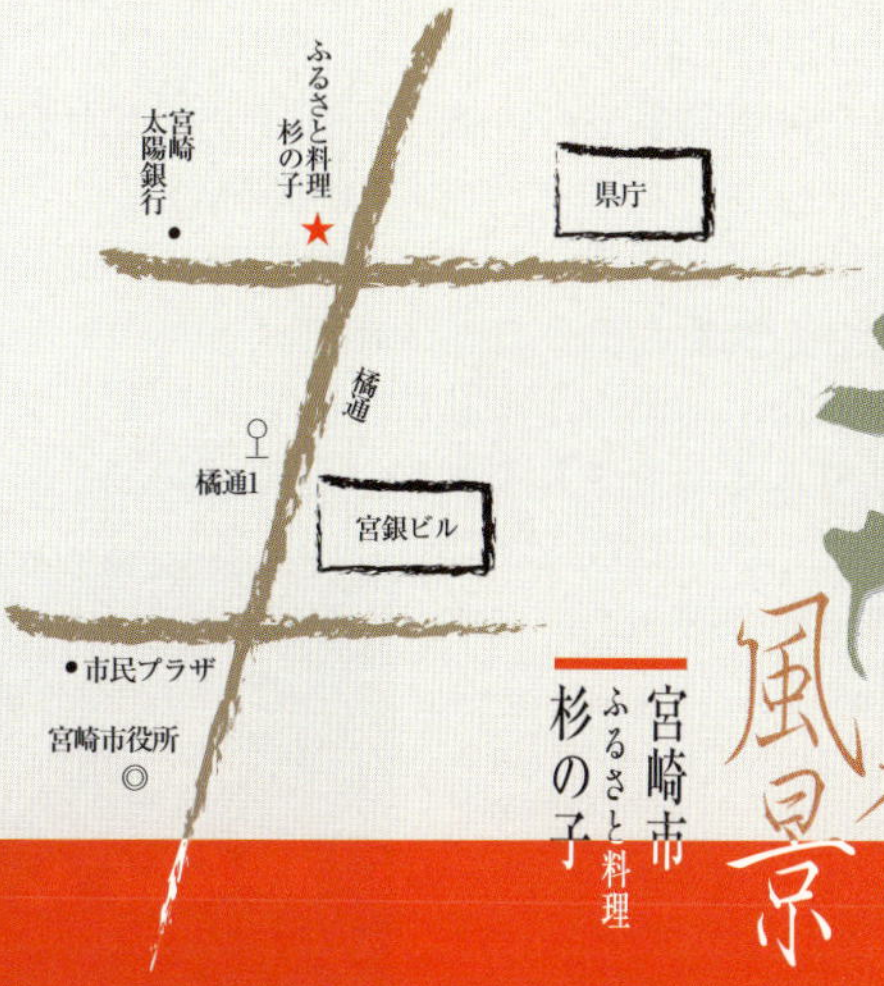

うたの見える風景

宮崎市 ふるさと料理 杉の子

文 藤野まり子　写真 藤野忠利

うたの見える風景
宮崎市 橘公園

たまゆら　（碑文）

二人は川べりに立って、
夕映えのなかにつつまれて夕映えを眺めた。
夕映えは大淀川の水面にも広がって来ていた。
静かな水の色が夕映えの中へふくらんで、
あたたかく溶け合っているようだった。
橘橋の影が美しく水にうつっていた。

川端康成『たまゆら』の一節から

夕映えに魅せられて

昭和39年11月、川端康成は、NHKの朝の連続テレビ小説『たまゆら』の執筆取材のために宮崎を訪れている。当時、宮崎交通企画宣伝課の課長で、取材の一切のお世話をされた渡辺綱纜さん（現宮崎市芸術文化連盟会長）に、川端康成と宮崎のことを伺った。

宮崎に着いた日の夕日の美しさに感動した川端康成は、大淀川を染める茜色の夕映えや、金色に輝くさざ波の見事さに息を凝らし、宮崎観光ホテル西館5階のベランダからいつまでも無言で、フェニックスの並木が黒いシルエットに浮かび上がるのを見入っていたという。夕映えの美しさを絶賛し、二泊三日の予定が15日間にも延び、この夕日との出会いが発端となってドラマは進行してゆくのである。渡辺さんは、「碑の文字の『たまゆら』は川端康成の直筆で、石は大淀川上流の綾川の自然石ですよ。また、このドラマは1年間続いて、その度に宮崎の場面が放映され、新婚旅行ブームや観光に一層の拍車がかかったのです」と懐かしそうに話された。

取材の朝、ホテルから散歩に出てきたカップルが、碑の裏に刻まれてある『たまゆら』の一節を読みあい、「夕映えがこんなに出てくる」と数えているのが印象的だった。

かわばた やすなり(1899～1972)
明治32年6月14日、大阪市生まれ。横光利一らと新感覚派運動を展開、独自の美的世界を築く。代表作に『伊豆の踊子』『雪国』『千羽鶴』『山の音』など。映画やテレビドラマ化されたものも多い。また昭和39年、『たまゆら』執筆取材のため宮崎を訪れている。

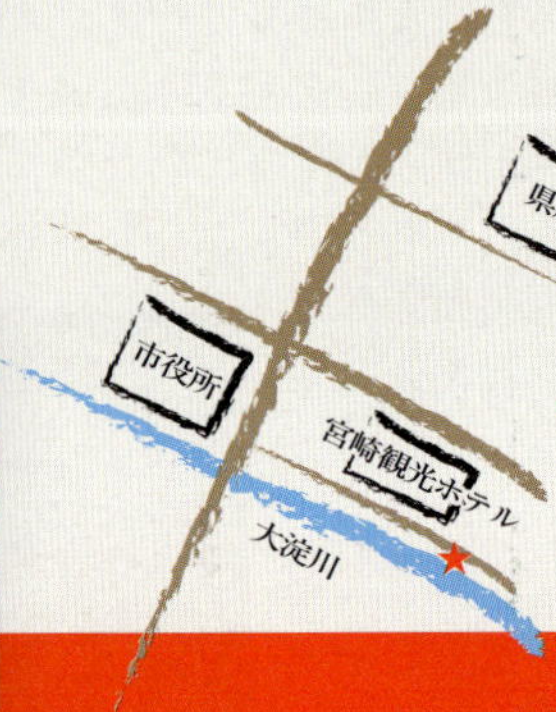

大淀川畔の夕映え

文 藤野まり子　写真 藤野忠利

峡沿ひの日之影といふ町の名を
旅人われは忘れかたくす

宮 柊二

うたの見える風景

日之影町 青雲橋公園

チョコレート色の楕円形が美しい歌碑

延岡から国道218号を西へ、長い中村トンネルを抜けると日之影川に青雲橋がかかっている。その青雲橋公園に宮柊二の歌碑があり、東洋一のアーチ橋青雲橋を仰ぐがに建っている。

昭和50年5月、宮柊二は歌誌「コスモス」の全国大会に宮崎を訪れており、青島での大会後の宮崎観光で高千穂まで行っている。この歌は、「階段を転げ落ちたり山の宿が燈をともさざる夜の闇さに　影山一男君」など、他の歌とともに歌集『忘瓦亭の歌』に収められている。同行の影山一男が負傷したこともあり、「日之影」という珍しい地名をいつまでも忘れないだろうと詠んでいる。

石はチョコレート色にグリーンの斜め縞の入った楕円形で、高千穂産の石ではないかと言われている。私がこれまで取材した中で一番美しい碑で、晩秋の夕日を受けて赤紫に輝いていた。後年、梅戸勝恵町長さんが「日之影」が詠み込まれた歌があることを知り、「多くの人々に紹介し日之影町の文化、文学の振興に役立てたい」と平成元年4月に建立されている。本誌6月号元気人登場で紹介させていただいた小島ゆかりさんが宮柊二に師事。

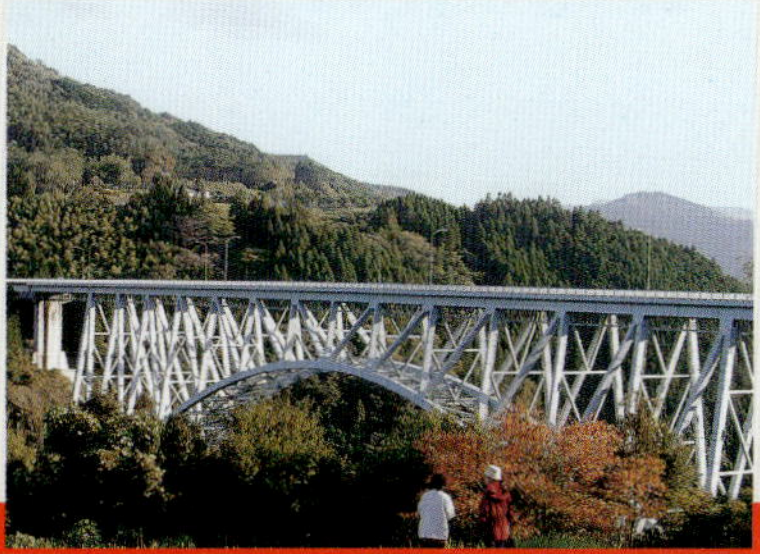

アーチが美しい青雲橋。
国道にかかる道路橋としては東洋一の高さを誇る。

みや しゅうじ(1912〜1986)
本名肇、新潟県生まれ。北原白秋に師事し、のちに釈迢空の影響を受ける。昭和14年応召。21年処女歌集『群鶏』28年「コスモス」創刊。宮中歌会始選者をはじめ、朝日新聞・日本経済新聞・婦人公論などの選者をつとめる。生涯で13冊の歌集を刊行、『定本宮柊二全歌集』など。『多く夜の歌』で第13回読売文学賞受賞。第33回日本芸術院賞受賞。紫綬褒章受章。

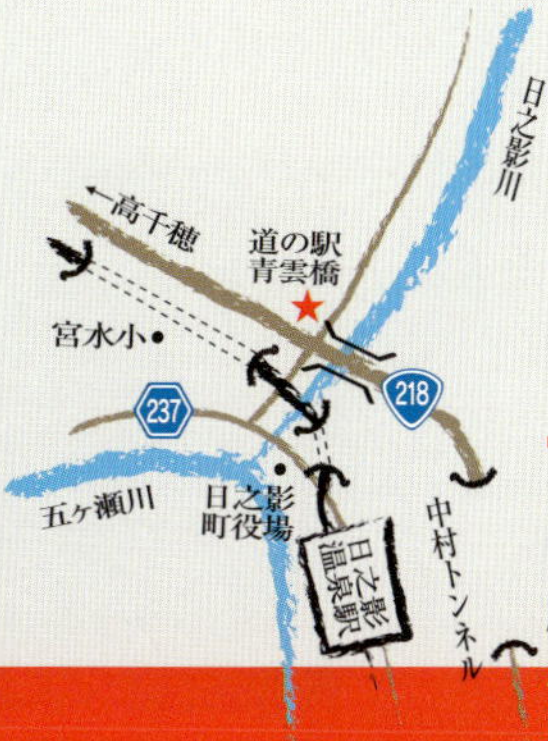

文 藤野まり子　写真 藤野忠利

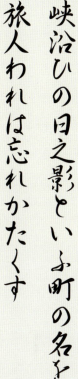

食つきて兒ら飢うるとき屋上に
坐して祈りしその聲きこゆ

安田　尚義

桜の木の下に流れる時間と祈り

この歌は、「孤児の父と慕われた石井十次の二十年祭に、十次の長孫児嶋虓一郎氏が、尚義に作歌を依頼して建てたもの」（『みやざきの文学碑』）で、茶園が広がる茶臼原台地の、茶臼原農村公園の中にある石井十次墓園の入り口、大きな桜の木の下に建っている。縦長の石の表面にはコケなども生え、歌の内容と重なる時間の流れも感じとれる。明治24年の濃美大震災や、明治37年、東北地方の大飢饉による孤児1200名の救済など、キリスト教社会事業家としての石井十次を詠んだもので、自らもクリスチャンであった尚義の思いも同じ祈りとして詠みこまれている。

近くの高鍋農業高校内には、昭和20年61歳で「尾鈴山ひとつあるゆゑ黒髪の白くなるまで国恋ひにけり」と詠んだ歌碑があり、いつまでもふるさとの尾鈴山を愛し思い続けるであろう気持ちを述べている。

尚義はまた、「断髪の白人の女さっそうと大なる尻をふりつつ通る」『中支遊草』のような一面も持っていたようである。

茶臼原に佇む
石井十次の胸像

やすだなおよし（1884～1974）
明治17年4月19日、高鍋町生まれ。家は代々絵師として高鍋藩秋月氏に仕える。明治40年、早稲田大学卒業後、函館商業学校に赴任。大学時代に牧水と交流。「創作」に歌を発表。大正11年、太田水穂と出会い「潮音」に入会。昭和8年潮音社より処女歌集『群落』出版。昭和2年、「歌誌出茶花」を創刊し主宰。初代県歌人協会会長、宮崎県文化賞、高鍋町名誉町民。他に『尾鈴嶺』など。

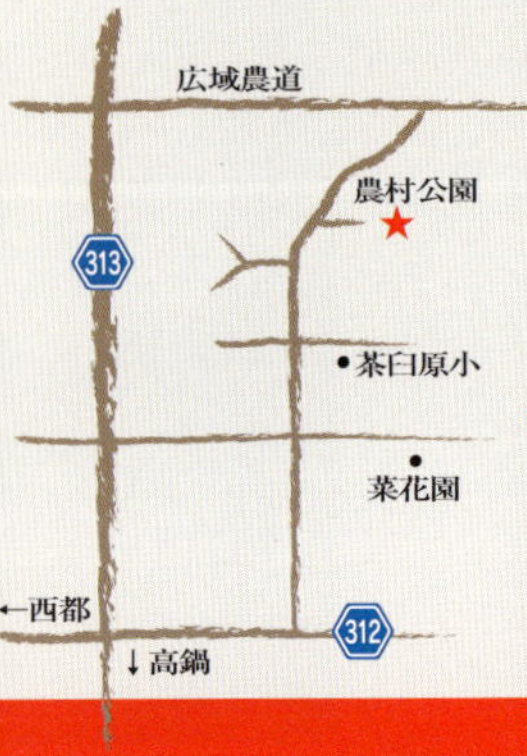

西都市
茶臼原農村公園

うたの見える風景

文 藤野まり子　写真 藤野忠利

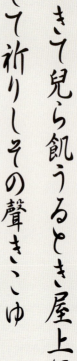

うたの見える風景
宮崎市 青島神社参道

檳榔樹の古樹を想へその葉陰
海見て石に似る男をも

若山 牧水

成就しなかった牧水の恋

明治40年、牧水が早稲田の４年生の夏休みに帰省した時の作で、第１歌集『海の声』および第３歌集『別離』に収められている歌である。この歌を作った時、牧水は園田小枝子との恋愛が始まっていた。大きな檳榔樹の下であなたのことをじっと想い見じろぎもせず石のようになっている男のことを、檳榔樹の古樹のことを想って下さいという牧水の恋の始まりの頃の歌である。

同じく、「われ歌をうたへりけふも故わかぬかなしみどもにうち追はれつつ」があり、小枝子へのどうしようもない感情を「故わかぬかなしみ」と歌っている。この根本海岸の一連には「ああ接吻海そのままに日は行かず鳥翔ひながら死せ果てよいま」があり、小枝子への激しい想いはさらに高まっていくのである。しかし、牧水は小枝子が人妻であることを知らずに恋をしており、この恋愛は５年後には終わることになる。碑の前にはいまではベンチが置かれ、恋人たちの語らいの場にもなっている。

青島参道にある歌碑の前に広がる鬼の洗濯岩のきざはしに、成就しなかった牧水の恋の心の傷を見る思いがする。

青い海にうかぶ青島

わかやま ぼくすい(1885～1928)
現日向市東郷町坪谷生まれ。坪谷尋常小学校、延岡高等小学校、県立延岡中学校、早稲田大学に学ぶ。同期の北原白秋と交友を深める。第3歌集『別離』で注目を集める。他にも『海の声』『みなかみ』『くろ土』など、歌数八千余首、「酒の歌人」「旅の歌人」とも呼ばれる。

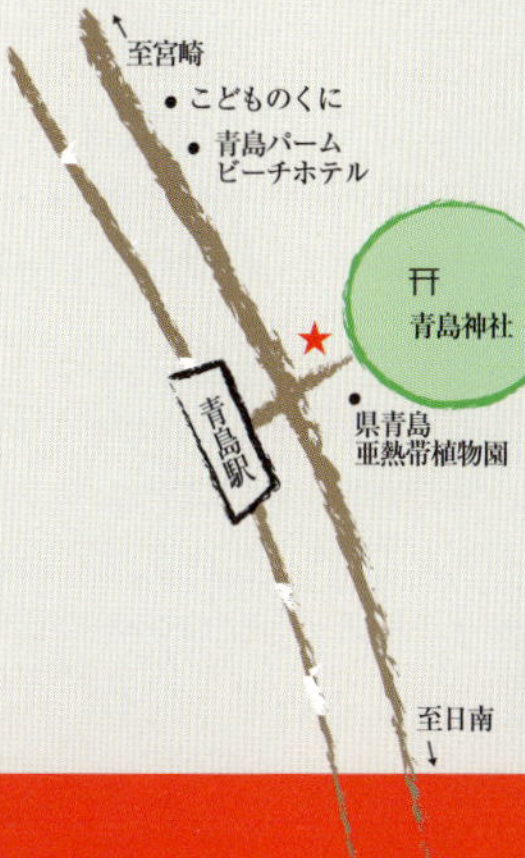

文 藤野まり子　写真 藤野忠利

日向灘のうへ飛ぶ朋の機は
あまつ日に輝ひて阻む雲なし

志垣　澄幸

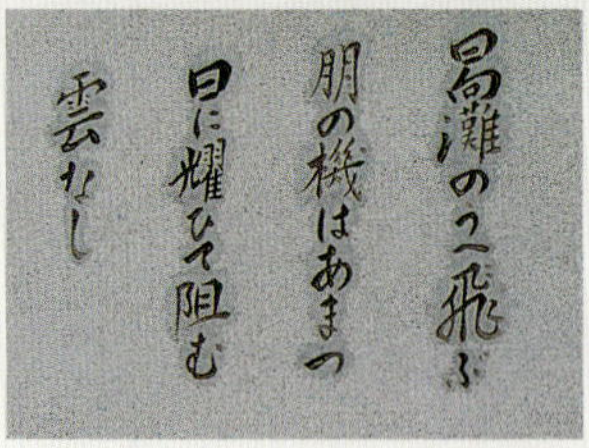

スケールの大きい雄大な景

日向灘の上空を飛ぶ仲間の飛行機が太陽にきらきら輝き、その進路を阻む一片の雲さえもないという歌で、目を閉じると「はばむ雲なし」に、どうか無事に飛んでほしいという願いのようなものも感じられる。非常にスケールの大きい雄大な景が想像されるもので、第二歌集『桜闇』に収められている。

昭和29年、宮崎市赤江に航空大学校が開校している。この歌はその同窓会が創立25周年を記念して、開校以来殉職された関係物故者の霊を祀り、あわせて飛行の安全を祈願するために、昭和54年7月に慰霊碑「飛翔魂」を建立したときのものである。

この慰霊碑建立に関わった同年、志垣は実母の五度目の入院や義父の死去もあり、人間の病気とか死のはかなさをしみじみと感じているということを『桜闇』のあとがきに書いている。

「少年期憶へばよみがへりくる戦《いくさ》かかる憑きたるものは払はぬ」『夏の記憶』があり、戦後台北から宮崎に引き揚げてきた志垣は、幼少時に体験した戦への思いか飛行機をよく歌う。その飛行機は、幼少期を過ごした台北へ心が一気に繋がるものであるのかも。そして、何より平和な時代にこそ飛ぶべきものであるという祈りや願いが感じられる。

「離陸せし機体たちまち弧をふかめ天空の中に消えてゆきたり」『山河』

しがきすみゆき(1934〜)
台北市生まれ。12歳のとき宮崎に引揚げてくる。宮崎大学学芸学部国語科卒業。1962年個人誌「丸木船」創刊。68年「原型」に入会。斎藤史に師事。69年原型賞受賞。71年から18年間宮崎日日新聞の学園歌壇の選者。宮崎大宮高校に16年間勤務。78年安永蕗子、伊藤一彦、浜田康敬らと現代短歌南の会結成。77年第一歌集『空壜のある風景』他に『志垣澄幸全歌集』など9冊。宮崎県文化賞受賞。現代歌人協会会員。日本文芸家協会会員。宮崎日日新聞「みやざき歌の窓」執筆中。宮崎第一中学高等学校校長。

待機中の練習機。駐機場上には航空大学校の文字がみえる

宮崎市 航空大学校

うたの見える風景

文 藤野まり子　写真 藤野忠利

霧島の白鳥の山しら雲を つばさとすれど地を捨てぬかな

与謝野　晶子

晶子の美意識

昭和四年七月、与謝野寛（鉄幹）晶子夫妻がえびの高原を訪ねている。この歌はその時に詠んだもので歌集『霧島のうた』に収められていることが副碑に刻まれている。白鳥の山が上にかかったしら雲を翼として、いまにも飛びたとうとしているが、飛びたてないというもので、調べも美しく晶子の美意識が感じられ自然の中に人生を重ね寂しんでいる。

平塚らいてうらと魂の解放を求めた「青鞜社」の創立に参加したり、大正元年パリからの帰国後は、短歌以外にも婦人評論家として革新的な活動をするなど、大正期にはかなり意欲的で闘争的であった晶子も、えびの高原を訪ねた時は五十代に入っていた。昭和二年には第二次「明星」の廃刊や同年七月の芥川龍之介の自殺など苦しい現実もあり、芥川の死を「氏自身の明るい静かな満足を思ふと、白い雲が空高く飛び去ったような喜びが感ぜられる」と「芥川さんの事」という文章に書いているという（『鑑賞　与謝野晶子の秀歌』馬場あき子著）。

歌碑は珍しい夫婦歌碑の様相で、寛の歌「きりしまのしら鳥の山青空を木間に置きてしづくするかな」が並んでいる。

近くには白鳥神社もあり、この第二白鳥温泉は通称下湯《したんゆ》と親しまれている。

近くには白鳥神社も建っている

よさのあきこ（1878～1942）

堺市生まれ。本名晶（しょう）。菓子舗駿河屋の鳳宗七の三女で「しょうとはん」の愛称で呼ばれる。1882年5歳で宿院小学校に早期入学。まもなく休学。84年再入学。12歳から店の帳簿付けをする。堺女学校卒業後、新詩社に加わり「明星」で活躍。1900年8月はじめて寛（鉄幹）山川登美子らと会う。翌年8月歌集『みだれ髪』刊行。10月寛と結婚。1904年「君死にたまふことなかれ」を「明星」に発表。『佐保姫』『春泥集』のほか『新訳源氏物語』や詩歌集評論集、歌論集など多数。

うたの見える風景
えびの市
白鳥温泉下湯

文 藤野まり子　写真 藤野忠利

旅のすすきのいつ穂にでたか

山頭火

飄《ひょう》々《ひょう》とした変幻自在さ

漂泊《ひょうはく》の俳人として知られ、季語や字数にとらわれず、人が誰でも持つような感情をありのままに詠んだ山頭火の自由律の句は、今なお多くの人の共感を得ている。山頭火の直筆を刻んだこの句碑は、えびの市の図書館資料館のつつじの中にある。

昭和5年、九州地方を放浪していた49歳の山頭火は、9月・吉松より行乞《ぎょうこつ》して京町温泉に入っている。行乞によるその日暮しの日々の中で出会った秋の植物や人情を詠んでおり、〈このいただきにきて萩の花ざかり〉が老人福祉センターに、〈ありがたや熱い湯のあふるるにまかせ〉を京町温泉広場に、〈ぬれてすずしくはだしであるく〉を八幡丘公園《はちまんがおか》に見ることができる。

どの句も山頭火の人間味溢れる率直な思いが熱い湯やすすき、萩の花などに感じられ、飄々とした変幻自在さがうかがえる。

小林、都城を経て宮崎を訪ねた山頭火のために、同年9月27日、杉田作郎は黒木紅足馬などを招いて句会を開いている。「作郎氏とは今度はとても面接の機があるまいと思っていたのに、ひょっこり旅から帰られたのである。予想したような老紳士だった。二時近くまで二人で過ごした」(「あの山越えて」『瑛九』評伝と作品　山田光春著）とある。

山頭火にとっては、この宮崎への行乞もまた忘れられないものとなったのである。

さんとうか(1982～1940)
山口県生まれ。本名正一。早稲田大学中退。家業の造り酒屋を手伝う。1911年「層雲」に寄稿、荻原井泉水に師事(1913年)。1924年得度。1925年より全国を漂泊、自由律の句を詠む。句集に『草木塔』など。

えびの市民図書館からみえる霧島の山なみ

うたの見える風景
えびの市民図書館

文 藤野まり子　写真 藤野忠利

うたの見える風景 西都市茶臼原

幾山河越えて来たりて日向野や
この高原に陽の落つる見ゆ

大原　寿恵子

おおはらすえこ(1883～1930)
広島県生まれ。明治34年大原孫三郎と結婚。明治42年長男總一郎を生む。中村憲吉に師事し、アララギ派の歌風に親しむ。『大原寿恵子歌集』など。

この日向野の茶臼原の台地に

尾鈴山を望む茶臼原台地の広大な茶園の一角にある大原寿恵子夫人の歌碑である。

大正15年1月、石井十次の銅像が石井記念友愛社（本誌6月号で紹介）の十次の庭に建てられ、その除幕式に大原孫三郎・寿恵子夫妻が訪れており、その時に詠んだものである。

十次は大原とのことを「君と僕とは炭素と酸素、合えば何時でも焔となる」（『石井十次と大原孫三郎と児嶋虎次郎・三人の絆』より、石井十次資料館）と言っているように、大原は十次にとって最大の支援者であり、十次没後も石井の思いを発展させている。

「幾山河越えて来たりて」には、岡山時代やここ茶臼原へ塾舎や校舎、院児、職員の大移住や台地の開拓の苦難、さらには大正3年、志半ばで48歳の若さで亡くなった十次の無念さなどがイメージできる。十次の開拓したこの日向野の茶臼原の台地に、今、まさに落ちんとしている夕陽を、十次の事業やそれを支えた人々にも思いを馳せ、しみじみとした思いで眺めている。また書は、長男總一郎氏の妻真佐子夫人によるものである。

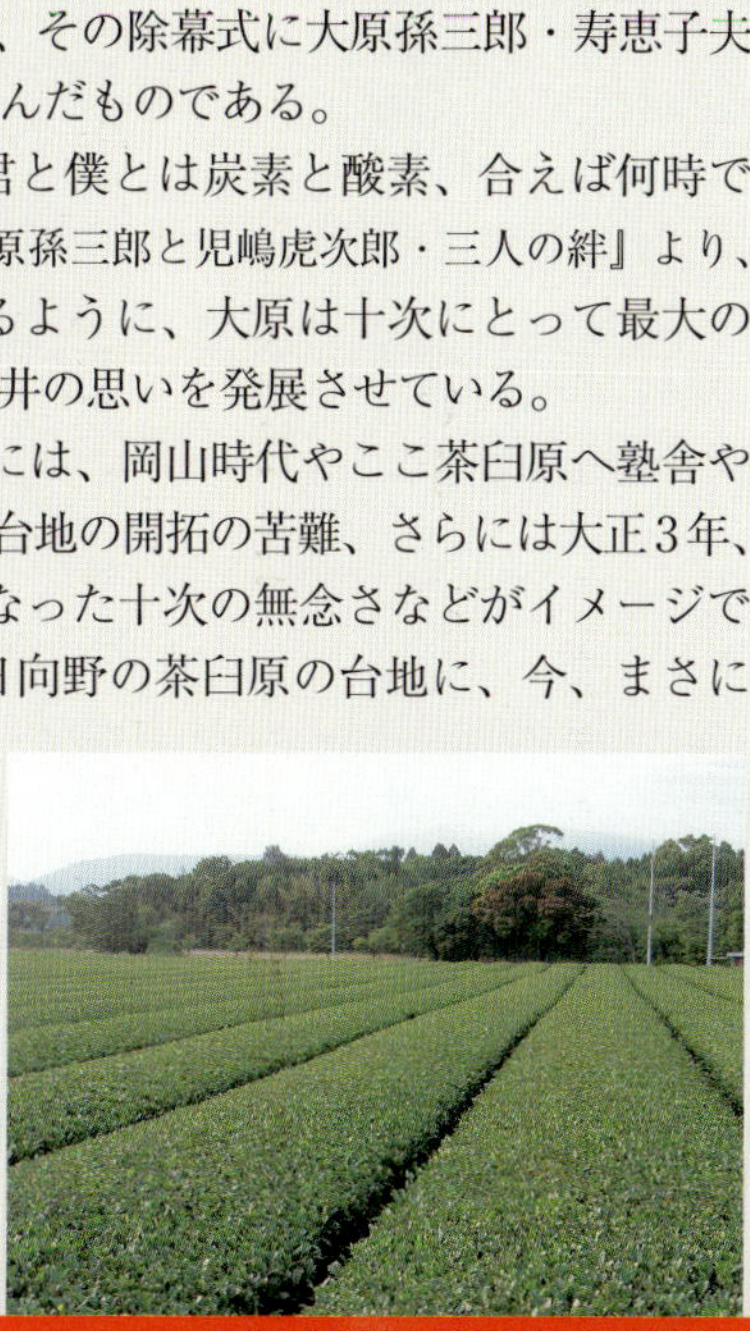

石井記念友愛社そばに広がる茶臼原の台地

文 藤野まり子　写真 藤野忠利

日向の国都井の岬の青潮に
入りゆく端《はな》に独り海見る

若山　牧水

青潮や岬と融和している牧水

明治40年、牧水は早稲田大学4年の夏休みに帰省して、県南の青島、油津、都井を旅行しており、その時の作で『海の声』に収めてある。日向の国の南端、都井の岬に打ち寄せる青潮と見渡すかぎりの海原に、岬ごと自分も向かっていくような気持ちで独り海を見ている。ここには、青潮や岬と融和している牧水がいる。『海の声』には、青島で作った「檳榔樹の古樹を想へその葉陰海見て石に似る男をも」（本誌3月号に紹介）もあり、この二首を同時に鑑賞すると若き牧水の心の動きや揺れが感じられ興味深い。

「青潮に入りゆく端《はな》に独り海見る」には、心に秘めている人を、恋が始まったばかりの園田小夜子とのことを心ゆくばかり想っているのが想像される。牧水は＜空想と願望＞という詩に、「遠く、遠く突き出た岬のはな、右も、左も、まん前もすべて浪、浪、―中略―そんなところに、いつまでも、立ってゐたい。」と書いている。

後年、長女に「みさき」と命名しており、牧水は本当に岬、先端をこの上もなく好んだようである。「見る」は原作は「聴く」であった。

見渡すかぎりの青海原と蘇鉄群落の美しい都井岬

わかやま ぼくすい（1885～1928）
現日向市東郷町坪谷生まれ。坪谷尋常小学校、延岡高等小学校、県立延岡中学校、早稲田大学に学ぶ。同期の北原白秋と交友を深める。第3歌集『別離』で注目を集める。他にも『海の声』『みなかみ』『くろ土』など、歌数八千余首、「酒の歌人」「旅の歌人」とも呼ばれる。

うたの見える風景
串間市都井岬

文 藤野まり子　写真 藤野忠利

やんわりととがめる主任看護婦に見守られつつ歌を書きやむ

高野　春義

心をたのしませ、なぐさめるものとして

たかのはるよし(1916〜1960)
東諸県郡上倉永(高岡町穆佐)生まれ。青年学校を卒業後、軍隊生活をしたのち、結婚し台湾へ。終戦後、故郷へ帰省して農業に携わっていたが35歳の時に肺を患い、川南国立療養所へ入院。闘病のかいなく昭和35年、45歳の若さで同病院にて逝去する。遺稿集に『苺の花』。

歌を書くことを看護婦さんにとがめられて書きやむとは、素直な患者である。また、主任看護婦とは高野春義担当の看護婦さんであろう。「やんわりと」「見守られつつ」とあるので、大切にされている患者であることがわかる。

川南町にある国立病院機構宮崎病院入口の左側、生い繁った夏草の中に同時期に入所していた俳人、伊福丹助の句碑「青き踏まな心貧しきときは出て」とこの歌碑が、大きなビワの木の下に右と左に並んでいる。

あいついで二人が入所した昭和20年代は、川南療養所と呼ばれており、いまのようにテレビなどの娯楽もない時代で、心をたのしませ、なぐさめるものとして療養所文芸が盛んになっていったのである。高野春義はここで洗礼を受け熱心な信者であったという。療養所内のくろ土短歌会に入り、29年にはアララギに入会している。

当時、宮大教授でアララギの歌人であった松田松雄が、高野春義の入所以来の作品450首を編集し、遺稿集『苺の花』として発行されたことが『みやざきの文学碑』(鉱脈社刊)に書いてある。
〈ふるへゐる豆腐に葱をのせて食ふかくしづかにて長く生きたし〉

国道10号沿いにみえる宮崎病院の案内標識

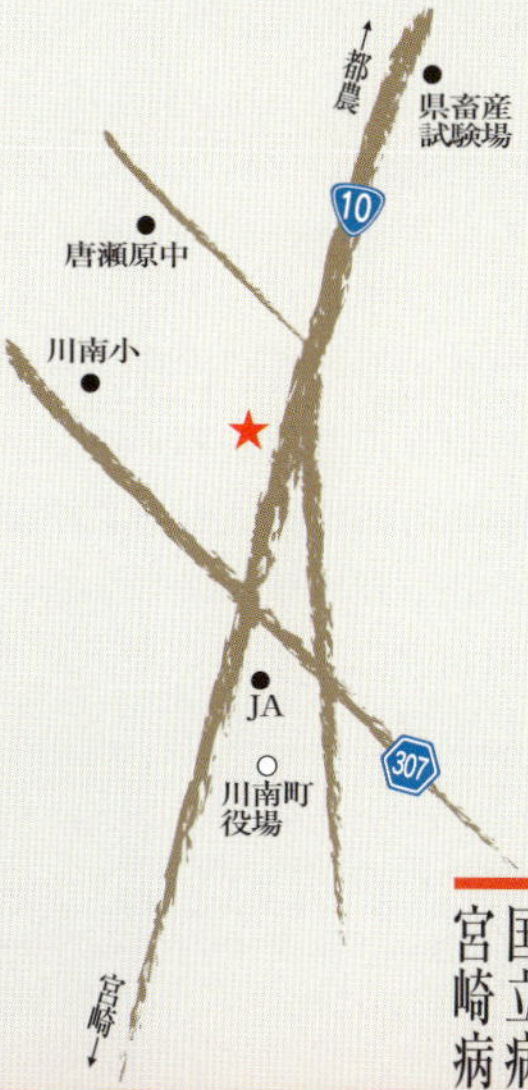

うたの見える風景
川南町 国立病院機構 宮崎病院

文 藤野まり子　写真 藤野忠利

うまい匂ひが漂ふ街も旅の夕ぐれ

山頭火

さんとうか(1982～1940)
山口県生まれ。本名正一。早稲田大学中退。家業の造り酒屋を手伝う。1911年「層雲」に寄稿、萩原井泉水に師事(1913年)。1924年得度。1925年より全国を漂泊、自由律の句を詠む。句集に『草木塔』など。

妻子のことも頭に浮かんだのかも

うまい匂いが漂っているこの街も放浪中の私にとっては、何か物悲しい旅の夕ぐれであるよ、というものである。

出家して托鉢生活をしながら抒情性のある自由律の句を詠んだことで知られる山頭火。

九州地方を放浪中の昭和5年9月、小林から都城を経て宮崎を訪ねた山頭火は橘通りなどに立ち寄り、この句を残していることが『みやざきの文学碑』に書いてある。酒の大好きな山頭火にとって夕ぐれどきの飲屋街は、あちこちの店や屋台から漂う美味そうな食べ物や酒の匂いや嬌声など、その日暮らしで食うや食わずの放浪の身には、ことのほか深くこたえたのであろう。今夜の落ち着き先をどこにしようかとあたりを見まわしながら、うろうろする姿も想像されて興味深い。また「旅の夕ぐれ」には、熊本に置きっ放しにしている妻子のことも頭に浮かんだのかもしれない。

この行乞では、南郷町の榎原にも足を伸ばしており「こんなにうまい水があふれてゐる」が『草木塔』に見られる。山頭火には水の句が多くあり、同じく「へうへうとして水を味ふ」もある。「水の味も身にしむ秋となり」の句碑が「杉の子」に、掲出句はニシタチ「たかさご」の側面にある。

宮崎市を代表する歓楽街・西橘通

文 藤野まり子　写真 藤野忠利

うたの見える風景
宮崎市 西橘通

背のびして大声あげて虹を呼ぶ

風天

俳号「風天」

〈　私　生まれも育ちも葛飾柴又です。帝釈天で産湯を使い、姓は車　名は寅次郎　人呼んでフーテンの寅と発します　〉

山本直純の音楽をバックに、この名セリフを絶妙なタイミングで寅さんが語りだして始まる映画『男はつらいよ』シリーズ。その寅さんこと渥美清の句碑が油津の堀川運河沿いにある。この句碑は平成４年、シリーズ45作目の『寅次郎の青春』がこの堀川周辺で制作され、全国で好評を博したのを記念して、寅さんの名声を日南の地に根づかせようと全国の寅さんファンに向けて、平成13年に「寅・卯・もんどを偲ぶ会」(田中傑代表)が建立したことが碑の裏に記されている。また、渥美清が「風天」の俳号で俳句をつくっていたことはあまり知られていないが、13回忌を機に『風天　渥美清のうた』(森英介著・大空出版)が６月に記念出版された。

寅さんを偲び毎年「寅忌」を開いているという同会は、元日南市国際交流員による英訳の句碑を13回目の命日の今年８月４日に建立、「寅忌」を開き田中代表が献花した。

碑の近くには飫肥杉と飫肥石でできた曲げ天井の屋根が美しい夢見橋があり、市民の憩いの場となっている。

〈　赤とんぼじっとしたまま　明日どうする　〉

堀川運河にかかる夢見橋は釘を1本も使用せずにつくられている

ふうてん(1928～1996)
東京下谷生まれ。俳優渥美清。本名田所康雄。浅草のコメディアンを経てドラマ、舞台、映画、アニメで活躍した名喜劇俳優で、日本人に最も愛され続けた国民的俳優。「風天」の俳号で「アエラ句会」や雑誌「話の特集」などの句会に参加していた。森英介氏が風天の俳句を見つけ、その生き生きした句を「風天　渥美清のうた」として紹介。著書に『きょうも涙の日が落ちる渥美清のフーテン人生論』がある。

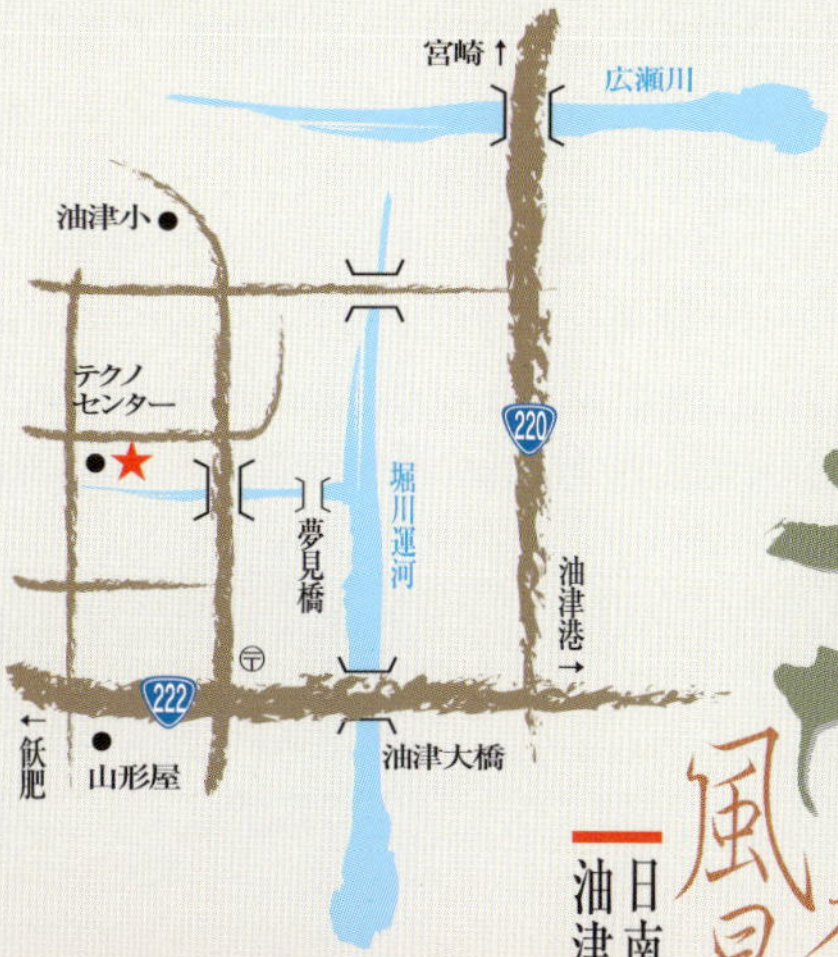

うたの見える風景
日南市
油津堀川

文 藤野まり子　写真 藤野忠利

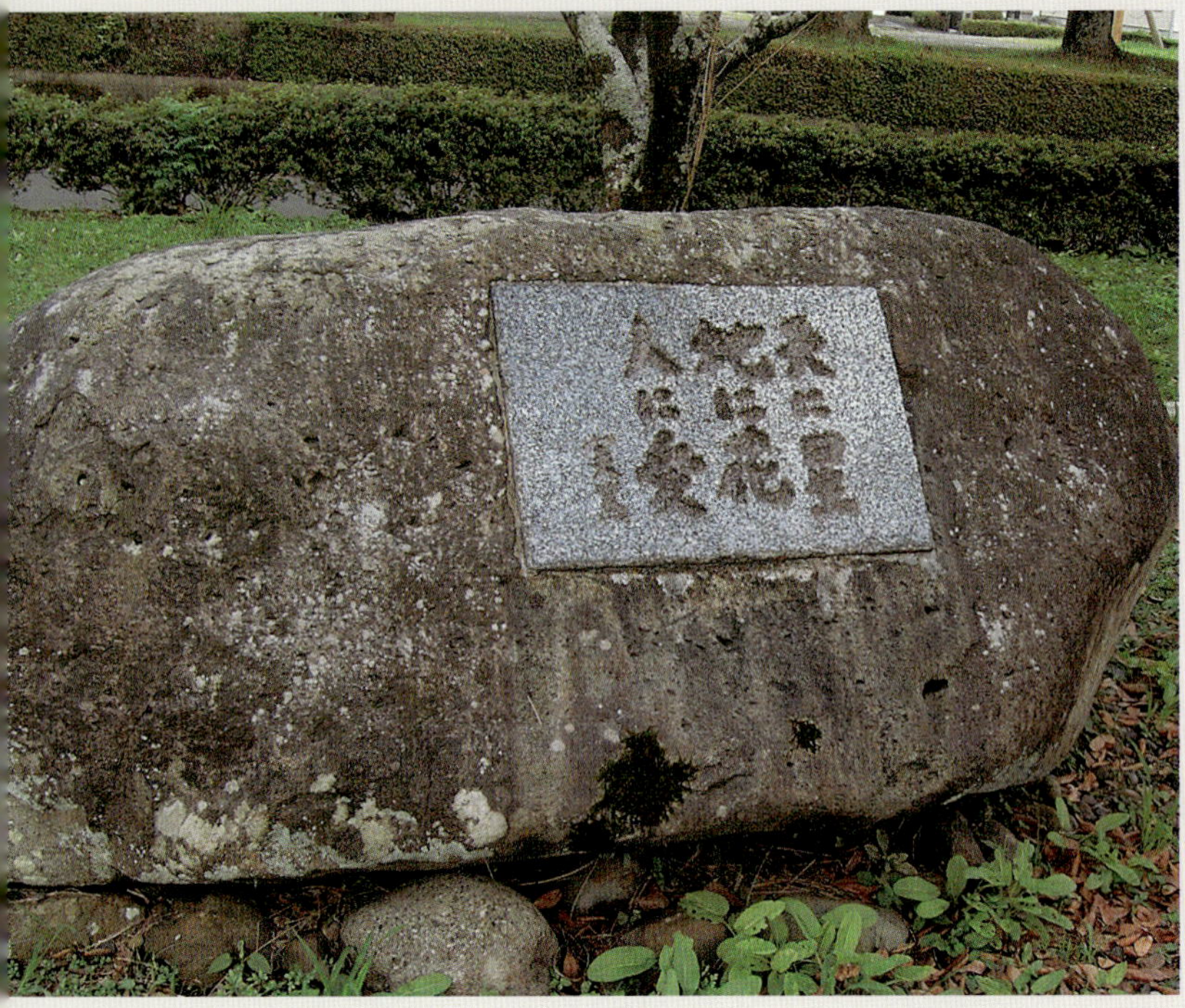

天に星　地に花　人に愛

実篤

うたの見える風景 ―三股町体育館

新しき村の候補地

三股町に武者小路実篤の文学碑があることをとても不思議に思っていた。実篤と三股町にどんなかかわり があるのだろう。不可解な思いで文学碑のある三股町体育館に行ってみた。「天に星　地に花　人に愛」と彫られた花崗岩が、自然石に埋め込まれている。「文学碑建立の記」の別碑によれば、「わが日向の地に新しき村の候補地を求められるに際して当地方も又その候補地に擬せられたという。しかしながら郷土の人々の心は氷のように冷くその人類愛に基づく真摯な運動を危険思想として排撃したという」の一節がある。

長い引用になったが、当時の大河内利雄町長が、その頃の三股の人々が氷のように冷たく、実篤の人生肯定や人間信頼に応えることができなかった悔しさを、新しき村開設50周年を前に「武者小路文学碑建設委員会」の会長となり、昭和41年に建立されている。俳人でもある大河内町長がこの讃を選ばれたのは、実篤を尊敬しており、三股の人々にその人生賛美や人間愛に触れてほしいとの思いがあったからであろう。

丁寧に応対して下さった中央公民館の黒木欣綱さんと碑のことを思い、何かしら謎が解けた気持ちで秋霞の中の取り入れの風景を見ながら、沖水川を渡ったのである。

実篤も見たであろう三股町内を流れる沖水川

武者小路実篤(むしゃのこうじ　さねあつ)(1885〜1976)
東京生まれ。東京大学中退。小説家。明治43年、志賀直哉らと雑誌『白樺』を創刊。以後60年にわたって文学、美術、演劇、思想と幅広い分野で活動。大正7年、木城村に調和的な理想実現のための生活共同体として「新しき村」を開設。今年は創立90周年である。『おめでたき人』『その妹』『人間万歳』『真理先生』など6300篇を越える小説、随筆、詩がある。昭和26年、文化勲章受章。

文　藤野まり子　写真　藤野忠利

うたの見える風景
三股町 中央公民館

せりへ出す牛に一むち葱坊主

冬扇

慈愛に満ちた一句

霧島盆地の中にある三股町は、沖水川の豊かな流れや長田峡、また、つつじの椎八重公園やしゃくなげの森など、恵まれた気候風土と自然に育まれ、史跡や伝統芸能なども多く残る文教の町である。大河内冬扇は、三股町の町長も務めた人で、掲句は葱坊主がつんつんと立っている穏やかな春の日、せりへ出す牛に別れの挨拶のように鞭を一つ打ったというものである。長らく大切に育てた牛に対する＜頑張れよ＞との餞であったのかもしれない。

この「一むち」に作者の哀切きわまりない心情が感じられる。武者小路実篤の一貫した人生賛美や人間愛、自然愛を深く尊敬していたと言われる冬扇の、慈愛に満ちた一句である。

三股町は四月、馬に造花や五色の吹き流しのような飾りや鈴をつけた「ジャンカン馬」と呼ばれる早馬まつりが盛大に催される。まさに人馬一体となって競い合う伝統の祭りである。そんな閑かな村で育った牛に「せりへ出す牛に一むち」とだけ言いさし、あとは余情に流したところがいかにもしんみりとして、一句に趣をもたらしている。

取材時は稲刈り間近な風景が広がっていた

大河内冬扇（おおこうち　とうせん）（1911～1984）
三股町勝岡生まれ。本名利雄。早稲田大学卒業。在学中より俳句を詠む。宮崎県庁に勤務。昭和21年34歳で三股村長に就任。48年まで通算20年間三股町長として町の躍進に尽力。人間性に富み、不撓不屈、信念の人といわれ、先見性に優れた人であったという。昭和41年三股町体育館の庭に武者小路実篤の文学碑を建立。俳誌「椎の実」所属。昭和55年句集『畦鳥』上梓。

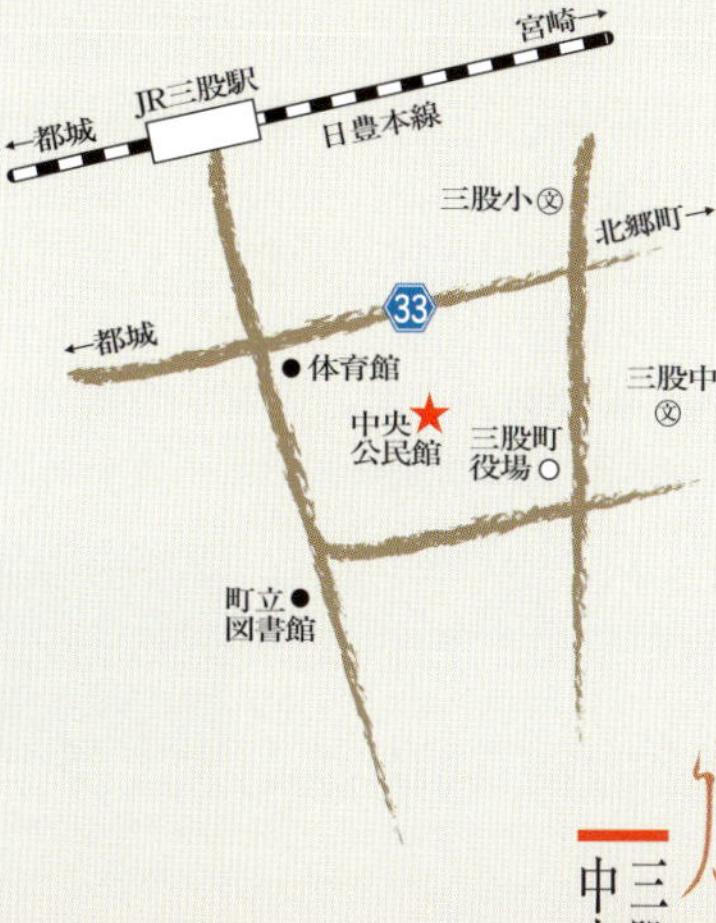

文 藤野まり子　写真 藤野忠利

草むらをこゝやかしこと文月に
梅のにほひをたづねきにけり

高山彦九郎

尊王論者にして風流人

たかやま ひこくろう(1743〜1793)
群馬県生まれ。名は正之、通称彦九郎。江戸中・後期の尊王論者で勤皇思想の流布を意図して全国を旅し、各地で歌を詠む。寛政4年九州遊歴の旅では「筑紫日記」を残している。林子平、蒲生君平とともに寛政の三奇人の一人。京都三条大橋の上で、御所を拝して土下座したことは有名。幕府の嫌疑を受け、寛政5年久留米で自刃し、勤皇の志士としての生涯を閉じた。

尊王論を唱え諸国遊歴の旅で、高山彦九郎は寛政4年、2回にわたって日向路を訪れている。この歌は、薩摩、都城、飫肥、宮崎、佐土原を経て高鍋に入った時、座論梅を訪ねて詠んだものである。歌碑は、石河内産の大きな石で「寛政四年七月四日高山彦九郎詠歌」と刻まれている。7月と言えば宮崎は暑い盛りである。草の茂みのむっとする熱気のなか、まだ蕾すらつけていないのに「梅のにほひをたづねきにけり」とは、なかなかの風流人である。「みやざきの巨樹百選」にも選ばれているこの座論梅の梅の木は、樹齢600年、幹周90センチ、高さ4メートルにもおよぶ立派なものである。「筑紫日記」に「座論梅を見る。始メ元木は失せて枝はびこりて地につき十余に分る。叢の中に有り、凡十間四方の内十余株になりぬ。」の一節がある。取材の日、その巨樹はうす赤い蕾をびっしりつけており、本当に梅のにほいが漂っているような気がした。花が咲いた頃にまた訪ねようと思った。

都城の神柱神社にも「泉川酌みてもつきぬさかつきのめくりてはまた逢はむとそ思ふ」の歌碑がある。彦九郎はこの歌を詠んだ一年後に46歳の若さで自刃しており、再び日向の地を訪れることはなかった。

秋は銀杏の落葉が美しい湯の宮神社の境内

うたの見える風景
新富町 座論梅

文 藤野まり子　写真 藤野忠利

うたがふな潮の花も浦の春

芭蕉

あれこれ気を揉むことはない

松尾芭蕉は江戸時代の俳人で、全国各地を旅して多くの名句や紀行文を残している。軽妙で滑稽な着想によって流行していた談林の俳風を超えて、俳諧に高い芸術性をもたせた蕉風を創始した。『高鍋の史跡』には「この句は元禄３年、芭蕉翁が二見が浦の絵を拝して詠めるもので、（中略）旧高鍋藩時代、句会が盛んであった頃、俳人たちの巨頭であった鵜戸神社宮司岩切副寛が、慶応二年以前に建てたもの」とある。句の意味は、海辺に打ち寄せる満ち潮の白い波頭の飛沫は、いかにも花ではないか。春はそこまで来ているよ、あれこれ気を揉むことはない、と詠んだもので、「うたがふな」に俳諧のやわらかな「軽み」が効いている。

鵜戸神社は高鍋駅の少し北にあり、小丸川が蚊口浦に注ぐ見晴らしのよいところである。その境内に、高さ90センチ、幅67センチの自然石に句が刻まれている。日の出で有名な二見が浦の絵に因んでの画賛である。鵜戸神社の境内から蚊口浦を望んだ景が、この二見が浦の絵によく似ており、当時の俳人たちがこの画賛を選んだのであろう。取材の帰り、蚊口浦で獲れた天然の牡蠣料理を食べた。とくに焼牡蠣が珍しく、とてもおいしかった。

鵜戸神社へと続く参道

まつお ばしょう（1644～1694）
伊賀上野生まれ。名は松尾忠右衛門宗房、号は「はせを」と自署。別号、桃青（芭蕉は元来は庵号）。一時京都で北村季吟に師事。後に江戸に下り深川に芭蕉庵を結ぶ。主な紀行・日記に『野ざらし紀行』『笈の小文』『更科紀行』『奥の細道』『嵯峨日記』など。

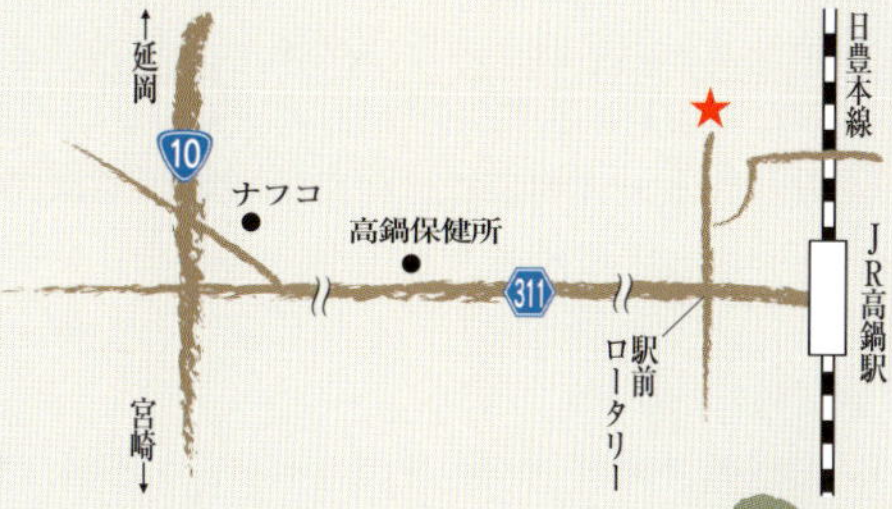

うたの見える風景
―高鍋町 鵜戸神社

文 藤野まり子　写真 藤野忠利

ドン・マンショ行方も知れぬさみしさの漂ふ飫肥をわれは尋《と》めゆく

野田宇太郎

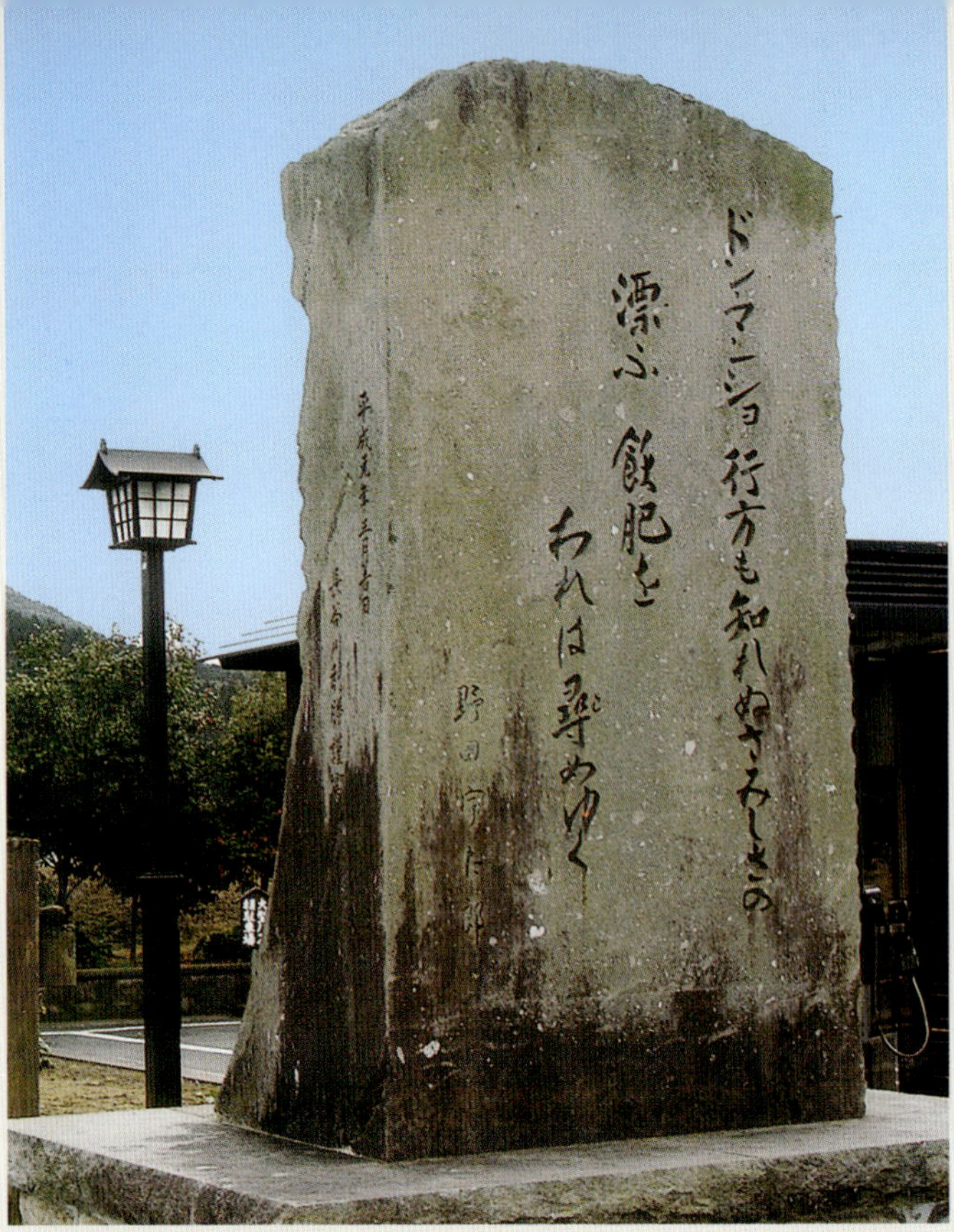

苔むした裏庭の石灯籠

天正10年、伊東マンショは天正少年使節団の一人として、千々石ミケール、中浦ジュリアン、原マルチノら13歳の少年４人でローマに渡った。大友宗麟の名代としてローマ法王に謁見を果たし、イタリア各地を訪れて往復８年半にもわたり、大任を果たして帰国。大きな成果を収めた日本人で初めての遣欧使節の一行は、時の関白秀吉に仕官を奨められるが「一生を布教に尽くすと法王に約束した」と辞退している。教会を建て生涯飫肥に留まろうとしたマンショに、母町の上や人々も洗礼を受けたという。しかしその後、日本国内ではキリスト教に対する圧迫が強くなり、マンショは天草で教師をしていたらしい。慶長17（1612）年43歳のとき天草で病死している。

母町の上夫人の墓は日南市飫肥の伊東家の墓地にあり、この歌はマンショの、このような境遇をはかなんでの一首である。また「飫肥城にふっと消え去る幻を見る切支丹の♥《ハート》を追ひつつ」（桜川冴子歌集『ハートの図像』）もある。

豫章館と呼ばれ一般公開されている伊東家の屋敷の苔むした裏庭に三日月の石灯籠がある。丸い柱の下の方に、襟にフリルのついた服と裾の丸く広がったズボン姿の図像が30センチばかりの高さに刻まれている。隠れ切支丹をおもわせるものでは、唯一マンショを偲ばせるものかもしれない。

大手門前を通学する飫肥中学校の生徒ら

のだ うたろう（1909〜1984）
福岡県生まれ。第一早稲田高等学院中退。詩人、文芸評論家。元『文藝』編集長。1930年同人誌『街路樹』に参加。1936年「糧」を創刊。小山書店、第一書房、河出書房で『文藝』の編集長を務め、東京出版に入社。著書に詩集『北の部屋』『少年使節　天正遣欧使節旅行記』『九州文学散歩』定本『野田宇太郎全詩集』など多数。名編集者として下村湖人、三島由紀夫、幸田文などを世に送り出す。『日本耽美派文学の誕生』で芸術選奨文部大臣賞を受賞。1978年中西悟堂らと同人誌「連峰」を創刊。

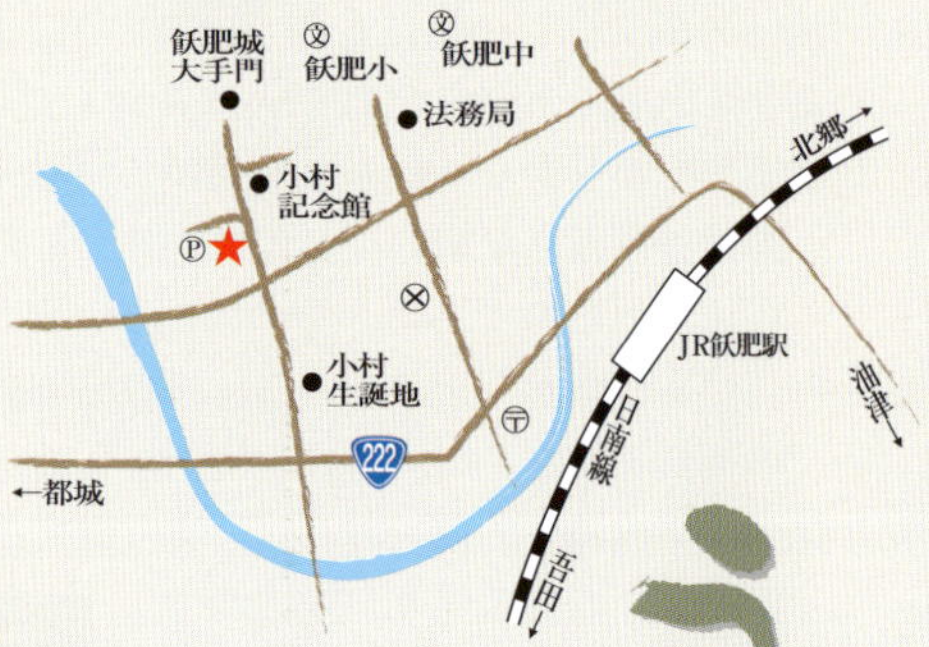

うたの見える風景

日南市
飫肥城
大手門
駐車場

文 藤野まり子　写真 藤野忠利

椿の花　椿の花　わがこころも
ひと本の樹のごとくなれ
ひとすぢとなれ

牧水

牧水のこころの動揺

この歌碑は、宮崎市南部の椿山森林公園の展望台横にあり、牧水の長男旅人《たびと》の書によるものである。公園を訪れる人を出迎えるように建てられており、碑の後ろのやぶ椿がみごとである。

歌は、牧水が椿の花に、椿の木に傷ついている自分を託し呼びかけ、まやかしではないおのれの心を取り戻したいという、必死な思いが伝わってくる。明治44年春、牧水は園田小枝子との5年越しの恋愛に破局を迎えている。その前の41年新春には、千葉県の根本海岸で過ごし、「君かりにかのわだつみに思われて言ひよられなばいかにしたまふ」「接吻《くちづ》くるわれらがまへに涯《はて》もなう海ひらけたり神よいづこに」など、二人でいる喜びを歌っている。しかし「牧水が小枝子との結婚のため家まで用意したのに、彼女は来てくれなかった。彼女はじつは人妻だった。」（伊藤一彦著『牧水の心を旅する』角川学芸出版）とあり、納得のいかない牧水の心の動揺や昂ぶりが、この破調の歌によく出ている。

飫肥街道のなかの椿山峠と呼ばれるこの一帯には、昔から多数のやぶ椿が自生していたらしい。宮崎市街からは車で30分くらいかかり、今では市民椿寄贈コーナーや椿山キャンプ場なども整っている。

早春の日射し映える椿

わかやま ぼくすい（1885～1928）
現日向市東郷町坪谷生まれ。坪谷尋常小学校、延岡高等小学校、県立延岡中学校、早稲田大学に学ぶ。同期の北原白秋と交友を深める。第3歌集『別離』で注目を集める。他にも『海の声』『みなかみ』『くろ土』など、歌数八千余首、「酒の歌人」「旅の歌人」とも呼ばれる。

うたの見える風景
宮崎市
椿山森林公園

文 藤野まり子　写真 藤野忠利

ふるさとのみ山に生ふる竹の子の
みづみづ伸びよやよ歌の友

牧水

やよ 歌の友

越智渓水《おちけいすい》が東京の牧水に干し竹の子を送った折、返礼として歌集『白梅集』の扉にこの「竹の子」の歌が贈られてきている。渓水は少年時代、牧水の隣り（東郷町坪谷）に住み、やがて牧水に直接、短歌の指導を受け、大正６年、牧水主宰の「創作」に入る。この歌は愛弟子渓水に＜歌の友よ、竹の子がみづみづ伸びるように歌に励めよ＞との呼びかけがあり、親愛の情に満たされている。

牧水門下の渓水、牧水の妻の喜志子門下の清子夫妻は、昭和23年、牧水系譜の「渓流短歌会」を創設し、牧水顕彰と後進の育成に情熱をかたむけたという。昭和49年、牧水敬慕の憶いで歌碑が建立されている。

山の中腹にある自宅を開放しての歌会は草木の命の息吹、花を愛でての歌会で、さながら吟行会であったと長女の理恵子(歌人、鎌倉彫漆芸家)は当時を懐かしむ。渓水亡き後、歌会を継承する清子に若山旅人は「海見ゆる丘の家に亡き夫のあとをまもると告げまし し君」の歌を贈っている。

喜志子、旅人、牧水の孫篁子《むらこ》（沼津市牧水記念館館長）と若山家の三代に渡り、この丘の家を来訪している。坂道の新緑や桜の花を見つつ、彼方の海を望み、羊歯《しだ》道の格子戸を開けると、閑静な中庭に牧水筆跡の歌碑が迎えてくれた。南郷村産の自然石である。

わかやま ぼくすい(1885〜1928)
現日向市東郷町坪谷生まれ。坪谷尋常小学校、延岡高等小学校、県立延岡中学校、早稲田大学に学ぶ。同期の北原白秋と交友を深める。第3歌集『別離』で注目を集める。他にも『海の声』『みなかみ』『くろ土』など、歌数八千余首、「酒の歌人」「旅の歌人」とも呼ばれる。

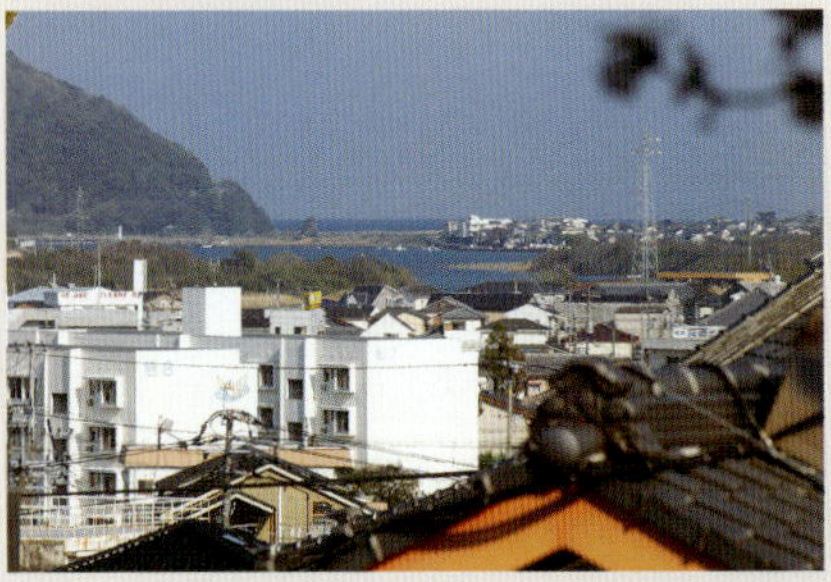

歌碑のある辺りからは日向灘がみえる

うたの見える風景
延岡市 越智家

歌碑は個人敷地内に建立のため一般公開していません。

文 藤野まり子　写真 川口道子

紫陽花の八重咲く如くやつ世にを
いませ我が兄子《せこ》見つつしぬばむ

橘 諸兄

いつまでも**繁栄**をつづけて

宮崎市民の森・東園のあじさいの道にある木簡に書かれている万葉集の歌。紫陽花が花びらを幾片も重ね、次々と色を変えながら花を咲かせていくようにいつまでも繁栄をつづけて下さい。紫陽花の花が咲くたびに、花を見るたびにあなたの繁栄に思いを馳せましょう、というもので、右大弁丹比国人《うだいべんたぢひのくにひと》の眞人《まひと》が開いた宴に橘諸兄が招かれた時、

庭に咲いていた紫陽花の花に寄せて詠んでいる。目の前にある情景に目をとめ、場に即した感動を率直にうたい、心と言葉が直接に結びついている。万葉の時代、歌とはそうした折目を大切に、祈念を込めてうたう言葉であったと思われる。

取材の日、紫陽花はまだ三分咲きで、淡い白、黄色、水色であった。満開になったあじさいロードをまた見に行こうと思う。

西園のはなしょうぶ園は、花菖蒲がちょうど見頃であった。イーゼルを立てた人、スケッチブックを広げている人、乳母車を押している人、散歩中の高齢者などマイタイムを楽しむ人の多い市民の森だった。

園内には万葉の56基がある

たちばなのもろえ(684〜757)
奈良時代の貴族。光明皇后の異父兄。はじめ葛城王(かずらきのおおきみ)と称したが、のち母の姓を継ぎ橘諸兄となる。藤原不比等の4子が相次いで病没のあと、大納言、さらに右大臣・左大臣に進む。(『広辞苑』第6版による)

うたの見える風景
宮崎市
宮崎市民の森

文 藤野まり子　写真 藤野忠利

秋風に向ひ投げしむ運の石

中村　汀女

的確で平明な写生句

鵜戸神宮名物の運玉を詠んだ句。門下の「風花」宮崎支部の人たちが、汀女の記念として後世に伝えようと、昭和47年5月に建立されている。句碑は、三ツ和荘横の、鵜戸山八丁坂の石段を上がる途中の踊り場左手に、海を背にして建てられており、その除幕式には汀女も参列したという。

鵜戸神宮の祭神は鸕鷀草葺不合尊《うがやふきあえずのみこと》で、岩屋の奥にみごとな大社があり、ここを訪れた人は必ずといっていいほど運玉を投げる。取材の日も、若いカップル数組が海から突き出た奇岩の、穿たれた穴に運玉を投げ合っていた。しかし、なかなか穴に入らずほとんど海に落ちていた。

汀女は、的確で平明な写生句が持ち味といわれ、生活や子供のこともよく詠んでおり、日常の瞬間や台所の句など、主婦ならではの発見の句が魅力的である。『汀女句集』に、「秋雨の瓦斬が飛びつく燐寸かな」「咳の子のなぞなぞあそびきりもなや」また『都鳥』には「葱屑の水におくれず流れ去る」などが見られる。

眼前には日向灘の蒼い海が広がる

なかむらていじょ(1900～1988)
熊本市生まれ。本名破魔子。熊本商女卒。現代女流俳人の草分け。「ホトトギス」に参加、高浜虚子に師事。日常茶飯事を詠み「台所俳句」とも。1949年「風花」を創刊・主宰。句集に『汀女句集』『花影』『春雨』『都鳥』など。

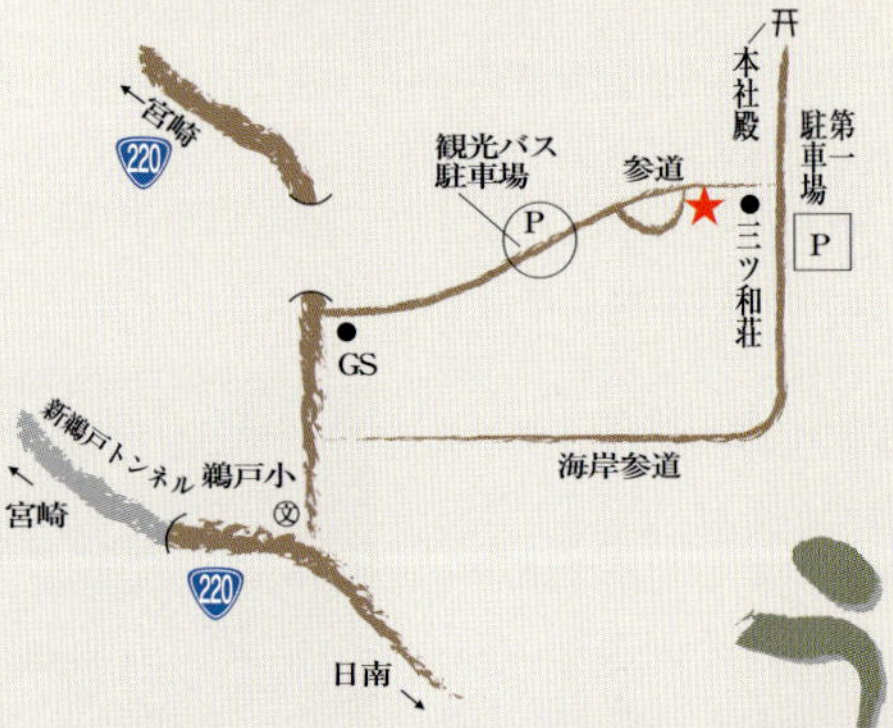

うたの見える風景

日南市 鵜戸神宮

文 藤野まり子　写真 藤野忠利

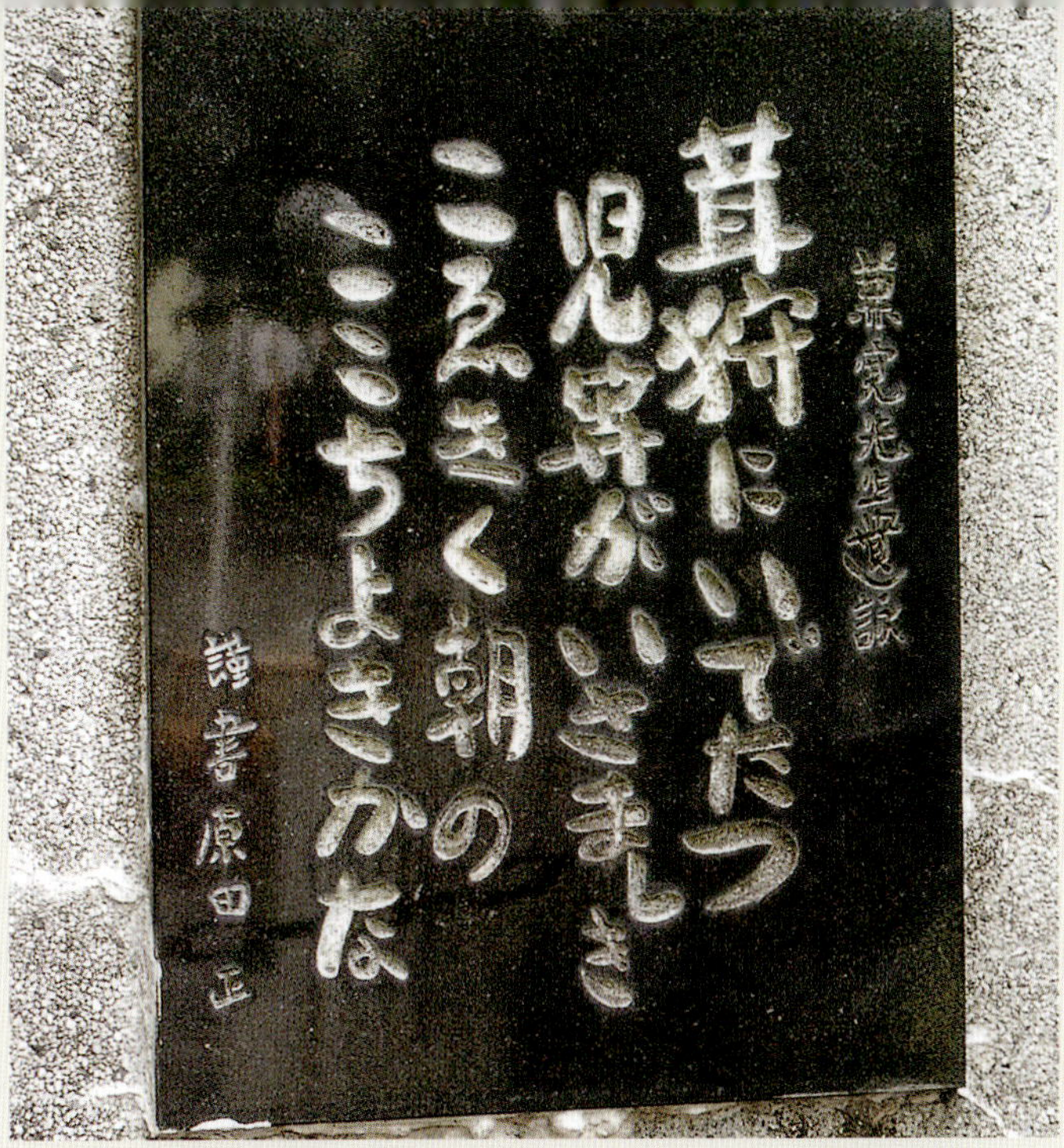

茸狩にいでたつ児等がいさましき
こゑきく朝のここちよきかな

高木 兼寛

ビタミンの父

穆佐小学校正面入口にある高木兼寛の歌碑。子どもたちが朝早く山に茸狩りに行くのに集まって、活気にあふれた大きな声で話し合っているのを聞くのは、ほんとに気持ちがよいものであるという意味。前宮崎市教育長原田正さんの書が躍動的で歌の雰囲気を盛り上げている。茸はビタミンやミネラル、食物繊維が豊富で毎日心がけて食べるようにと言われている。海軍医だった兼寛は、軍艦乗組員の脚気撲滅に取り組む。脚気は食事の栄養欠陥からおこり、ビタミンB1の欠乏症で末梢神経を冒すことから「脚気予防法はビタミンにあり」と考え、白米から麦飯に替えて、後のビタミン発見に力を尽くす。その後「ビタミンの父・高木兼寛」と呼ばれるようになった。

穆佐に生まれ育った兼寛は、13歳の時すでに医学を志し、明治5年27歳で待望のイギリス留学が決まり、ロンドンのセント・トーマス病院医学校へ。帰国後は、貧しい人たちのための病院を実現した。「病気を診ずして病人を診よ」は、兼寛の残した有名な言葉。昭和51年、東京慈恵会医科大学がブロンズ像を穆佐小へ寄贈、同じく慈恵大同窓会宮崎県支部が歌碑を建立している。

プール帰りの穆佐小5、6年生児童たち

たかぎ かねひろ(1849~1920)
宮崎市高岡町穆佐生まれ。幼名藤四郎。8歳で中村敬助に四書五経を学ぶ。イギリス留学後、33歳で成医会講習所(東京慈恵会医科大の前身)の所長となる。わが国初の看護学校「看護婦教所」設立。明治32年、宮崎神宮大造営計画に参画。日本で初の医学博士号を受ける。衛生学者、軍医。

うたの見える風景
宮崎市高岡町 穆佐小

文 藤野まり子 写真 藤野忠利

初日乃出太平洋を壓しけ里

柴田　司葉

なかなかの粋人

宮崎方面から南下し、広渡大橋を渡るとすぐ左手、目の前に赤い鳥居が見える。その横に、いかにも太平洋を望むのにふさわしいかたちで句碑が建っている。碑は高さ2m、台座1m30cm、最大幅70cmの自然石で、油津港沖の大島から運ばれたものという。東都関口芭蕉庵、伊藤松宇の揮毫で、句、句碑ともに雄大である。

太平洋のはるか彼方から徐々に昇ってくる初日、頬を紅潮させ緊張の思いで黄金色に輝きはじめた日向灘を眺めている司葉。元旦の大きな景と、気持ちの昂ぶりがよく見え、伝わってくる。下五の「圧《あつ》しけ里《り》」が見事。碑文に、「性洒脱、行ひ起俗、画を善くし劇に通ず」の一節があり、なかなかの粋人であったと思われる。

文具を主にした雑貨店を営みながら、俳句や俳画に凝り、矢野芙《ふ》情《じょう》、正行寺《しょうぎょうじ》の野崎浄禅、河野秀次、宮司の河合浅次郎など、当時日南の文化人たちとの交流があった。親交の厚かった仲間たちが発起して、昭和10年、生前司葉が愛した梅ヶ浜の祇園神社横に句碑を建立している。

たまたま正行寺前住職の野崎正純氏と私の夫とは親交があり、今に続いており懐かしい。この司葉の句に触れたことも思いがけず、何かしら嬉しい因縁話である。

洞穴の奥には
神殿がある

しばた しよう(1870～1932)
大阪生まれ。本名庄太郎。尾崎紅葉の門下生となり、歌舞伎に精通した劇評論家。明治33年、29歳の時、姉の住む油津に娘と移住。地域の人たちと文化面の交流を深め、その影響を受け文芸活動に入った者も多い(『ふるさと日向の文学碑』による)。

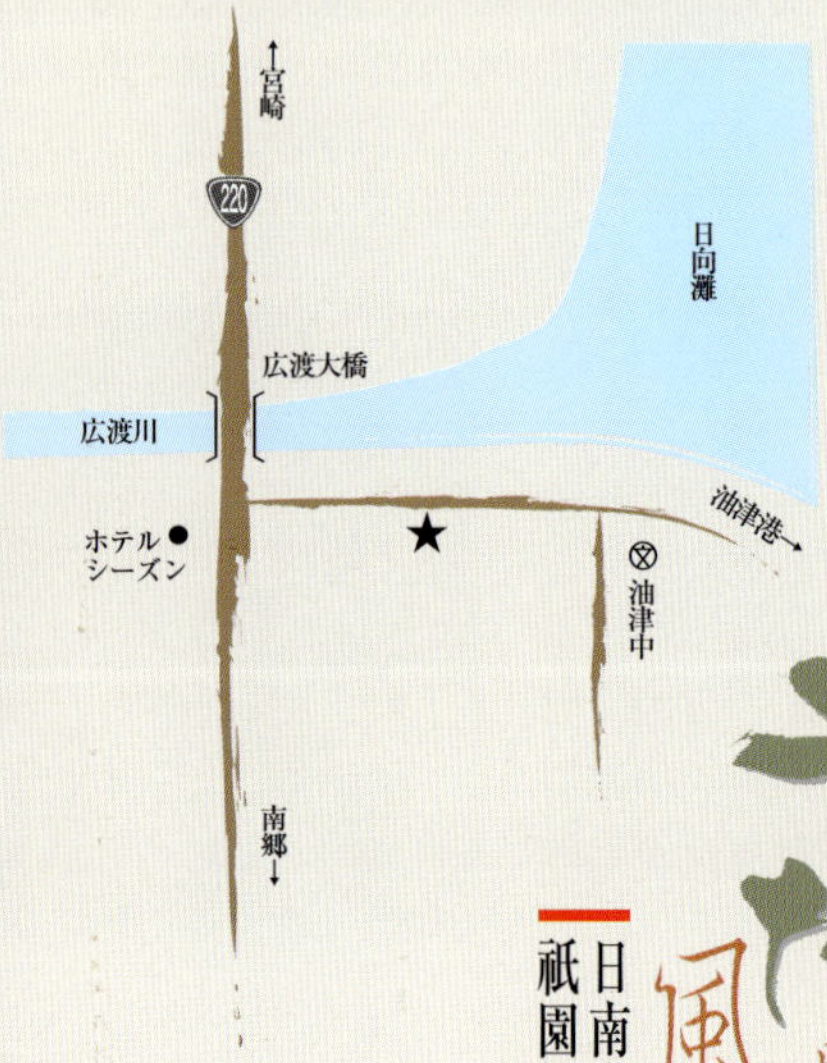

文 藤野まり子　写真 藤野忠利

海原山脈

ちちん　ぷい　ぷい

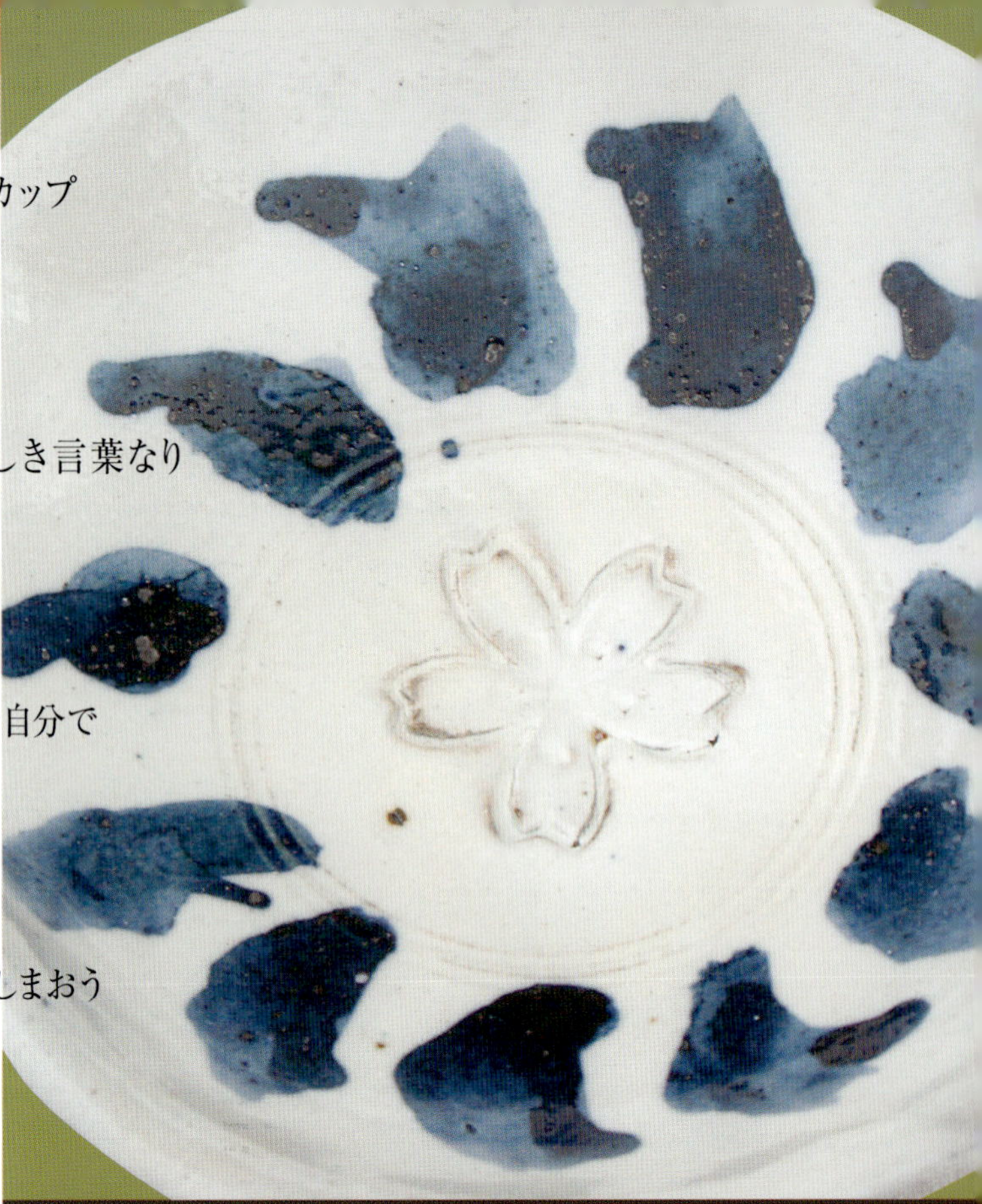

マイカップで暮らしたい

絵付けと造形を楽しみながら

マイカップ

なにかうれしき言葉なり

いっそ自分で

作ってしまおう

マイカップといえば、
なにかちょっと新鮮で
とても幸せな気分です。
ふだん何気なく使っている
湯のみやコーヒーカップを、
いっそ自分で作ってしまえば、
ワンランク上の充実と遊び心が
さらに広がります。

野バラ咲く 山の麓の工房で

都城焼の霧島工房は、霧島連山の麓にあり、窯元の宇都野晄さんはとても静かで草花や樹木の好きな人です。

広い敷地には、野バラ、紫陽花、百合、薊《あざみ》などが野草とともに咲き溢れ、店内には、直径八十センチもある大皿や甕のような花器、小皿、ワイングラス、箸置きなど、大型作品

焼成代込み)。作品は送料着払い。

じゅぴあ特派員リポート

リポーター 藤野まり子さん

油断すると、ぐにゃりとなる。

▶成形したタタラ作りのカップに竹ヒゴで線を入れる。土が柔らかいので、中まで突き通さないように気をつける。

◀園児たちの絵付けした抹茶茶碗。焼き上がりが楽しみ。

●タタラ作りの基本。手打ちうどんの要領で。粘土を成形する前に印花というハンコで好きな型を押す。クッキーの型抜きのように。

▲素焼きの器。絵付けは好みの器が選べる。どれにしようかと楽しい。

●園児たちのために、すでに、抹茶茶碗、細筆、顔料のツボが準備されている。

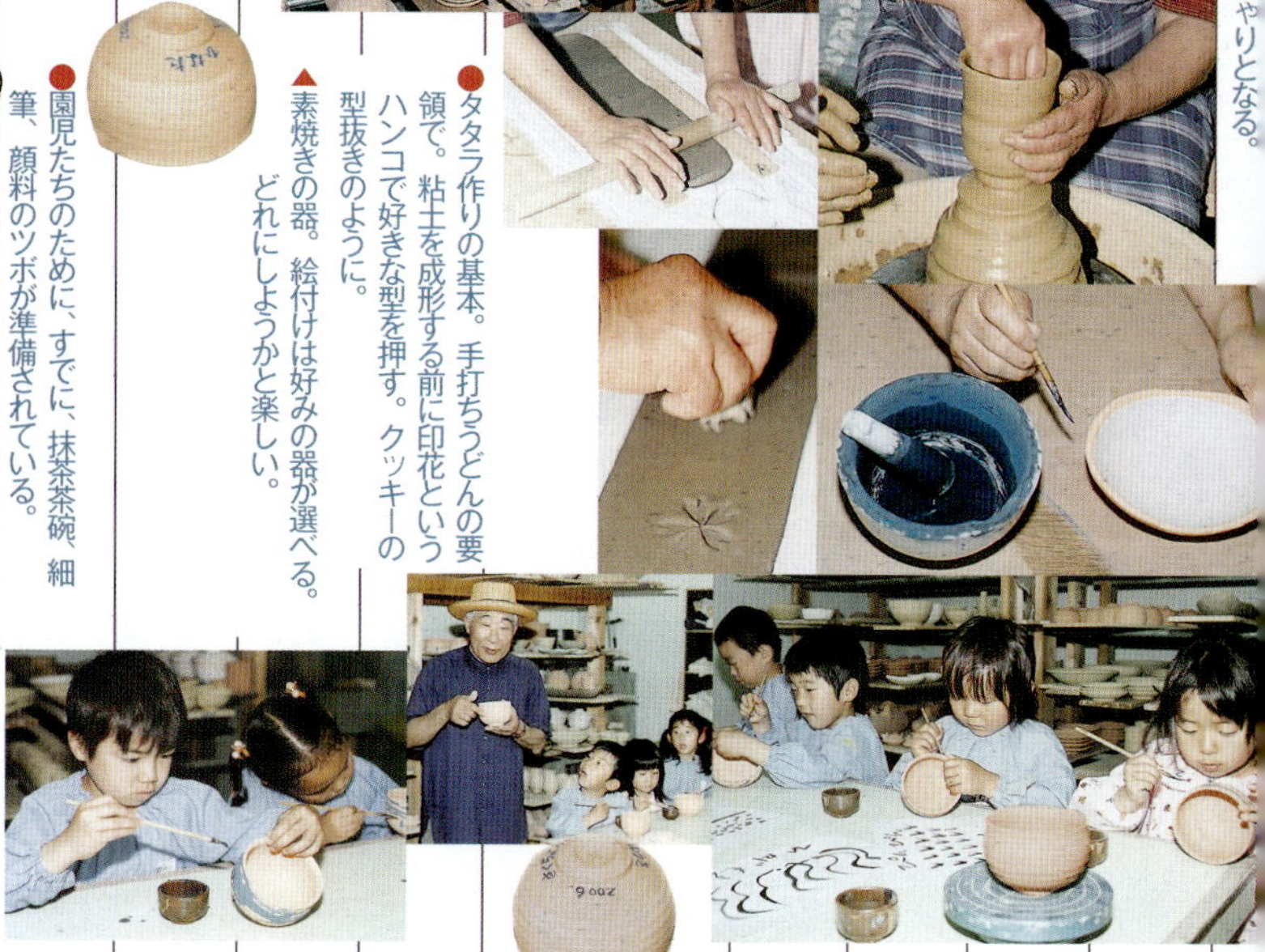

●「風を描きなさい、炎を描いて、雨も描くんだよ」と、今日のテーマは抽象的。

から生活雑貨まで見事に展示されています。

風を、雨を、炎を絵付けできるかな

都城市のさくら幼稚園の年長さんたちが来ていました。毎月絵画指導を受けている現代っ子センターのフジノ先生の指導で、自分の名前の書かれた抹茶茶碗に絵付けをしています。今日のテーマは風、雨、炎。直接的には形のないものばかり。細筆に藍色の顔料をたっぷりつけて真剣に取り組む。茶碗が焼き上がると、月に一回、園内にある茶室で、長峯恵子先生の指導で「お茶ごっこ」をします。自分で絵付けした茶碗で抹茶をいただくのです。作品は美術館で開く秋の展覧会にも出品し、卒園時は記念に頂くという。子どもたちに関わる悲しいニュースが報道される騒々しい世の中で、この幼稚園では日本文化に触れ、創造力を膨らます現代アートも学ぶのです。

筆先に集中してこだわりの絵付け

ロクロを初めて体験する。膝でロクロの調子を見ながら、ロクロ台の上の粘土を型づくりします。久しぶりに精神を集中させました。次は、素焼きされた器の中から印花の押してある中皿と楕円のくぼみのある皿を選び絵付けをする。何も考えずに気ままに線を描くのが楽しい。いよいよタタラ作り。土を叩くのにかなり力がいりますが、意外と早くできるのでイチ押しです。

さて、わたしだけの器、どのように焼き上がるか。完成が待ち遠しい。

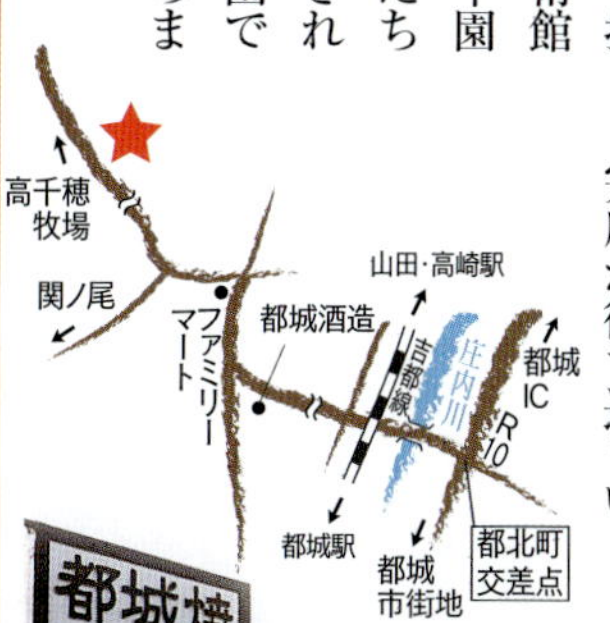

「私もマイカップを作ってます！」

大坪久美子さん

誕生日が近づくと、私はわくわくします。２年ほど前から誕生日には、都城焼の霧島工房でマイカップを作っています。１年目はロクロで湯のみやコーヒーカップ、２年目は手びねりとタタラ作りで小皿や長皿を、３年目の今年は何を試そうかと楽しく思案中です。工房の近くには霧島温泉郷があり、器作りの後は山の上ホテルやペンションに泊まり温泉で日頃の疲れを癒します。宮崎市民活動センターで、「NPOみやざき」の会員への会報発行や連絡、市民フェスティバルの企画などが主な仕事。夜10時までいることも多く、自分への褒美として「自分をおもてなし」するマイカップ作りです。

●問い合せ　都城焼窯元 霧島工房　☎0986-27-2600　都城市吉之元町5181　※陶芸体験は予約が必要です。ロクロ制作1800円、手ひねりなど1500円（税別。粘土1kg、

MY BICYCLE

じゅぴあ特派員リポート
リポーター 藤野まり子さん

「十年乗ったら孫にあげたい。感動を添えて」

きっかけは違えど、偶然、同じタイミングで自転車を購入していたというお2人。都城で藍染め工房「ギャラリー212」を主宰する子島信隆さん（63歳）と、宮崎市の現代っ子センターの藤野忠利さん（69歳）。自転車ライフに夢中になっているシニア二人が、「愛車」を連れてのバイシクル談義に花を咲かせました。
それぞれのこだわりと楽しみ方とは。

暮らしのなかで楽しむ My bicycle

自転車談義

藤野忠利さん
VS
子島信隆さん

自転車ファッションもこだわり

— 子島さんは紺、藤野さんは赤の自転車。それぞれお似合いです。軽やかな自転車スタイルですね。

子島　私の自転車は、イギリスのアレックス・モールトン博士が作った小径自転車です。BSテレビで見て一目惚れして、「見るだけ」と言いながら妻と二人で東京に行き、探し当てるとその場で注文してしまいました。わたしは藍染めをやっているので、フレームの色は紺に決めたんです。完成するまでに三カ月かかりました。細身ですっきりとしたフォルムが粋で、惚れ惚れします。
ファッションはこの季節、自転車に乗るときはいつも麻の白シャツと半ズボン、そしてこのパナマ帽です。藤野さんも白詰め襟シャツに白ズボン、白ターバンとは偶然ですね。

藤野　この赤い自転車は、アメリカ製の手作りマウンテンバイクでタイヤが太くてたくましい。ターバンは子島さんとエジプトに旅した時に買ったものですよ。ヘルメットにも凝っています。転んだときにも安全だし、かぶるとおしゃれですよ！

「〝こんなとこまで来ちゃったよ〟の浮游感がいい」

▲毎朝宮崎港まで入港するフェリーを見に行くという藤野さん。自分の時間に浸ります。

「ひとりぼっち感」を楽しむチャリダー

— お二人はどんな時に自転車に乗られるのですか。

藤野　毎朝七時三十分に宮崎港まで「チャリダー」となって二十分走ります。まもなく赤い船体の「みやざきエキスプレス」(一万二千トン)が日向灘から朝日を背にして入港してきます。それを見ていると興奮が静かに胸いっぱいに広がり、とても雄大な気持ちになります。前夜、大阪を出航している船は何よりも浪速の匂いを積んでいます。私は学生時代を京都で過ごしたので、この自転車で懐かしさに会いに行くのです。

子島　私は天神町の自宅から早鈴町の工房まで毎朝自転車通勤です。ゆっくりこぐので、近所の人とのコミュニケーションがとれるのもいい。自転車を停めて、周りを見まわすこともあります。

— 自転車ライフを満喫してらっしゃいますね。

藤野　自転車をこいでいる時は電話もこないし、車のように助手席に人もいない。全くの「一人ぼっち感」を楽しみます。「こんなとこまで来ちゃったよ」という感じで脇道や小道も走ります。

でも困ることもあります。港に向かって走っている時、中学生のスポーツバッグが当たって転んだことがあります。三人が横に広がって歩いていて「大丈夫ですか」とも言わない今時の中学生に驚きました。

子島　私は欲しいと思ったらどうしても買いたい、と思う。子どもみたいなものです(笑)。人は好奇心を失ったらだめです。仕事でもモノでも感動することが大事です。わたしはこの自転車に感動し、さらにたくさんの感動をもらっています。

— 自転車ライフの夢は?

子島　十年ぐらい乗って、孫に譲りたい。本物やゆとり、もちろん感動も伝えたい。そして、自転車に乗るのもマナーよく、格好よくないといけない。自転車はまさに文化です。

藤野　私は飛行機に積んで(全日空・無料)沖縄に飛び、那覇空港から読谷村に住む同窓生で陶芸家の大嶺実清さんの登り窯までサイクリングしたい。大嶺さんはスポーツカーに乗っていますが、マウンテンバイクの私を見てどんな顔をするか、想像するだけでもワクワクします。

—珍しくて楽しいお話をありがとうございました。くれぐれも安全に走ってくださいね。

自転車と旅する

一緒にバスに乗って

子島さんと自転車談義をするため、自転車をバスに積んで都城の「ギャラリー212」まで行くことになった。

大村ふとん店で布を数枚縫い合わせて作ってもらった大風呂敷に、宮崎交通宮崎営業所で自転車を包む。破損や他の乗客の荷物を傷つけないためにも梱包は必要である。

いよいよ運転手さんが、車体の下の引き出し式の荷物入れの扉を上げる。「ママチャリ」に比べ少々値段の高かった自転車を心配そうに見ていると、大風呂敷に包まれたマウンテンバイクが、そーっと横向きに寝せて納められた。自転車にとっても初のバス旅行である。わたしも乗客となり、走行中はバスが揺れるたびに自転車のことが気になりながらも、弁当を食べたり景色を眺めたり、居眠りをしたり、バスの旅を楽しんだ。

1時間半ほどで終点西都城駅に到着。祈るような気持ちで自転車を受け取る。大風呂敷を開いて取り出し、無事な姿に安堵した。

運転手さんに丁寧にお礼を言う。自転車の「乗車賃」は無料なのもいい。ちなみにJRでは700円を支払うと、自転車を乗せることができる。（藤野忠利）

▲「特注」の自転車専用ふろしきで包む。

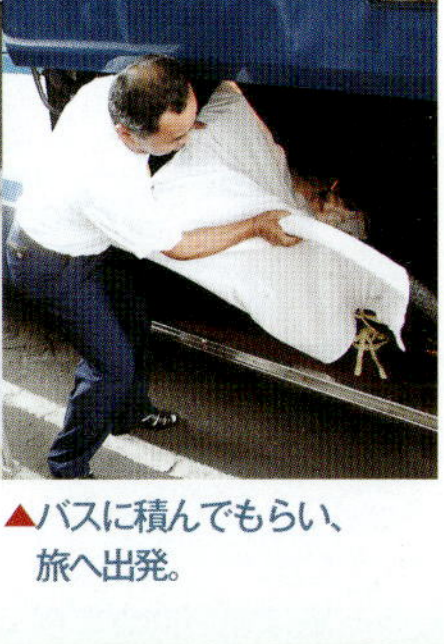

▲バスに積んでもらい、旅へ出発。

ギャラリー212　☎0986-21-2212　都城市天神町2-12

おばけはなびら　風は逆さ向きに咲く　地中海の花

にっこり笑う　だいだいいろのはな　あっという間に

「シャングリラの華」
草間彌生 作

「4個の鉄に囲まれた優雅な樹々」
若林 奮 作
手前に見えるのが4個の鉄のひとつ

アートと湯けむりを求めて 秋の霧島を行く

芸術の秋。
現代アートを楽しみ、ゆっくり温泉に浸かる——そんなぶらり旅を霧島で満喫してみました。

霧島アートの森で『シャングリラの華』に迎えられ

霧島アートの森はいつ訪ねても草間彌生の『シャングリラの華』が賑々とエレガントに迎えてくれる。

色づきはじめた辛夷《こぶし》の道を進み館を通り抜けるとそこにはジョナサン・ボロフスキーの『男と女』がいる。厚さ三・五cm、高さ八mもある堂々とした鉄の彫刻で、作家のボロフスキーみずからアメリカからやってきてこの場所を選んだという。正面から見ると女、横から見ると男。設置時に「正面が男に見えるように」と、なんとも男尊女卑を思わせるような希望が鹿児島県から出されたが、アメリカ人の作家は「私の国はレディファースト」と言って現在の設置になったという。その横に、藤 浩志の『犬と散歩』のうなだれるように痩せた犬が置いてあるのも意味深い。

この彫刻美術館のもうひとつの主張は、高校の教科書「美・創造へ 1」(日本文教出版)にも掲載されている若林奮の『4個の鉄に囲まれた優雅な樹々』である。数十種類の樹々が六年前の開館時に植えられてから自然に成長しているといういわば雑木林の一角であるが、これも彫刻だと思うと不思議な気がする。

「男と女」
ジョナサン・ボロフスキー 作
見る角度で性別がかわるというおもしろい作品

企画展もコレクションも現存作家のみのこだわり美術館

霧島アートの森 立元さんに聞く

「霧島アートの森」は、霧島連山の北に位置する自然に囲まれた現代彫刻美術館。ここで学芸課長の立元史

藤 浩志 作
「犬と散歩」

郎さんに霧島アートの森の特色をうかがった。

「面積は約十三haあり、光・風・音・樹木も取り込んで『自然と人間』がコンセプトです。樹木は約二二〇種あります。

リタイヤした人達や年配の夫婦、家族連れなどに、スニーカー等で気軽に来てもらい、現代アートを見てまわり、疲れたら全面ガラス張りの喫茶室で野外の作品を見ながらおしゃべりをしたり、ゆったりと寛いでもらいたい。

「青色のドーン」
ニキ・ド・サンファル 作
色、形、表情、どれをとってもおもしろい

来園者からは『来年はどんな企画がありますか』と期待されており、こちらもよく考えて現代美術のテーマを選ぶ心がけをしています。現在開催中の『明和電機』も、子どもから年配の人まで凄い人気です。先日の日曜日も二五三〇人の入館者で駐車場が足りないほど盛況でした。

企画展もコレクションも現存作家に決めて、園内の彫刻はアメリカや韓国からも作家が来て、自分で場所を決めて作品を設置しています。企画展では、期間中に必ず来場し観客とワークショップ、トーク、演奏などで触れ合ってもらうようにしています。中高年の方々が『今日は満喫した、堪能した』と言って帰られることが何より嬉しいです。

県市町とそれぞれの職員がここには勤務しており、地域とのコミュニケーションは抜群です。企業がスポンサーになってくれるのでコラボレーションも素晴らしいものができます」と楽しそうに語ってくれた。

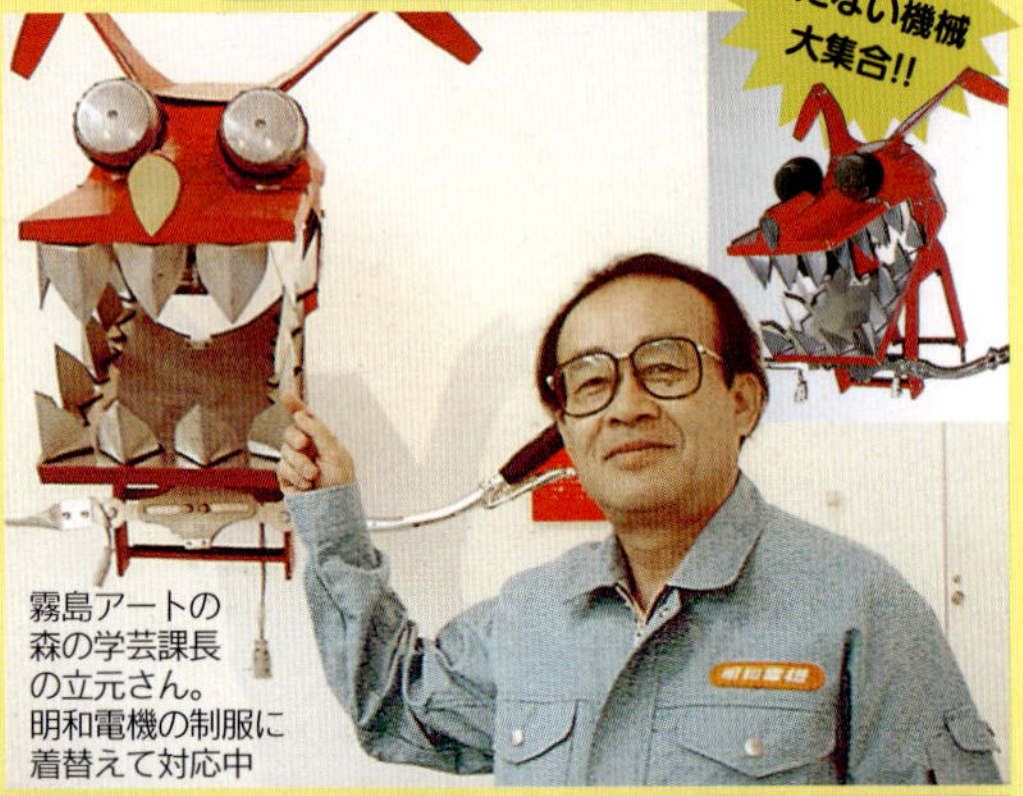

霧島アートの森の学芸課長の立元さん。明和電機の制服に着替えて対応中

奇想天外のおもしろさ！ 特別企画『明和電機』展

さっそく、明和電機の企画展をのぞいてみる。

「やったもんがち、とったもんがち」を社訓に掲げ、魚をモチーフにしたナンセンス・マシーン「魚器シリーズ」、電動楽器シリーズ「ツクバ」などを開発し、海外での大規模な展覧会への参加やライブなど、いま世界中が注目する総合アート・ユニットだ。その作品は個性に溢れ、奇想天外のおもしろさ。

明和電機の制服を着れる記念撮影のコーナーには長蛇の列ができ、工員服・事務服・受付嬢ワンピースなど「メイワくん」になりたがる人で大賑わい。

明和電機展での作品

現在は、企画展「篠原有司男展」(ニューヨーク在住)が11月5日まで開催されています。

旅情たっぷり 二八〇年の湯煙

栗野岳温泉　南洲館

霧島アートの森を楽しみ、栗野の方へ山道を五分ばかり走ると、雄大に広がる霧島連山の西端、栗野岳の中腹に一軒宿の温泉があります。

温泉の歴史は古く約二八〇年と言われている。この南洲館には、明治九（一八八七）年西郷隆盛が約一ヵ月間温泉と狩猟を楽しんだ記録が残っている。栗野岳温泉南洲館と呼ばれる所以であり記念碑がある。硫黄泉の桜湯（効能／胃腸病、神経痛）、明礬緑礬泉で通称ドロ湯の竹の湯（効能／切り傷などの外傷、リュマチ、神経痛、関節痛）、湧き出す自然の蒸気を利用した蒸し風呂（効能／喘息、神経痛）の三つの温泉は旅館ともに築一〇〇年になるという。自炊棟では湯治もできる。桜湯で一緒になった近くのご婦人が「主人は蒸し風呂が好きでいつもあっちです。私も前に一度入りましたが、下から上がってくる湯気の上に竹の桟がいっぱい渡してあるけど、あんまり長く入ると私も蒸し鶏ですよ」とすまして話してくれた。

蒸し鶏といえばここの名物料理。地熱を利用した鶏の丸蒸しは持ち帰りもでき（要予約）、ゆで玉子とともに楽しんでみたい。

南洲館
どっしりとした本館は庭園も美しく落ちつける

自然の恵みもお土産に

本館の裏は原生林が広がり八幡地獄からは絶えず白煙が上がる。噴気孔からは蒸気が噴き出し、噴煙を上げながら泥の川が流れている。この泥の川をそのまま引き込んだのがドロ湯で、一〇〇年間流れ続いているという。帰りは、南洲館からさらに杉山の山道を五分ほど下ると内村椎茸園に着く。目印は水車、奥山から流れ出る山水が水車を動かしている。おいしい山水だったので、たまたま持参していたボトルに戴く。冷たいお茶と自家製の梅干、らっきょうをご馳走になる。買って帰った小粒どんこを早速甘煮に、肉厚で歯応え十分。

栗野インターから再び高速に乗り一路宮崎へ（高速料金片道二六〇〇円）。道中道路工事をしばしば見かけたが、その制服姿が明和電機に見えて仕方がなかった。

名物蒸し鶏
約2時間かかるので予約して行った方がよい。1260円

八幡地獄の白煙は南洲館の裏からいつも上がっている

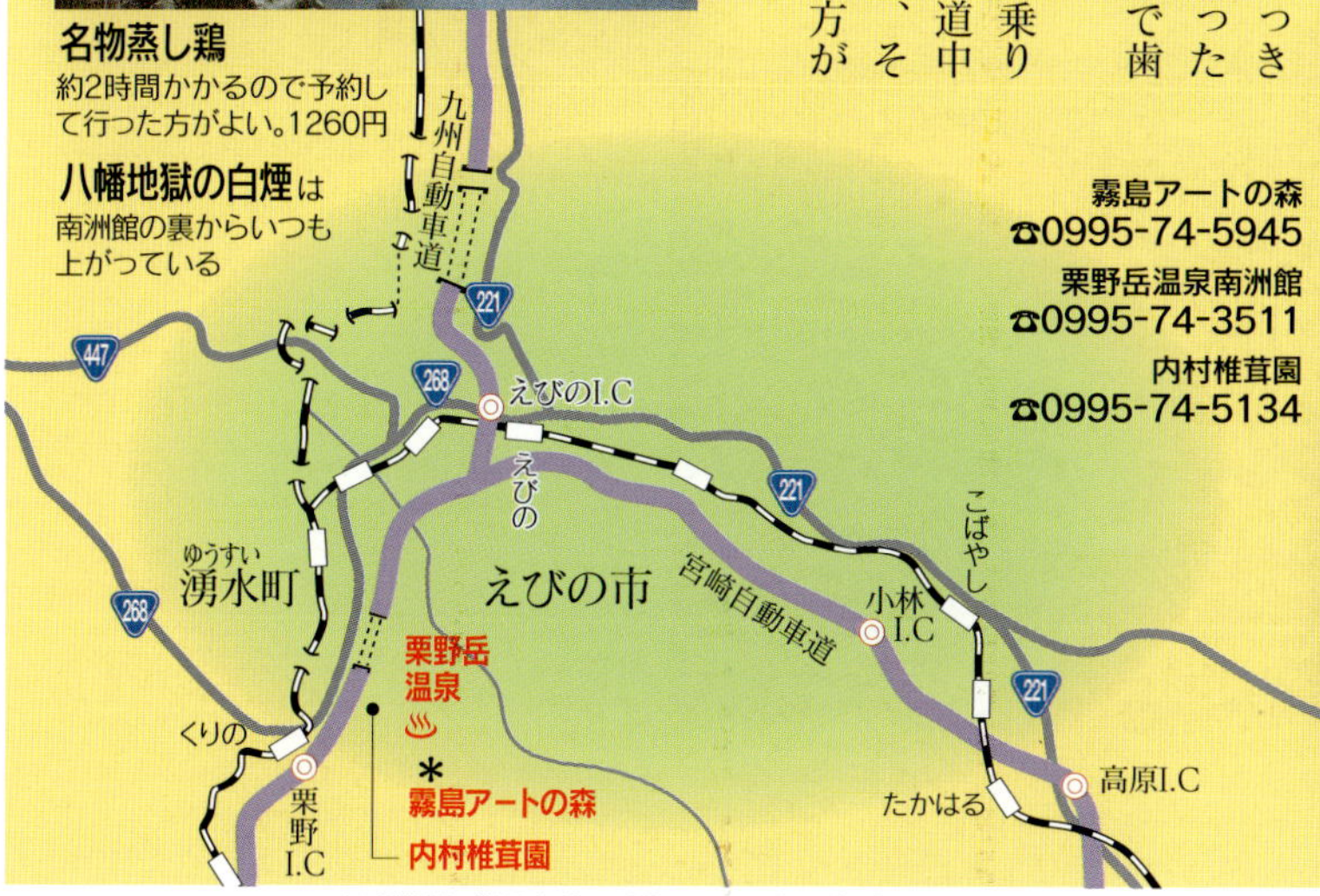

霧島アートの森
☎0995-74-5945
栗野岳温泉南洲館
☎0995-74-3511
内村椎茸園
☎0995-74-5134

竹の湯 通称ドロ湯といわれ湯治の人で賑わう

写真撮影・藤野忠利　霧島アートの森　文・藤野まり子

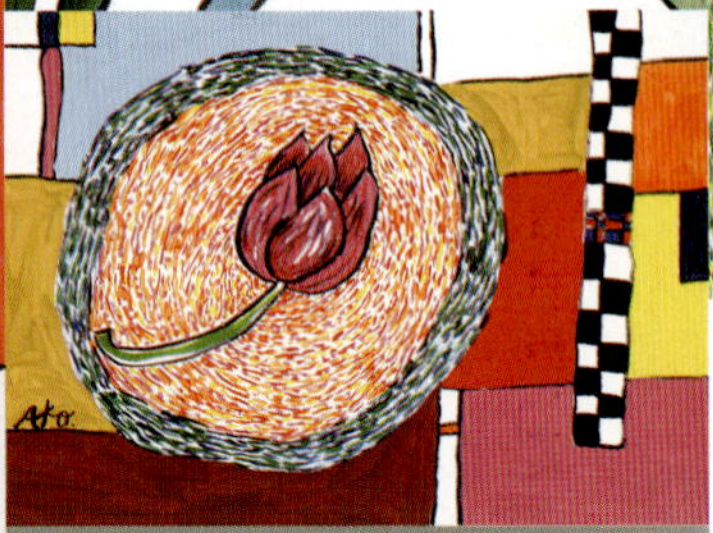

ロンブル　思いでのすべて
ゆうべみたゆめ　うずまきサーカス

いちばんの友達
　チャチャチャ　タンタカターン
　アンティチョーク
ヒマワリヒマワリ　はい、みどり

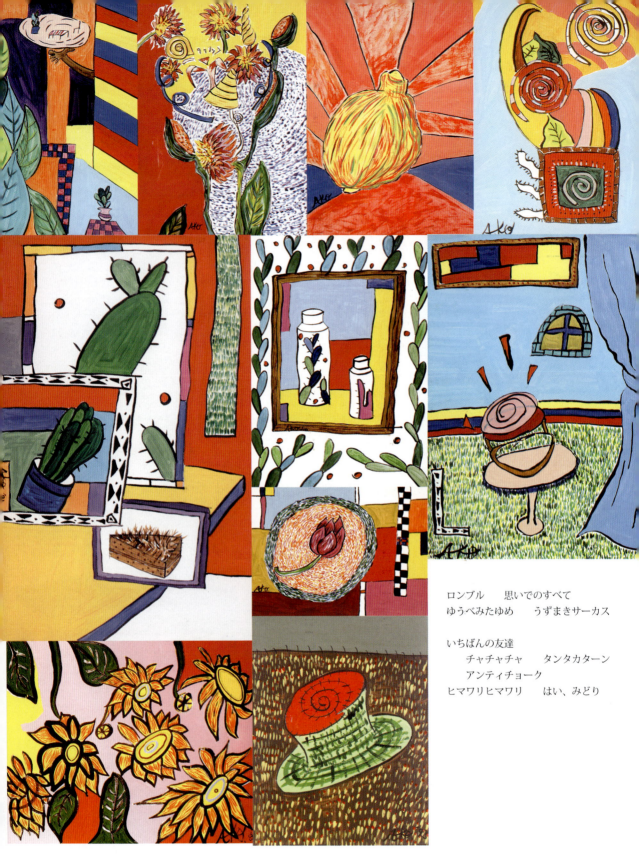

めんそ～れ

宮崎市波島町

宮崎に息づく沖縄の食を探訪

太平洋戦争の末期、沖縄や南西諸島から強制疎開によって多くの人々が宮崎に移住してきました。ここ波島（当時は大島）では、生活習慣や文化、味など独特なものを守り続け今なお子どもや孫に伝えています。今回はそんな沖縄色の残る波島の『食』をぶらりと楽しんでみました。

豚足、焼き豚…本場の肉料理もどうぞ

宝屋ミート

宝屋ミートの『宝』はご主人の本名。徳之島から来た初代の宝　フミさん（七十五歳）が四十年前に始めた店で、今は二代目の勲さんとかずよさんが引き継いでいます。

オーストラリア牛や宮崎牛等が揃いますが、おすすめは川南豚。厚目に切ったポークステーキや豚しゃぶは美味。宝屋ミートの一番の自慢は、フミさん直伝の徳之島の豚足、焼豚、白菜キムチなど。豚足はコラーゲンが多く、毎日のように買いにくる高齢者の方もいるほど。十年以上、ほとんどの商品の値段が変わらないのもありがたい部分です。

もうひとつの自慢は、国体や講道館杯、カナダ国際大会などに出場する柔道姉妹で勲さんの娘、宝寿栄（姉）さんと、真由美（妹）さんです。共に㈱コマツ重機に勤めながら柔道に打ち込む頼もしい姉妹です。お母さんのかずよさんは、取材時にも写真撮影に南天の葉を揃えたり、熱々の豚足や焼豚を用意するなど、手際良く協力。試食は最高に美味しかった。

何ということのなけれど波島にサーターアンダギーのオバアが話す

新垣商店

サーターアンダギーのオバアで知られる新垣千代子さん（八十一歳）は、戦前家族とともに沖縄から大阪に出て暮らしていましたが、昭和二十年の大空襲で丸焼けになり、宮崎には沖縄の人びとがたくさん疎開していると聞き、この波島に来たといいます。毎日、サクッと甘いサーターアンダギーを作り、味噌・醤油・洗剤・素麺などと一緒に販売しており、「ここはいつも誰かが来て話をする寄合所よ」とも話してくれました。サーターアンダギーは、日持ちもするのでお土産などにもオススメ。千代子さんの息子さんは、沖縄県人会の会長を務める世話人です。十一月には県下一円の県人会が波島公民館で行われ、エイサーで大盛りあがり、その日は少し赤い顔で一升瓶と折り詰を下げて帰るお爺さんの姿も見られました。この地域では今でも八月第二土曜日は盆踊りが盛んに行われているようです。

新垣商店のオバア。沖縄のお菓子や日用品なども商う。サーターアンダギーは1袋500円10個入り

右が焼豚（1本600円位）、左は白菜キムチ（100g105円）。下は豚足（1本105円位）。すべて宝屋ミートで作って販売

世界のウチナーンチュ大会。5年に1度開催され世界中から沖縄人が集う

右が48kg級の真由美さん、左が52kg級の寿栄さん

宝屋ミート TEL.0985-22-7608
新垣商店 TEL.0985-23-4928

沖縄の泡盛ならここに

六十度の古酒《くふす》は『どなん』火の酒と ああ誇らかに琉球の裔《すえ》

長岡酒店

長岡酒店の店主城間さんは二代目です。昭和二十年代、城間さんのお父さんたちは沖縄からこの地に移住し、養豚で生計を立てていました。城間さんは長岡酒店の隣に住んでいたことが縁でお店を譲りうけ、屋号はそのままで現在に至っています。

泡盛は三十種位あり、度数は二五度から六〇度まで。久米仙・残波・瑞泉・どなん・萬座・菊の露・オリオンビールなど沖縄を連想させる銘柄が揃います。

店主の城間さん。店内も沖縄風の飾りつけに

波島の沖縄そばの三枚肉 歯ごたへありぬ黒豚ならん

塩川食堂

塩川食堂に行くと、近所の人らしい男女四人の先客が豚足や沖縄そば、焼そばなどを食べながら焼酎やビールを飲み、ご機嫌な時間を過ごしていました。憩いの場ともいえる塩川食堂の店主、塩川繁さんは戦後アメリカのパスポートを持って宮古島から波島にやって来て、昭和四十一年に塩川食堂をはじめました。

自慢の「沖縄そば」は、蕎麦やうどん、ラーメンとも違うシコシコ感のある独特な麺で、塩味のきいたダシに歯応えのある三枚肉が入っています。「ソーキそば」には、骨つきカルビが入っており、骨を入れる小皿もついてきます。「こーれいぐす」を少し垂らすと味がキリッと締まります。お客と塩川さんのやりとりは語尾に「よ」がついてイントネーションが上がり、和やか。陽気になった一人が土間でエイサーを踊りはじめる。きっと、ウエルカムの行為だったのでしょう。

塩川食堂の塩川さん。沖縄そばは美味

ソーキそば(骨付き)。平麺が独特の食感

沖縄そば。沖縄ブームで火がついたメニューだ

こーれいぐす
(沖縄とうがらしを泡盛に漬け込んだもの)

ウォッチング

宮崎を代表する伝統工芸士

大城つむぎ工芸

大城規由さんが営む大城つむぎ。

両親は、琉球紬で有名な沖縄県南風原町の出身。お父さんは沖縄から兵隊に行き、戦後ソ連に抑留されていましたが、昭和二十一年に引揚げ者として佐世保からこの波島に移住。養豚と畑で生計を立てていましたが、

長岡酒店 TEL.0985-23-2624　塩川食堂 TEL.0985-28-6202　大城つむぎ工芸 TEL.0985-25-1544

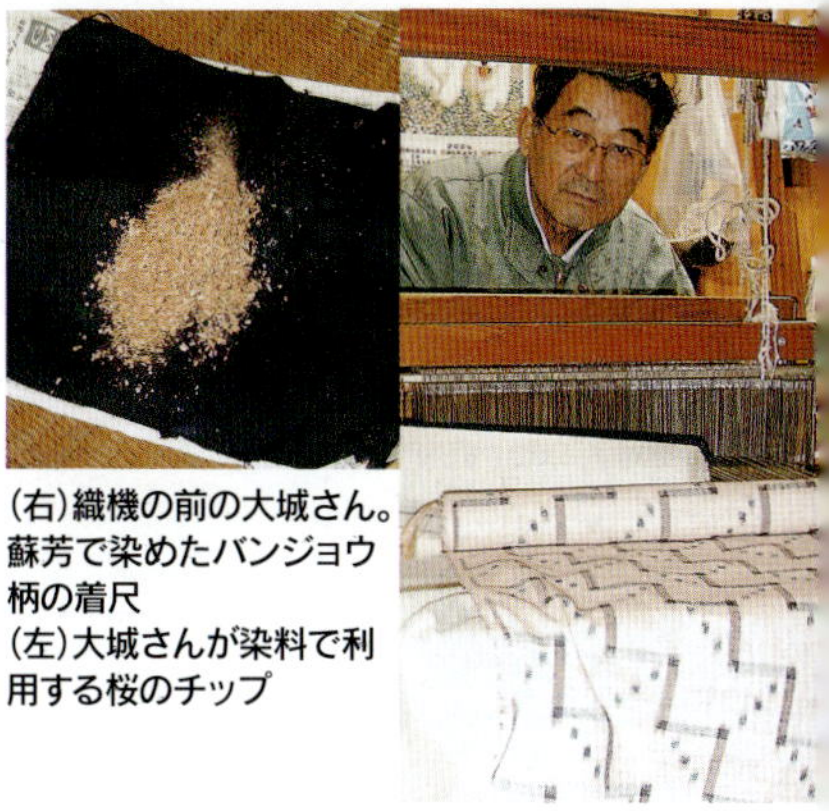

(右)織機の前の大城さん。蘇芳で染めたバンジョウ柄の着尺
(左)大城さんが染料で利用する桜のチップ

規由さんが大学を卒業した翌年、昭和四十三年からお母さんの紬織りを引継ぎ、昭和五十九年に宮崎県伝統工芸士に認定され、作品名を「宮琉手紬」と改めます。染料は草木染めが基本で、「どんな色がでるか計算通りにいかないのが草木染めの魅力」と。蘇芳、桜、栗、藍、柿、桑、梅、セイタカアワダチソウ等も利用。「桜などは産地によって色の出かたがかなり異なるのでおもしろい」とも。県人会の副会長も務める規由さんには三人の息子さんがおり、長男は新潟大学で医学を、次男は東京で「クリープパイプ」というバンドを立ち上げ九月にCDを出し、三男は早稲田大学で人間科学環境学科三年在学中。宮琉手紬は誰が継ぐのでしょうか。

五十年の歴史ある味をどうぞ

肉天の老舗かわさき

「肉天」―。肉の天プラと思いきやお好み焼きの兄弟分のような食べ物。五十年の歴史があり美人姉妹とお母さんの三人で営んでいます。肉天三五〇円、他に焼そば、焼うどんなど。学割やポイントカードもあります。

ご主人の趣味は車とバイク!?

金丸食鳥

CB750fourのナナハンに乗って現れた、店主の金丸道明さん。

金丸食鳥は宮崎県産の地鶏を捌いて京阪神や名古屋・福岡方面に出荷しており、お店では地鶏のもも焼き(一箱五百円)、若鶏からあげ(一箱八百円)、宮崎地鶏タタキ(一箱六百円)などの小売をしてます。

突然金丸さんが、「珍しいものがあるから横に入って」と話します。なんとそこには車が! 昭和四十二年制のイギリスのロータススーパーセブン。「動くの?」の声に応えてそのドライビングを披露。バイク、車となかなかの趣味の持ち主です。

波島のブーゲンビリアの茜色 あやに美しエイサー聞こゆ

金丸食鳥の金丸道明さんと奥さん。金丸さんが乗り込んでいるのがロータススーパーセブン

『矢的の月光』に憧れて

矢的原《やまとばる》神社

大島町に矢的原神社という小さな神社があります。その矢的原神社のことを、歌人の伊藤一彦さんが『矢的の月光』というエッセイ集の中で、「その名は彦火火出見尊が高千穂峰から矢を放って落ちたところだということに由来する。つまり矢の的になったところというわけだ。」と書いております。この『矢的の月光』という美しい書名に魅かれ、いつか行ってみたいと憧れていた私が、波島方面からの帰りに初めての道を通った時偶然出会い、それはそれは嬉しかったのです。

浅葱なる空ただ広し倭にも大和にもあらぬわが矢的の地

エッセイに添えられているとても好きな一首です。本当に鄙びた小さな神社で、霧島神社・的石神社、原権現神社の三社を昭和十三年より合祀しています。

波島

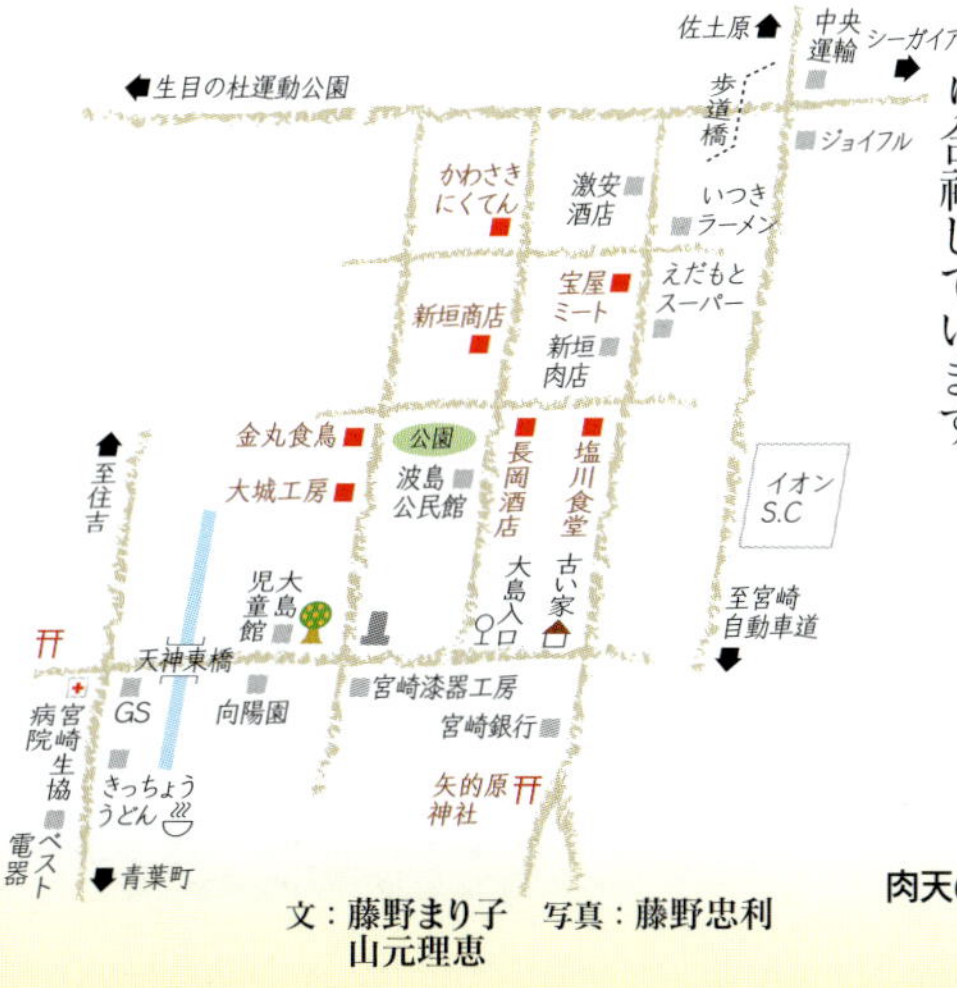

文：藤野まり子　写真：藤野忠利
山元理恵

肉天の老舗かわさき TEL.0985-26-5598　金丸食鳥 TEL.0985-23-6774(電話予約も受付)

築200年の石の家。50年間誰も住んでいなかった。

フランスの田舎の暮らしをリポート

ノルマンディーの タンポポサラダ

フランスの北西部にあるノルマンディーの小さな村、ラ・ペルシュに、画家・松谷武判《たけさだ》、バン ホウテン夫妻が「田舎」と呼ぶ別荘があります。パリのバスティーユに四十年間住み続けている松谷夫妻は、五十年間誰も住んでいなかった築二百年の石造りの家を買い、十年かけて楽しみながら手づくりで住めるようにしました。とはいってもまだ家の半分だけですが…。昨年三月、週末はよく過ごすという田舎に私達夫婦を招待してくれました。その暮らしぶりを私の短歌と夫の写真で紹介します。

ふたたびのバスティーユ広場なつかしき 鳩も寄りくる弥生三月

バスティーユ広場から北へ、ベルサイユを通って、フリーウェイを三時間ばかり走ると、ノルマンディーのペルシュ村に着いた。途中、夕食用の肉と野菜とパンを買いに市場へ寄る。野菜も魚もうず高く盛られ、葉野菜類は必要なだけ自分で袋に入れて計る。肉も魚の切身も塊のままで売っている。

夕べ焚く暖炉の熾火に鹿肉を焙り 猟人の晩餐となる

松谷さん自慢の石造りの家。四人で、ワインを飲みながら熾火ができるまでおしゃべりを楽しむこと二時間、いよいよ今夜の大イベントだ。鹿肉を自分の食べたい大きさに切り、熾火で焙り焼く。ワインと暖炉の炎で四人の顔も赤い。ノルマンディーの石の家で暖炉のもてなし。忘れられない一夜となった。

ケイト・バン ホウテンさんが作ったリネンのカーテン

暖炉で肉を焼く用意をする松谷さん。暖炉を囲み、ワインを飲みながら食事を待つ時間も楽しい。

夕食のパンを切るバン ホウテンさん

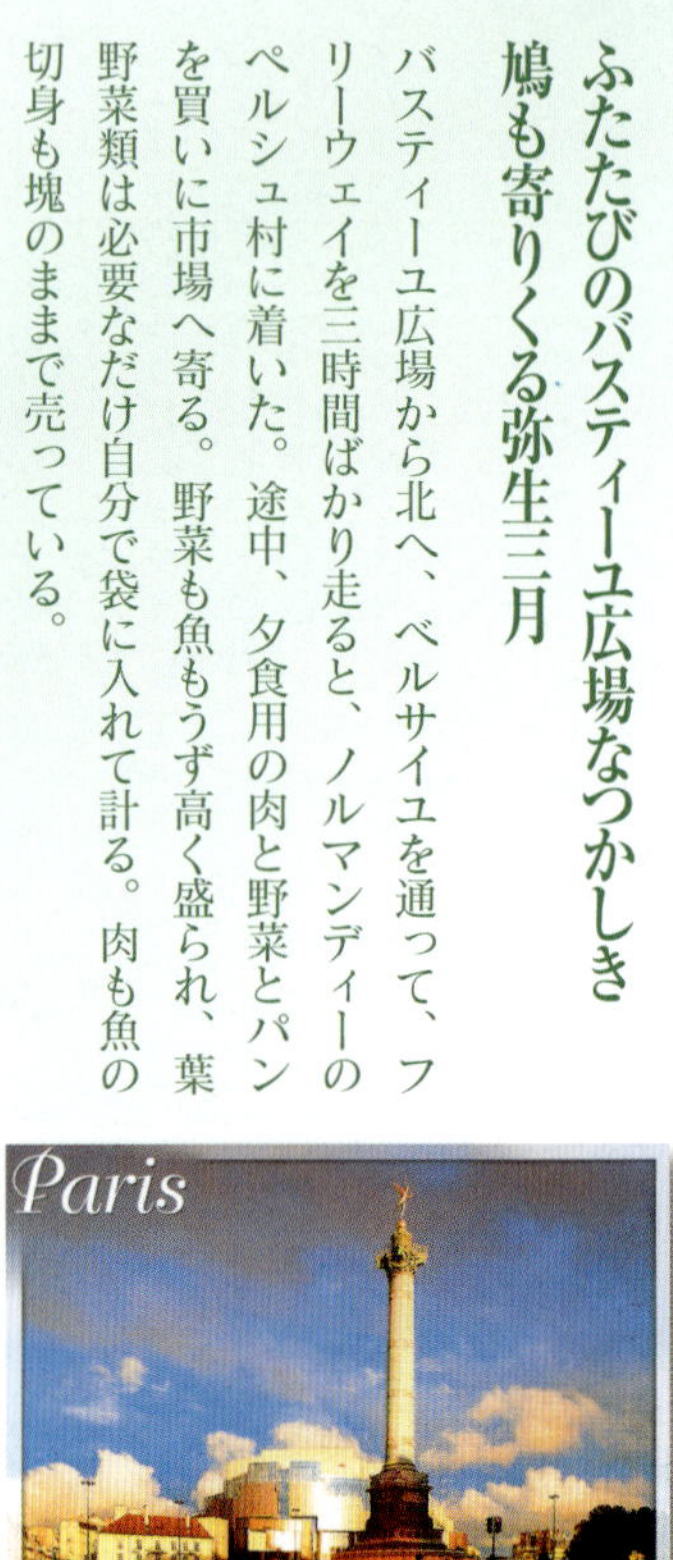

パリ11区バスティーユの独立記念広場（松谷さんから届いた絵はがきより）

じゅぴあ特派員リポート
リポーター 藤野まり子さん

梨の木の下でタンポポサラダのガーデンランチ。松谷武判、バン ホウテン夫妻と。

サマータイムのフランスの朝タンポポは まだ眠たげなりいとしかりけり

翌朝、十キロ離れたモルターニュ市場に昼食用のパンなどを買いに出かける。三月末、フランスは、シラク大統領の発声でサマータイムがはじまった。写真は朝十時ですが、本当は九時。

モルターニュの市場に買ひしサラダ菜は みみずもまじる有機栽培

お昼頃に市場に着く。正午二時間は閉店となりほとんどの店が休み。鴨肉とフォアグラを売っている店が開いていた。今日のランチは鴨肉にしよう。市場の外の八百屋さんでサラダ菜をひと摑み袋に入れる。街の広場には、花売りの屋台が多く、フランスでは花を大切にし、暮らしの中で楽しんでいることを知る。バン ホウテンさんへのお土産に赤いバラの花を買う。

モルターニュ市場で買い物

市場では魚が右往左往に盛られ、海中のようである。

いっせいに咲き極まれる梨の花 真下の昼餉タンポポサラダ

市場から戻ると、バンホウテンさんが、「サラダにするのでタンポポを摘んできて」と言う。葉と、黄色い小さい花も摘む。さっと洗ってさっき買ったサラダ菜も加え、オリーブ油と塩こしょうで調味。バン ホウテンさんが焼いたロースト鴨肉とパン、ヌードルにタンポポサラダ、ワインでガーデンランチ。初めて食べたタンポポサラダは、思ったよりも苦味がなく、ほのかに甘みがあった。

庭のタンポポ摘みてサラダにガーデンランチ 梨の花びらもときをりまじる

(左)楡の木の前で。広い庭には楡、椿、梨の木などがある。植物図鑑を見ながらバン ホウテンさんが育てている木もある。周りはタンポポと芝生
(右)手前は水仙、その奥はタンポポ

◆じゅぴあギャラリー（6ページ）で松谷武判さんの作品を紹介しています。

満月に仕込めば満月に咲くという
律儀まったうな212の藍

あいには白がよく似合う
あいのある陽だまり

Galerie 212
Café 212
の
indigo
dye

カフェ212

都城の藍染め工房「ギャラリー212」の子島信隆さんは、藍を建てはじめて三十二年になるそうです。その藍は四国の徳島産です。毎日使うと藍が疲れるので、休ませたり、甘いものが好きなのでブドウ糖などを与え毎日攪拌して発酵させます。だからといって可愛がりすぎてもいけないと、子島さん。

一筋縄ではいかない藍の魅力の一端に触れる藍染め体験をしてきました。古式を伝える藍甕の室《むろ》の藍の生命が息づく薫りのなか、〝技あり〟とはなかなかいかない、それでいて、したかったことにようやく辿り着いたような充実した一時のあとは、ギャラリー212に並ぶ職人の技なるポーチやコースターの数々にさすがに見とれてしまう。また国道10号線から一歩はいった都城の古い界隈を少し散策すれば、カフェ212が宮田眼科の中にあり、清潔で明るい陽だまりが甘味をそえて待っていてくれる。古きを訪ねて新しさにふれる体験でした。

じゅぴあ特派員リポート
リポーター 藤野まり子さん

JUPIA CORRESPONDENT REPO

藍染め体験

▲子島さん。私の染めたハンカチを持って。

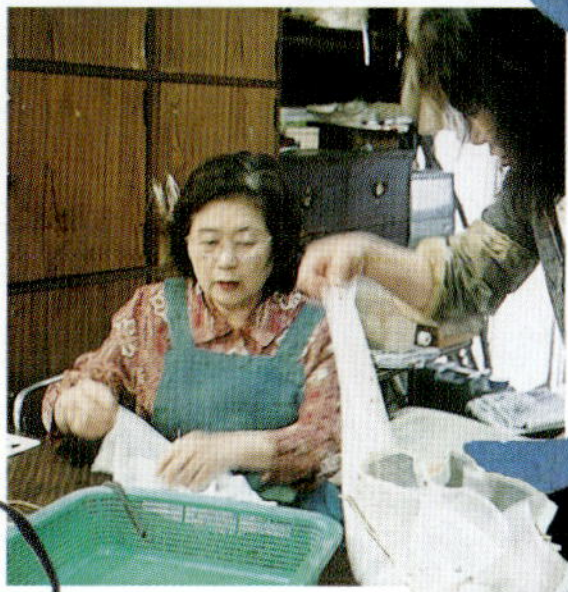

▲ハンカチとワイシャツの柄を作りたい部分を決めて、よじったりつまんだりして糸で縛る。

▲甕の深さは2メートルほどにもなる。床がデコボコして歩きにくく、甕に落ち片足が藍染めになることもあるらしい。

▲ワイシャツ。濃い目に染め、丸い絞り柄と生地の地紋の濃淡を楽しむ。

▼ギャラリー212

藍に浸したり、引き上げて空気に触れさせたり、いくつかの甕で数回くり返す。淡い色に仕上げたいときは回数を少なく、濃い色に染めたいときは回数を多くする。ギャラリーで3年になるスタッフの後田さん(右)が手伝ってくれた。▲

藍を植える藍を育てる藍を守る
藍はみどりご蜂蜜が好き

夏、藍畑で刈りとった藍の葉を発酵させ、ダンゴ状の藍玉にしたものが子島さんの工房に届きます。この藍工房には、十九歳の時から三十年近く子島さんと一緒に藍を守り育てている蕨野《わらびの》敏宏さんがいます。敏宏さんは、休みのときも一日に一度は藍の様子を見に来て、二メートルもある櫂で攪拌したり甘いものを与えたりするそうです。私たちが使った藍も即座にかき混ぜ、木の蓋をしました。この藍はしばらくお休みです。

藍を建てる藍を休ますなど言ひて
今朝は五番の藍甕に浸す

藍の甕は二十甕ありますが、いつでもどれでも使える訳ではありません。また、藍の温度が二十℃を下がると染めが悪くなるので火室を使います。

藍染めは、濃淡の出し方によって藍をくぐらす回数が異なるため、同じ甕に浸しっぱなしにはしません。一度浸したら、次に美しい花を咲かせている藍甕に浸していきます。

自然からの贈り物なる
藍の色匂ふやうなり
水に濯げば

私のハンカチは藍を三回くぐらせ、ワイシャツは後田さんが手伝ってくれて五回くぐらせました。いよいよ濯ぎながら水の中でくくっていた糸をほどきます。どんな色、柄に染まっているのかわくわくしながら、思いがけなくも藍の香が漂った不思議な一瞬でした。染めは、自然と自分を見直す大切な時間のようであり、染め上った色や柄は揺れ動いた心の階調をあらわしているようです。

すっきりと晴れあがりたる三月の空より深く
藍染まりたり

藍をくぐったことでいちだんとたくましくなった布。「藍」という植物のいのちが再び布に咲き、独自の世界を創り上げているような色。空の青と藍色とが美しいコントラストを見せています。

初夏の一日
少しぜいたくな体験

じゅぴあ読者限定

藍染め体験

5月8日(火) 10:00～約3時間位
於 ギャラリー212　定員＝5名
(申し込み順)

体験料＝5000円
(ハンカチ2枚、ランチ付)
別途、持ち込み料はブラウス、Tシャツ1点1000円です。

申込問合せ＝じゅぴあ編集局
TEL0985-25-1758

ギャラリー212
営9:00～17:00　休日曜日・祝日
都城市天神町2-12
TEL0986-21-2212

カフェ212　営8:30～17:30
休日曜日、祝日、第2・4土曜日
都城市蔵原町6-3（宮田眼科内）
TEL0986-22-3780

「木」と向き合う暮らし
「グローバルヴィレッヂ綾」を訪ねて

「地球規模」「世界的な」という意味を込めて、1973年アトリエグローバルを宮崎市に設立。

「宮崎には本物の豊かな素材がある」と、檜、杉、楠、欅などで、環境にやさしいモノ造りを展開している、川野幸三さんを訪ねました。

現在は綾に「グローバルヴィレッヂ綾」を開設。綾南川と森に囲まれた工房やショールーム、ゲストハウスなど四棟を構えます。

内閣総理大臣賞、通商産業大臣賞、Gデザイン賞など数々の賞を受賞。家具は注文生産で約一か月かかります。檜や杉の小片の集成材で造った家具やシステムキッチン、県産材ハウスなど、ここを訪れると暮らし方がかわるかも……。

いっぱいの緑と川のせせらぎに包まれたグローバルヴィレッヂ綾。上の写真の、左がゲストハウス、右がショールーム

紅葉をはじめた柿の葉や綾みかん、すすきの穂が靡く晩秋の綾路を西へ走ると、綾南川に沿って木工房「グローバルヴィレッヂ綾」が見えてきました。代表の川野紘造（本名幸三）さんが、ちょうど愛犬のビビアン・リーと朝の散歩から戻られたところで、さっそく川野さんおすすめの場所、綾南川堤防の芝生に座ってお話を聞きました。

綾の住人になられたそうですが、その動機は？

二十六、七年前の、前町長・郷田実さんとの出会いが大きいです。国が綾を「工芸の里」として認めた「ひむか運動」が起こり、綾町工芸コミュニティ協議会に町外の指導者として招かれたのです。

私もここ綾に工房を作ったんですが、宮崎市内の自宅に帰るのが夜遅くなったり、また、綾の住民として「木」と向き合おうという思いもあって移り住みました。

川野さんは、小さい木片を集成材にして、小さなモノで大きなモノを作ると言います。集成材はいくらでも大きくすることができるので、森の大きな木を伐らなくていいわけです。小さな木片に力を与えることでエコになると言います。中国との縁も深いのですが、中国は木を燃料に使っていたために大きな木はないそうです。

じゅぴあ特派員リポート

リポーター
藤野まり子さん

工房前の、綾南川の堤防は、川野さんのお気に入りの場所

小さな木片をつなぎ合わせて集成することで、大きな柱や厚い板になり、家も作れる

木の香の満ちた工房内部

小さな木片に力を与える 集成材＝eco 大きな木を伐らない

楠の集成材で作ったお盆。昔は虫がつくと嫌われていた楠だが、「それは木がおいしいから」と川野さん。今や幻の木になった。

中国と川野さんとの関わりは？

宮崎から杉や檜の集成材を持っていき、福建省で展示会を開きました。宮崎県産材の杉を使って各部材をキット化したもので、二日間で家を建て、さらに集成材で家具も作ったら、もうびっくりです。中国へは原木ではなく集成材で作る家や家具、またその技術などを輸出しています。

　中国の職人が、車で運べない長いモノを、人力で、数十人で担いで運んできたのには感動しました。私の工房には、さほど工具も使えないのに弟子にしてほしいとか、職人になりたいという日本の若者がやってきますが、ほとんど五時には帰ってしまって技術を習得しようとする熱心な職人はいません。ですから、中国でのその光景には胸打たれました。

global village AYA

宮崎には本物の豊かな素材がある

若い頃はフィンランドにおられたそうですね。

フィンランドはセンスのいい国で、二年間住みました。北欧はコンペが多く、いい建物がある。何より知的産業の国で文化国家です。

結婚式も、フィンランド工科大学の教会で行いました。教授や友人など八人のパーティーでした。フィンランドは、フィンランド語では〈スオミ〉と呼ぶので、長女にもスオミと名付けています。

いい教会や劇場もたくさんあり、五百円で聞けるコンサートには毎週行きました。オペラやバレエを正装で観たり、生活レベルの高さに触れて永住したいと思いました。

フィンランドに魅せられることになったのは、二十八歳の頃に一二〇日間の旅をしたのがきっかけです。横浜から船でまずウラジオストックへ、そこから飛行機や国際列車、船などを乗りついで、モスクワ、ヘルシンキ、ストックホルム、ヨーロッパの各地を廻り、その時フィンランドに住みたいと思ったのです。

曲げ集成の天井が美しいショールームにて、宮崎の木のよさを語る川野さん。下はショールーム内のコーヒーショップでおいしいコーヒーを淹れる妻の以和子さん。

2007年8月、宮日会館ロビーで行われた「木は語る―川野紘造とその仲間展」。土田浩さんのチェロによる「夕ぐれどきのコンサート」も開かれた。

(上)毎朝一緒に綾南川の堤防を散歩する愛犬ビビアン・リー
(下)宮崎市大工町にある女性のためのマンション内部

組み合わせることで、高低、横幅など自由に使えるユニット家具

正方形の大きな火鉢やテーブル、椅子など、私も川野さんの家具をもう三十年くらい使っていますが、デザインがシンプルで時代や流行に左右されず、杉や檜の集成材の木目の美しさに特徴がありますね。

シックハウス化などを考え、昔の住宅や家具のように使えば使うほど良くなるものを考えています。年数が経ち、隙ができたら持参してくだされば補修もできます。

40～60年輪の杉丸太の芯を並べて造ったリビングチェア12万6000円

これから目指すことは？

杉は、ソフトで吸放湿性、断熱性があり、あたたかい。すばらしい素材です。宮崎県産スギの自然（天日）乾燥材を有効に利用して、素人でも日曜大工感覚で組み立て可能にキット化した家があります。みなさんにもぜひ、自分で自分の家を組み立て、作ってみてほしいですね。

「木」への愛着と熱い思いを、まるで心が通い合った同志のように、うれしそうに話される川野さんが印象深かった。

座にケミカロープを張った、柔らかい座りごこちのスツール2万5200円

グローバルヴィレッヂ綾 綾町上畑598-3 ☎0985-77-3668 http://www.global-village-aya.co.jp/

明治五年創業
北蔵さんの仕立ての流儀「九鳥流」

◎オーダーメイドのマイ座布団で日々の暮らしにうるおいを

◎百年近く店を見守る福ちゃんとお福さん

◎忘れてならない大切なもう一つの大村グッズは背中に子亀が乗っている大ガマガエルです。一度お客さんになった人は、必ずまた帰ってくるといわれ、いつも水が供えてあります。

誂えからリニューアルまで

大村ふとん店は、明治五年の創業以来、仕立て誂《あつら》え専門のふとん店として松山町界隈で親しまれています。

取材に訪ねると、マイ座布団に座った「福ちゃん」と「お福さん」が丁寧に迎えてくれました。二代目の大村カエ子さんが気づいた時にはすでに座っていたそうなので、百年近くもこの店を見守り出入りの人や近所の人に会釈を振りまきつづけていることになります。

現在、三代目社長の曽我部久美子さんは地域の人や出入りの人々から「くーちゃん」と呼ばれています。

ふとんといえば、当然家々でおばあさんやお母さんが仕立てたり、ふとんやさんで誂えるものであった時代からレディメイドの時代にと移り変わり、わざわざ仕立てる人は少なくなっているようです。素材も軽目のテトロン綿や羊毛、羽毛へ

リポーター
藤野まり子さん

じゅぴあ
特派員リポート

「九鳥流《くとり》」

仕立ての流儀

宮崎市松山にある明治五年の創業以来百三十年余りの大村ふとん店は、初代社長大村北藏さんの流儀「九鳥流」でふとんを仕立てているという。九鳥流のいわれは、半纏やかいまき(夜着)に綿を入れて空中で引っくり返すとき、鳩が白いおなかを見せて舞う形であるところから「鳩」の字の九と鳥を分けて「くとり」と読んだことにあります。北藏さんの孫で三代目社長のおかみさんこと「くーちゃん」が、十センチ余りの長いとじ針でふとんを綴じたり、色糸の房を垂らす手際は実に見事です。

創業以来百余年
流儀で仕立てるふとんや

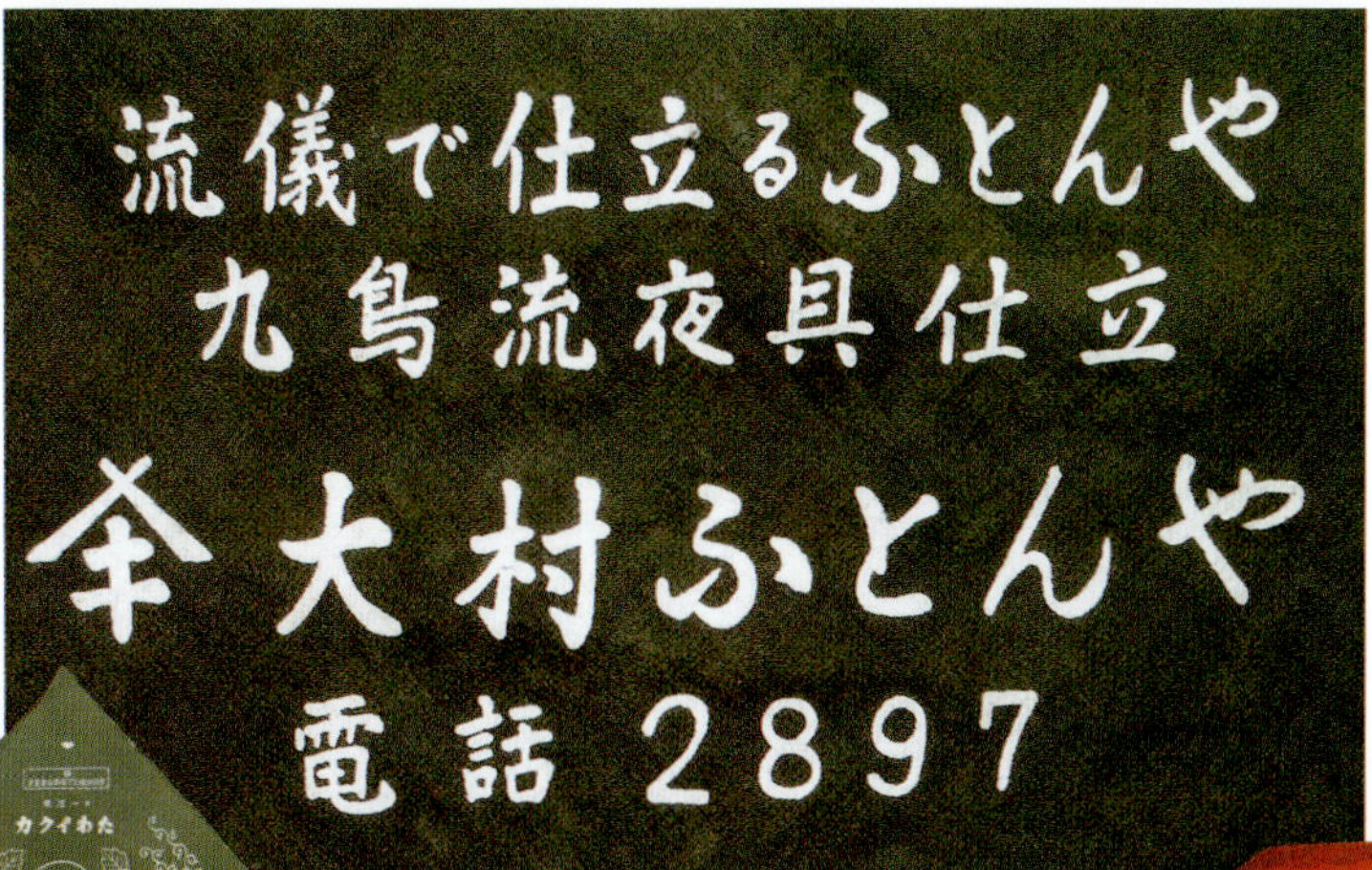

創業者から継いだ「技術と心意気」まちのふとんやは今日も元気!!

◎結婚する時に持参する夫婦座布団

と変化していき、ふとん店の使命も変わりました。同店では新素材を使った誂えも多いようです。

ふとんは単に掛けたり敷いたりするものだけでなく、大切に思う人や家族への心の表れの一つでもあります。大村ふとん店では、その家の家族の事情により、子供用ふとんを打ち直し新綿を加えて大きく作り直したりします。

古いふとんを打ち直して座布団にしたり、古い着物を利用して綿入れ半纏にしたりとリニューアルも相談に応じてくれます。私も父の七十五年前の大島紬を夫の綿入れ半纏に作り直してもらいました。

最近では、古いふとんを打ち直して、百反以上もある生地の中から好きな柄を選んで自分だけのゆったりした大きなマイ座布団を仕立ててもらう人が増えています。一日の終りや家事や仕事の合間にホッとするひとときをどうぞ!

また、羊毛や羽毛など新しい素材も十年目ぐらいには丸洗いをしたり、打ち直して新しい羽毛を補充すると新品同様になります。

◎還暦や古希の祝いに座布団を!

◎絣の袖なし綿入れ半纏

◎ふとん綿は今でも匁(もんめ)で計ります。1匁は3.75g。写真は100匁の綿。

◎七十五年前の大島紬が綿入れ半纏に生まれ変わり。平成の世に昭和を楽しむ遊び心の遊び着

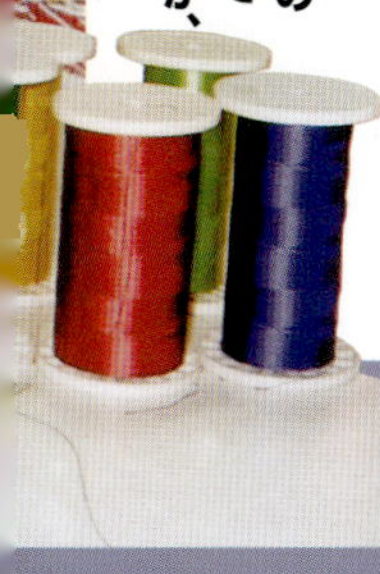

〈特派員募集〉文・写真すべてでなくても結構です。テーマやヒント、取上げてほしいことなどを提言していただく特派員を募集しています。フリーダイヤル012-012-9630

◎初代大村北藏さんの家訓

代々守られ受け継がれ家訓と呼ばれている北藏さんの記した格言があります。明治の初めに書かれたとはとても思えない今の時代にこそ大切な言葉です。

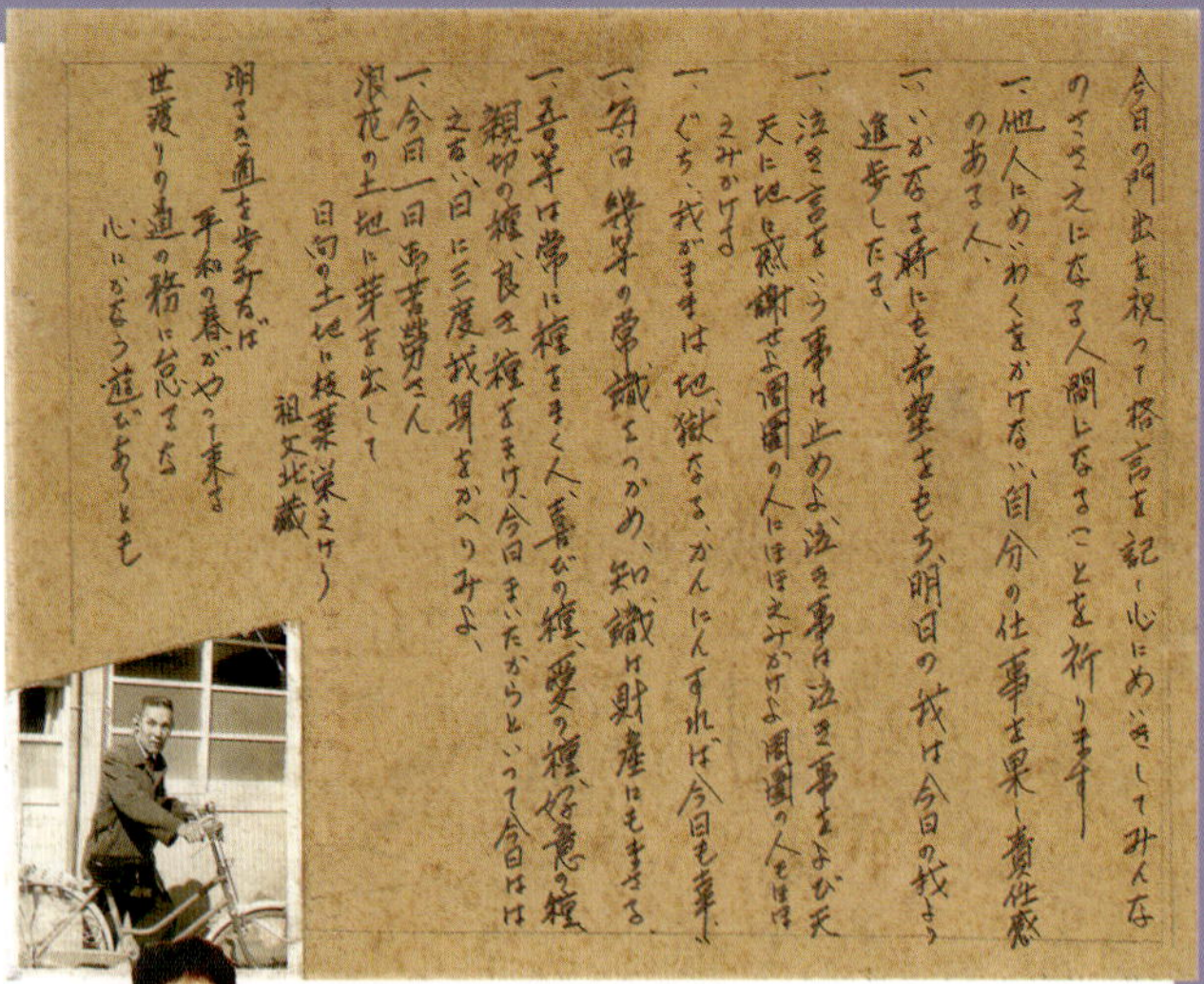
今日の門出を祝って格言を記し心にめい記してみんなのささえになる人間になることを祈ります
一、他人にめいわくをかけない自分の仕事を果し責任感のある人、
一、いかなる時にも希望をもち明日の我は今日の我より進歩したる、
一、泣き言という事は止めよ泣き事は泣き事をよび天に地に感謝せよ周囲の人にほほえみかけよ周囲の人をほほえみかけよ
一、ぐち、我がままは地獄なる、かんにんすれば今日も幸、
一、毎日幾等の常識をつかめ、知識は財産にもまさる
一、吾等は常に種をまく人、喜びの種、愛の種、好意の種、親切の種、良き種をまけ、今日まいたからといって今日はは之ない、日に三度我身をかへりみよ、
一、今日一日御苦労さん
浪花の土地に芽を出して
日向の土地に枝葉栄えけり
祖父北藏
明るい道を歩むならば
平和の春がやって来る
世渡りの道の務めに怠るな
心にかなう道があるとも

いつまでも地域のふとん店として新しい挑戦を

松山町界隈は昔から旅館やホテル、飲食店が多いので貸ふとんや貸座布団の需要があり、また、寮や施設、合宿などにも利用されています。カバー・枕付の上下ふとん一組は冬場は毛布付きで一泊一二六〇円、座布団一枚一五八円から三種類。おかみさんのくーちゃんは「ふとんやはあなたの家の押入れ代わり」「このごろでは、いつ使うかわからない客用ふとんを用意している家は少なく、いつでも一組から利用して下さい」と言います。忘れてはいけない温もりがここにはあります。

その時代に応じた仕事、例えばリニューアルやリース業、今は小中学校の暗幕やカーテン、のれんなども作っています。次女のチカさんがクリーニング師の資格を取得してふとんの丸洗いを手がけているのも、新しく開発した仕事です。ことに何度も打直しの出来る天然素材の和綿や羽毛などを使うことは三代目としての自負なのです。

伝統を継ぐ者として失いたくないものは北藏さんの定めた家訓としている格言の精神と「九鳥流・技術と心意気」です。

一世紀以上も前から人々の生活や界隈の賑わいを丁寧に誂えてきた職人の流儀にはどこかなつかしい匂いがする。

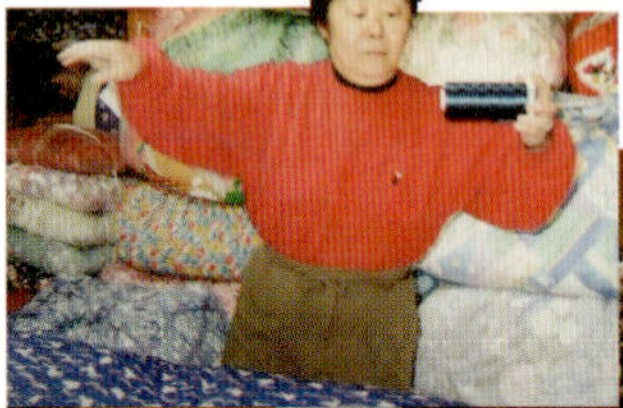

◎仕上げの房かざりのために色糸を手繰っている。後の大きな包みは貸出し用のふとん、座ぶとんなど。

◎サテンの端ぎれで作られたマイバッグ、別名エコバッグ

◎ふとんや座ぶとんなどの裁ち残りの生地で作った小座ぶとん。私は干支の置き物をのせている。部屋に1、2枚あるとなんとなく心がなごみ落ち着く。

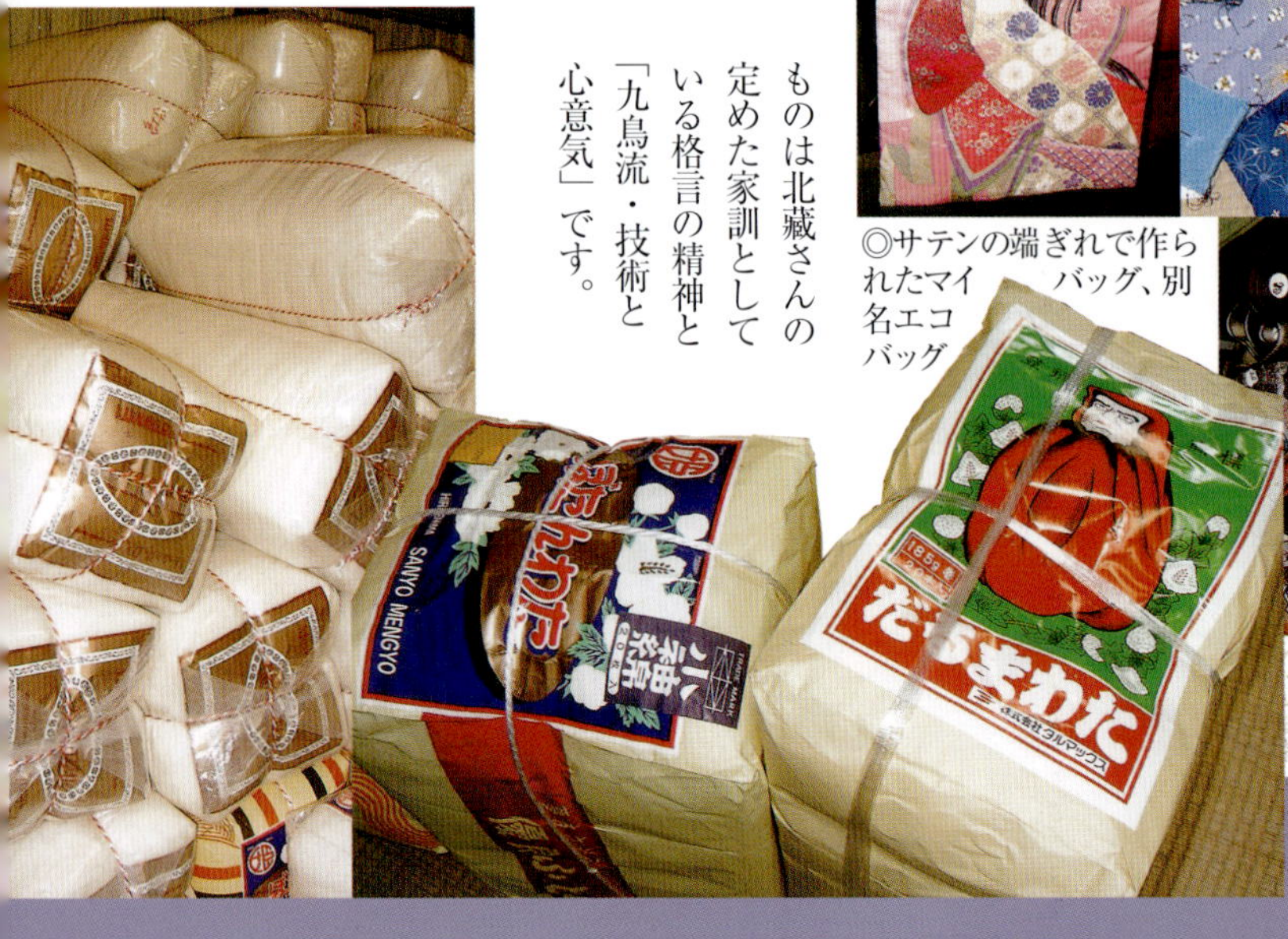

大村ふとん有限会社
営／7:30～18:00
休／日曜・祝日　P／4台
宮崎市松山1－7－21
TEL. 0985－29－2897

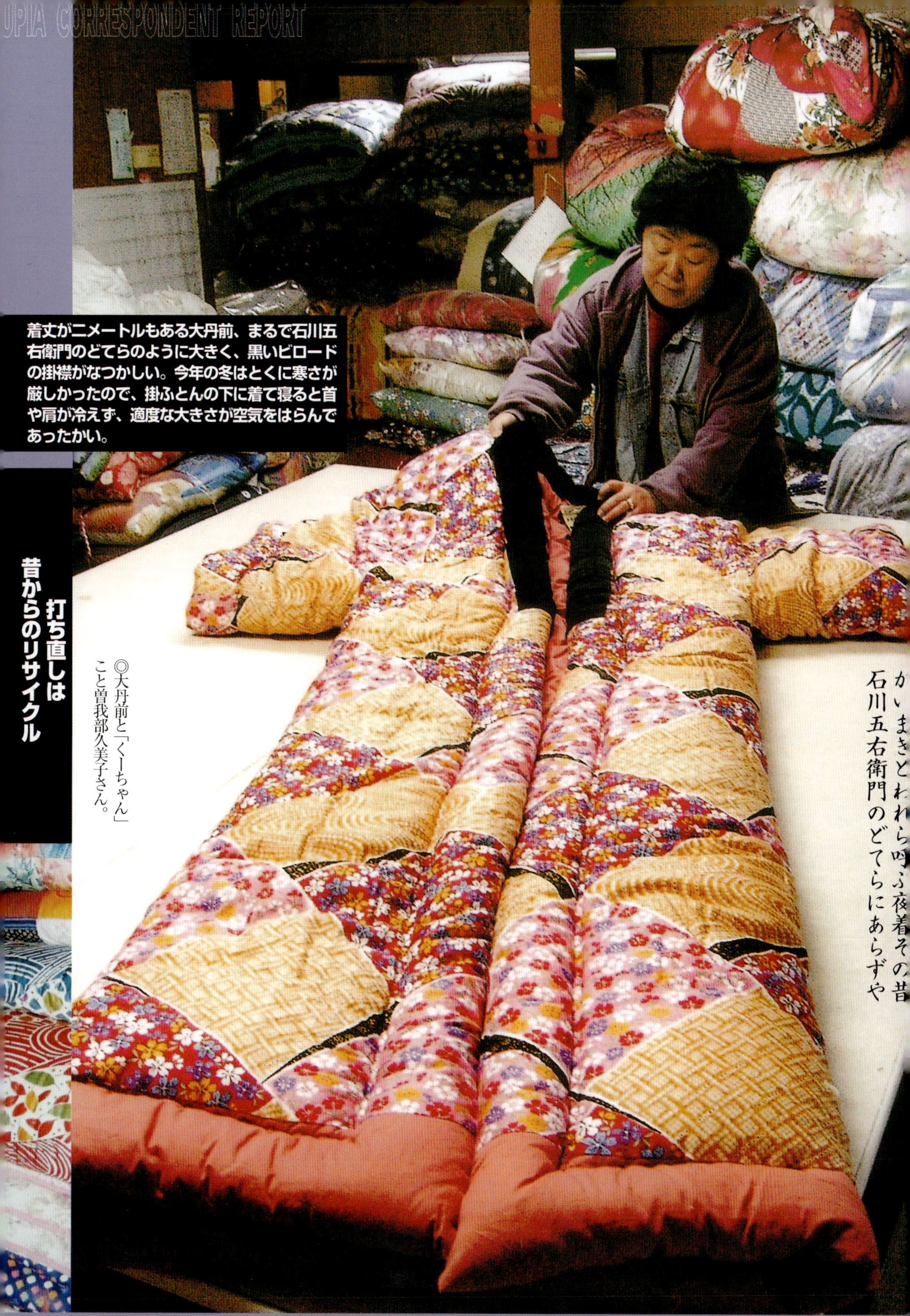

打ち直しは昔からのリサイクル

着丈が二メートルもある大丹前、まるで石川五右衛門のどてらのように大きく、黒いビロードの掛襟がなつかしい。今年の冬はとくに寒さが厳しかったので、掛ふとんの下に着て寝ると首や肩が冷えず、適度な大きさが空気をはらんであったかい。

かいまきとわれら呼ぶ夜着その昔
石川五右衛門のどてらにあらずや

◎大丹前と「くーちゃん」こと曽我部久美子さん。

「孤児の父」十次から四代

茶臼原に息づく友愛の心

石井記念友愛園を訪ねて

木城町の茶臼原台地に、明治末期児童福祉の父、石井十次が塾舎や学校とともに岡山から移築した「方舟館」があります。医学部を退学し孤児院事業に尽くした曾祖父石井十次の思想やロマン、さらには画家であった祖父児嶋虎次郎の芸術性をも引き継ぎ、この茶臼原の自然を活用し、福祉と芸術を融合させる茶臼原構想を抱く理事長の児嶋草次郎さんを訪ねました。

石井記念友愛社の正面入口。看板が迎える。友愛園に寄贈された130匹の鯉のぼりが十次が開拓した茶臼原の台地に泳ぐ。

十次時代に植えた木材で平成9年に新築された園舎。花々に囲まれているのは十次の胸像。

畑で獲れた高菜と農作業に使う長靴。社会福祉法人石井記念友愛社の前庭で微笑む児嶋草次郎さん。

じゅぴあ特派員リポート

リポーター
藤野まり子さん

Ishiikinen yuuaien

石井記念友愛園から月に一度「ゆうあい通信」が送られてきます。その四月十日号に園長の児嶋草次郎さんは、新しい年度の始まりにあたり、石井記念友愛社の理念、基本目標を掲げています。そのなかで、基本目標（方針）は、①自然主義 ②家族主義③友愛主義とあります。

十年ばかり前、私はゲストハウスの大原館で茶会をさせていただき、またこの一月には石井十次を詠んだ安田尚義の歌碑を茶臼原墓地に取材しました（本誌二月号「うたの見える風景」）。

まだ桜が残る四月中旬、牛がのんびり牧草を食んでいます。桜、こぶし、つつじ、れんぎょう、紫陽花などの樹木の美しいゆるやかな坂を上るとシンボルの方舟館があります。

ここの友愛園には、二歳から十八歳までの事情のある四十六名が生活しており、地域の小中学校へ通学。草次郎さんは植物が大好きで、ここには園芸部があり、中学生以上は土・日曜は野菜をつくったり牛の世話もしたり、花は種子から育てています。姫金魚草やかすみ草、水仙、大根の花、金せん花などが咲く花壇や十次の庭を通って、「若い頃は絵描きになりたかった」と話しながら、静養館を案内してくれました。

児嶋虎次郎の自画像と妻「友」虎次郎晩年の「中国の少女」と草次郎氏

石井十次資料館

十次臨終の間

静養館

祈りの丘空想ギャラリー

この静養館は、明治十一年岡山に建てられたもので当時はベレー館、西洋館と呼ばれ茶臼原に移築されてからは静養館として彼の最期の住まいとなり、臨終の間がそのまま残されています。

児嶋虎次郎の洞察力

静養館には藤島武二の油絵をはじめ、画家であった虎次郎の作品が多く展示されています。大原家の奨学生であった虎次郎は、東京美術学校を卒業後、石井十次の岡山孤児院を大原孫三郎に紹介され、そこで描いた『情けの庭』が一等賞になって皇后陛下の目にとまり、宮内庁お買い上げとなります。

大喜びの大原は、褒美として五年間のヨーロッパ留学をプレゼント。ベルギーのゲント美術学校で学び描いたその自画像はまじめで実直であったといわれる虎次郎そのものです。

この後虎次郎は、エルグレコの『受胎告知』やモネの『睡蓮』、ミレーや数々の宗教画など画家から直接買い求め、日本の大原のもとに送っています。昭和五年、大原は児嶋虎次郎記念の「大原美術館」を建設し、虎次郎の絵や収集した名画を保存しています。太平洋戦争では、倉敷には大原美術館があり世界の名画が保存されているという理由から、米軍の戦火を免れ、岡山の人々は戦争の被害を被らなかったといわれています。

■開館時間／9:30〜16:30 ■入館料／大人500円 小中高生300円 団体(20人以上)100円引
■事前連絡すれば「友愛社を支える会」ボランティアが園内説明(団体)をします。

天は父なり　人は同胞なれば
互いに相信じ　相愛すべきこと

明治32年全国主要停車場に設置された募金箱。

ルノワールの胸像

虎次郎が製作した椅子

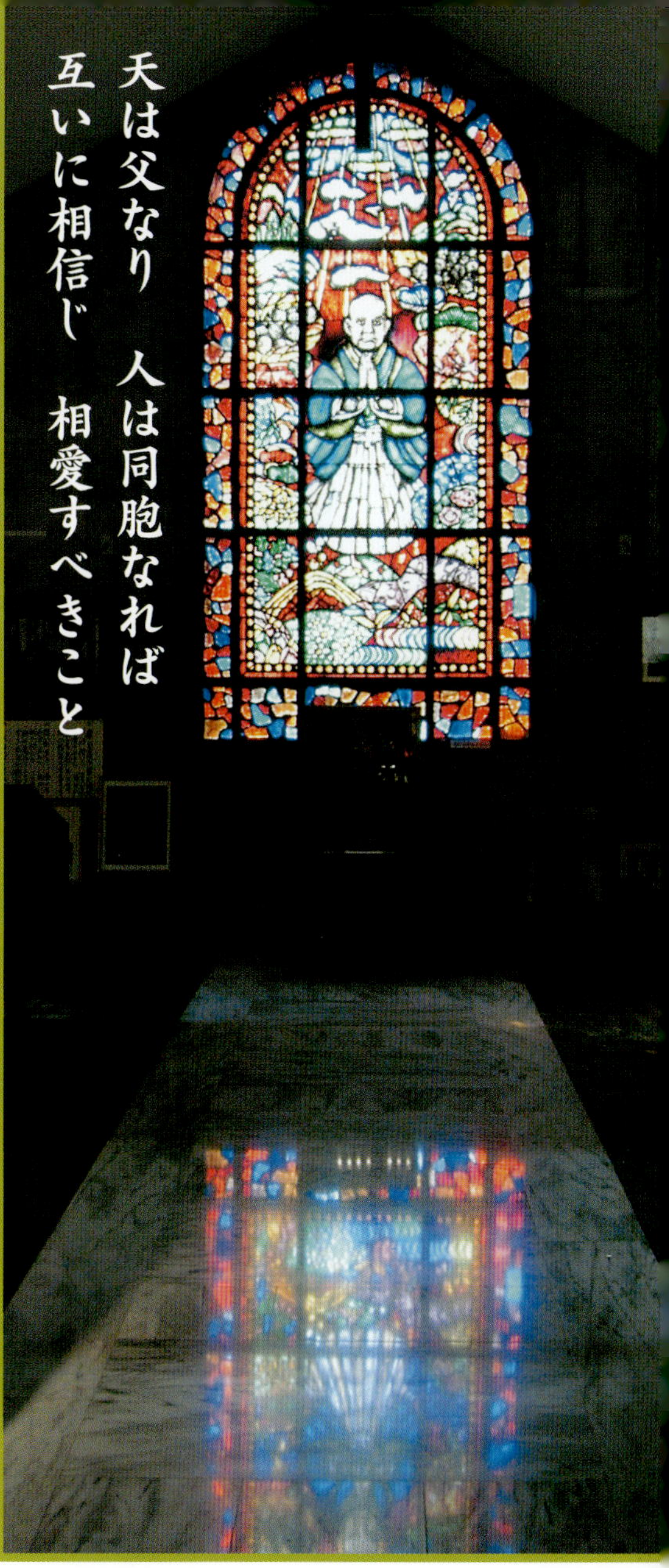

芹沢銈介のステンドグラス

石井記念友愛社の設立

明治20年、石井十次は岡山孤児院を設立。同27年、自分の生まれ育った茶臼原で自然教育をやろうと岡山から大移住。大正2年、児嶋虎次郎の人間性を重くみた十次は長女「友」を結婚させる。翌年初孫の虓一郎が生まれ、同じ日に48歳で永眠。昭和20年、高鍋で終戦を迎えた虓一郎が「石井記念友愛社」を設立。平成3年に草次郎氏が第2代理事長に就任。

福祉と芸術の融合

草次郎さんは三十五ヘクタールの広大な敷地を活用して、障害者の就労自立のための授産施設を立ち上げることが石井記念友愛社の使命と考えています。その『茶臼原自然芸術館』は、染色、無農薬有機農、木工工芸などで地域住民の参加も呼び込み、「ともに芸術を習得し企業化して世に問うことが、石井十次がこの茶臼原に描いた世界でもあります」と熱く語り、この建設のための寄付金を募っています。

Ishiikinen yu

石井十次記念友愛園　児湯郡木城町大字椎木 644-1　☎0983-32-2025

賑い市場400年

庶民もプロも御用達!
京の暮らしの台所「錦市場《ワンダーランド》」

リポーター 藤野まり子さん

「竹長」では豆類などを販売。
左上の写真は宮崎産の芋が
干し芋になっている

京都市街のほぼ中央に位置する錦小路には、約一・五キロメートルの通りの両側に百二十三軒のお店が並びます。京野菜や惣菜、漬物、魚介類など旬の食材や日用品が溢れ、一日中活気のある市場です。京料理に必要な食材はすべて揃うので、午前中にはプロの料理人が仕入れに、午後からは地元の方が買い物に来ます。

取材中に、宮崎産のカボチャや鱧に出会ってびっくりしたり、単価の安いものにも手の込んだつくりで感心したり。なにより、四百年の伝統の上に甘んじることなく、お客様をもてなす心……。いつまでいても飽きのこない錦市場でした。

創業永禄3年　有次

京の鍛冶屋として400年余り、現在は18代目である。包丁や鋏など刃物類が80種余り。真鍮製やアルミ、銅でつくられる小鍋や蒸器、急須、やかん、茶こし、うろこ取り、骨抜きまで台所用品は250余りを数える。

有次には、「魚のおろし方教室」「木彫教室」「包丁砥ぎ教室」も開かれており、秋には毎年「包丁供養」が行われている。

足袋の木源

市場に一軒しかない「じゅうもん」の店。足袋の文数のことかと思ったら重要文化財や国宝の仏像の掃除や修復に履く足袋のこと。足袋の裏は厚めの布で綾織りになっている。仏像に傷がついたり、修復する人が滑り落ちたりしないように織ってあるとのこと。さすがは京都の市場！

「桝伍」のお漬物。京のふる漬けから筍のみそ漬け、賀茂茄子の漬けものまでそろう

海産物がおいしそうにならぶ「津乃弥」

錦市場とは

豊臣秀吉の天下統一後の天正年間が起こりといわれる。本格的な市場となったのは江戸時代に入ってから。京都市民からは「にしき」の愛称で親しまれる。京都の目抜き通り四条通の一本北の錦小路通に位置し、赤緑黄色の色鮮やかなアーケードに覆われた石畳の道幅は3.2～5メートルほど。東の端は新京極と交差し、その先に錦天満宮がある。

錦天満宮は菅原道真を祀り、「錦の天神さん」として親しまれている。縁起によれば、平安中期に創建され、天正15（1587年）年、この地に移されたとされ、商売繁盛を願う人たちで賑わう。

菅原道真を祀る東の入口にある錦天満宮は「頭の神様」でもある

NISHIKI ICHIBA

椿屋

思わず甘味処と間違えた商品札。雑穀や食用油、丹波黒豆、丹波大納言、菓子材料の粉類などを売っている。

京だし巻　三木鶏卵

何台ものコンロの玉子焼き機で、熟練の職人さんが手際よくだし巻き玉子を焼いている。利尻の昆布や削り節からとっただしと特注の醤油などを合わせてつくる。う巻きや野菜やカニ入りのかやく巻きもあり、くるくると面白いように巻きていくのが、手品でも見ているかのよう。

商売繁盛を願う人や外国人も多い錦の天神さん

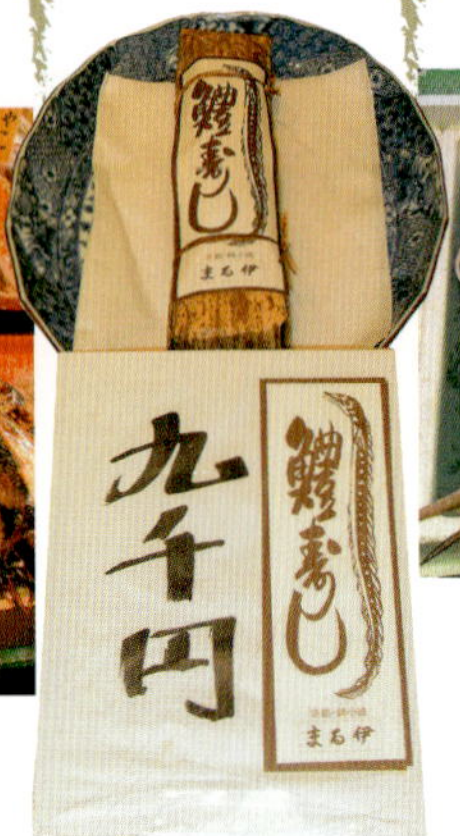

京都の夏は鱧づくし

錦市場には鮮魚店が10軒以上もあり、どの店も競って夏の味を売出し中。「まる伊」では一本9000円もする鱧寿しもありびっくり。「津乃弥」は、若狭かれい、甘鯛、ちりめんなど、創業以来「若狭もの」を扱っているそう。とくに鯖は「若狭小浜炭焼きさば」として一匹姿のまま売られている。「木村鮮魚」にも旬と鮮度にこだわった魚介類が豊富に揃い、「活きはも」と値札に書かれた鱧は、触るとくねくね動き出す。「生はも」と書いてあるのは調理しやすいように開いてあり、値段は活きはもの方が倍以上する。

また「活きはもの子」も売られており、卵とじにして食べる。「鮮魚錦大丸」の鱧は宮崎産と聞き、びっくり。

いい香りが辺りに漂う奈良漬だけの店

京都といえばお麩・湯葉。店の看板の写真など

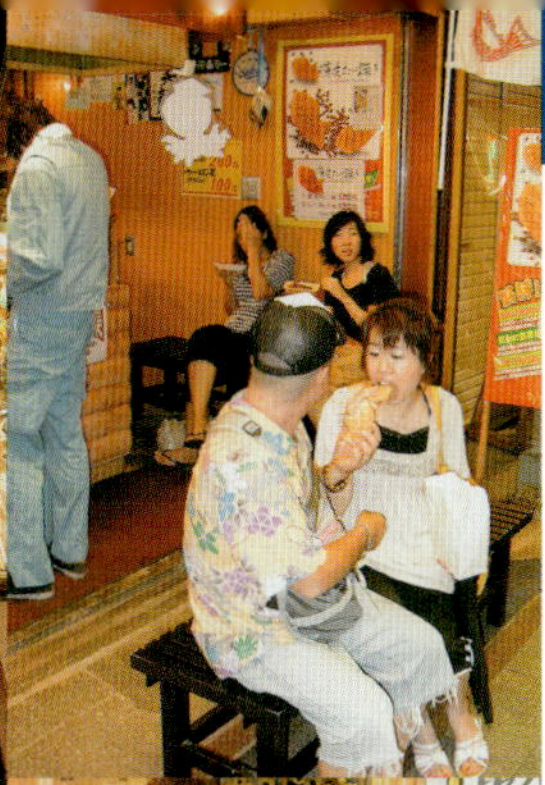

うちだの「味どんつき」のどんつき味噌262円。ピリリとくる甘辛さ(上)豆乳ぷりん189円はクリーミーでヘルシー(中)おぼろ豆腐130円。どれも店内で食べられる

生地を持参するとオリジナル花緒も特注できる

京野菜　河一

賀茂茄子、壬生菜、万願寺とうがらしなどの京野菜はもちろん、全国から入荷した珍しい野菜や果物が売られている。そのなかに、何と宮崎の「坊ちゃんかぼちゃ」が堂々と錦市場に並んでいる。さらに驚いたことには「テーブルクイン」という白い小型の南瓜があり、こちらも宮崎産ということだった。売れ筋で、高級料亭や料理屋で蒸して詰め物にするのに、プロの板前さんが仕入れていくという。夏だけ丹波地方でつくられる、生で食べるほおずきを食べると、無花果のような甘酸っぱい味がした。

大島履物店

終戦の翌年に開業したげた屋さん。祇園や先斗町あたりで仕事をしている人用の「普段履き屋」ということで、価格もあまり高くない。この市場には一軒しかない町問屋。

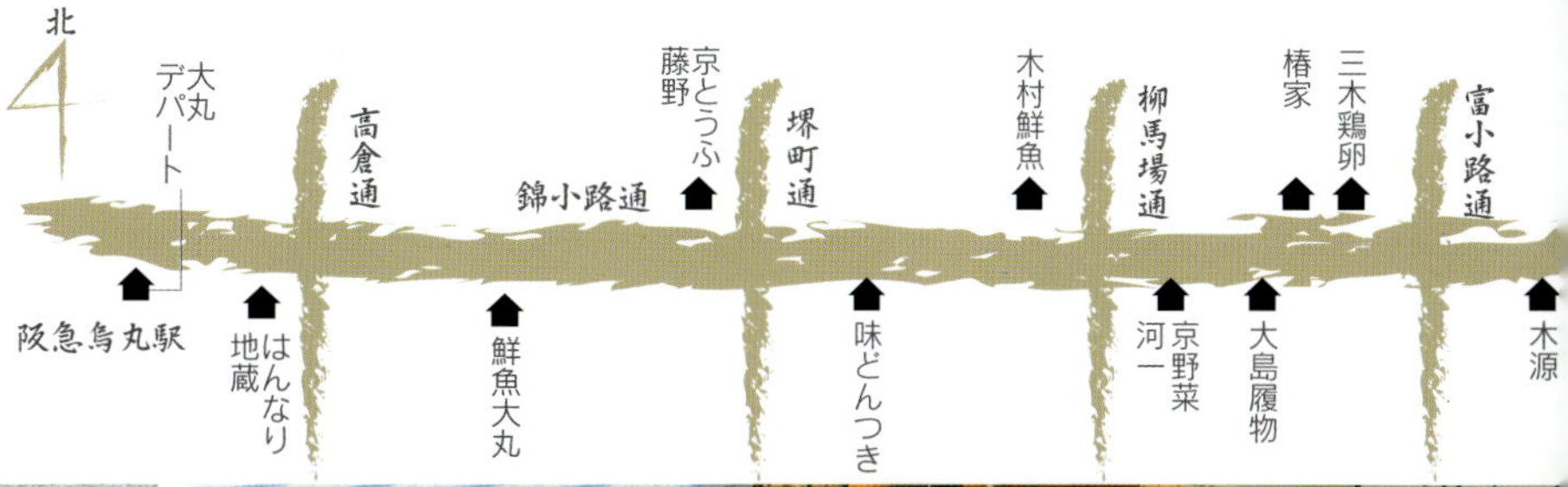

流政之の1994年作の「はんなり地蔵」が錦市場の西の入口にある

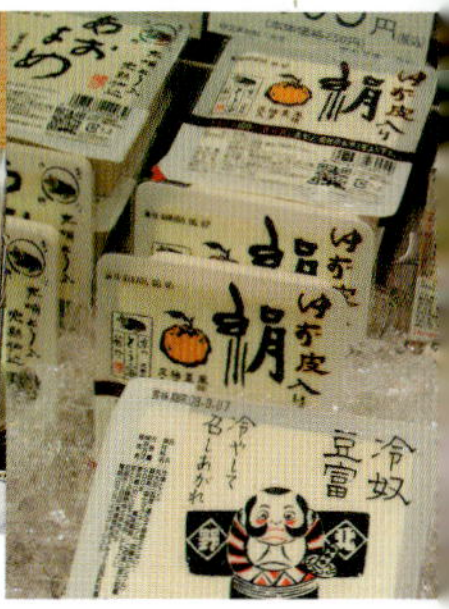

「錦大丸」の鯖ずしは1本1500円。旬の魚がならぶ

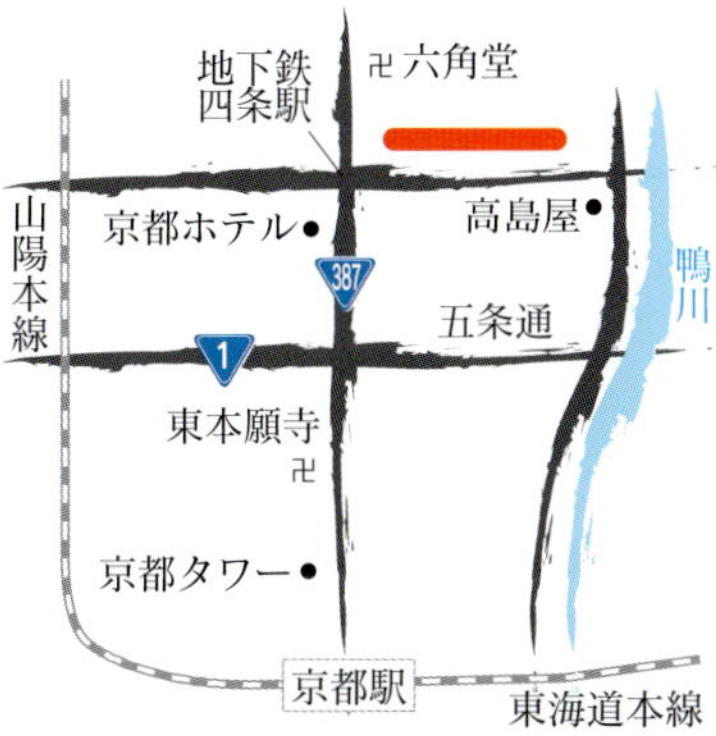

京とうふ　藤野

「こんなもんじゃ」というおもしろい名前は、京とうふ藤野の姉妹店。できたての冷奴豆富、あおまめ入り豆富、ゆず皮入り絹ごしやお揚げなど山盛り。梅豆富は、なかに梅干しが入ってさっぱり味と好評。具沢山がんもや湯葉とうふも人気がある。あっさりヘルシーな豆乳ソフトクリームやドーナツ、つぶあん入りおはぎ豆富、きなこまぶしのおはぎ豆富などのオリジナルデザートもよく知られている。

とうふ屋さんになぜかビールや焼酎のメニューがあり、不思議に思っていたら、夕方からは出来立ての豆富やお揚げさんで「立ち呑み屋さん」に変身。体験できずに残念！

NISHIKI ICHIBA

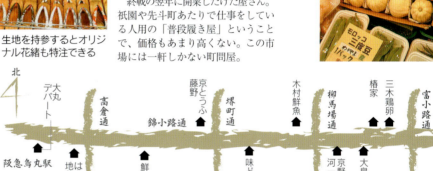

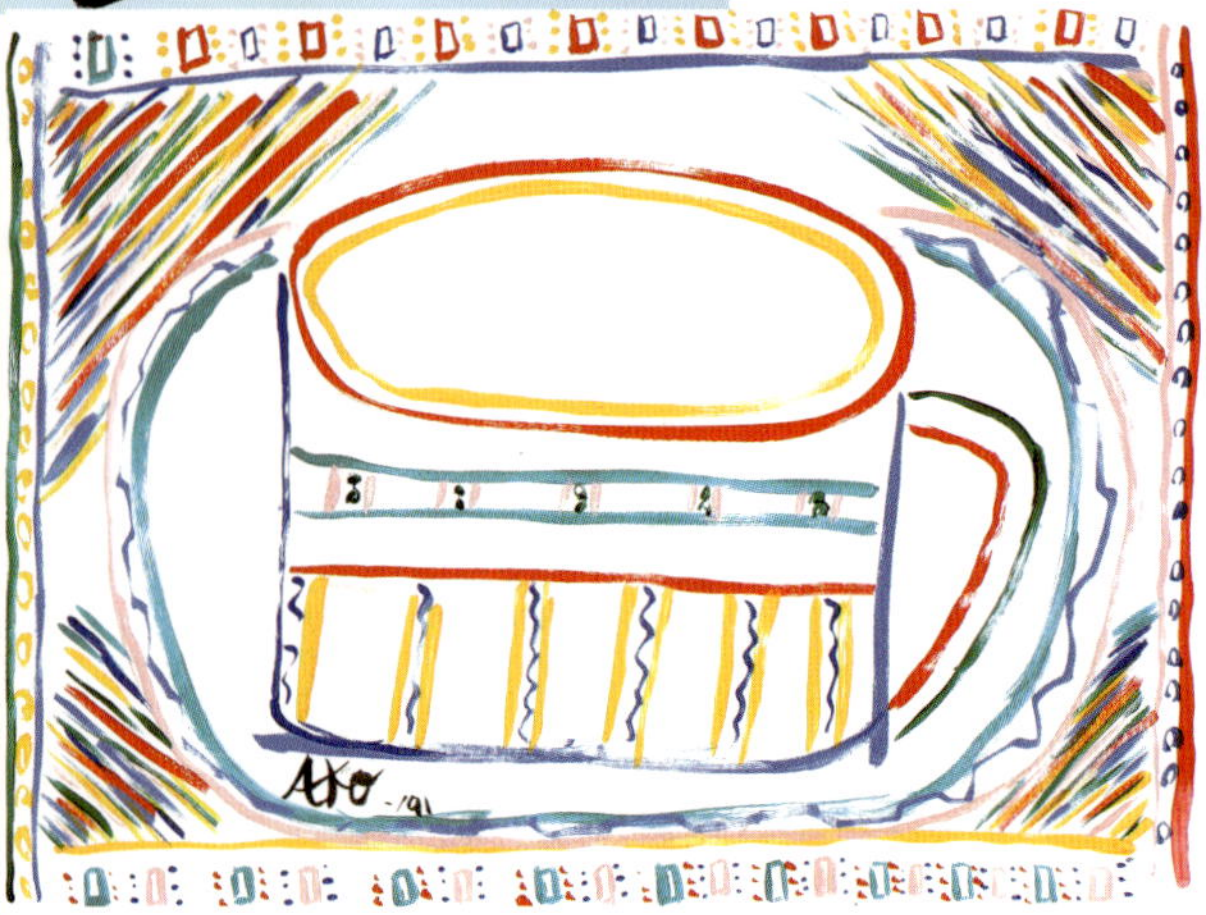

食卓の上のデザート　　ささやかに
満開の花のちから　　浮かぶ花　　散らかしてしまった
あそぶ
貴族の花　　オヒサマノコーヒーカップ

中村地平生誕一〇〇年記念
献花祭によせて

愛する宮崎、繋がれてゆく地平のこころ

リポーター 藤野まり子さん

宮崎市出身の作家、中村地平（1908～63）の生誕100年記念行事が11月1日、同実行委員会の手によって開かれました。午前中は宮崎市市民の森公園内の地平文学碑の前で「生誕百年記念献花祭」が、午後からは「中村地平展」を開催中の県立図書館で「記念講演会」が行われました。戦前戦後を通じて宮崎の文化活動の中心となり、多くの人に影響を与えた中村地平のことに触れてみます。

Chihei

献花祭で中村地平作『河童の遠征』を朗読する宮崎市立大宮小学校の広瀬知登君

文学碑の前で中村地平を偲んで献花する参加者

献花祭

「雲はどこにでも似つかはしい姿で現れる」と、黒の御影石に地平の直筆で刻まれた碑が、日高久一さんの設計で、地平が生前最も愛した一ツ葉浜の市民の森公園内の入り口にあります。実行委員の一人である渡辺綱纜さん（宮崎県芸術文化協会会長）が、献花祭の冒頭、挨拶のなかで「『たまゆら』の執筆取材のために訪れた川端康成に地平さんの『日向』を差し上げたら、その文を激賞され、宮崎は惜しい人を亡くしたと言われ、『たまゆら』にもとり入れておられる」と紹介されました。

親交のあった関係者や文学者ら参加者約四十人が白菊を献花し、その後、地平が民話をもとに書いた『河童の遠征』復刻版（鉱脈社）のなかの「和尚さんと河童」を、大宮小四年の広瀬知登《かずと》君が朗読しました。本が大好きという知登君は朗読の後、「和尚さんがとてもやさしかった。河童になったような気分です」と話してくれました。このように小学生や若い人たちにも地平の心が繋がれていくのだと思いました。

上／地平の生涯を振り返る宮大名誉教授の岡林稔さん

下／木洩れ日のなか、朗読する広瀬君

地平の業績を語る講演会

宮崎県立図書館では、中村地平の、作家、図書館長、銀行経営者として

鉱脈社から刊行された
中村地平の作品

の三つの顔に焦点を当てた講演会が開かれました。文学同人誌『龍舌蘭』代表の森千枝さんは、作品の素材を提供した当時の思い出を、そして宮崎こども文庫連絡会の池辺宣子さんは、『河童の遠征』の復刻版にまつわる話をされました。

矢野淑子、原田解、矢野一誠の元県立図書館員三氏は、図書館長時代の中村地平について、また前宮崎太陽銀行頭取の菊池鉄一郎さんは、銀行経営者としての中村地平について語り、最後に宮崎大学名誉教授の岡林稔さんが、生誕百年を迎えた地平文学の評価を中心に、講演会のまとめをされました。

作家以外の中村地平

地平は作家として活躍する一方、昭和二十二年から県立宮崎図書館（現宮崎県立図書館）の館長となり、「花と絵の図書館」など新しい図書館づくりを目指し、また「宮崎女子自由学園」の創立にもかかわり「宮崎ペンの会」の結成にも努力しています。作家の志賀直哉や火野葦平らとも交流があり、宮崎の観光地を案内した時の様子や図書館長時代の写真などを資料展で見ることができました。

その後地平は図書館長を辞任して、父常三郎の勤める宮崎相互銀行（現宮崎太陽銀行）に取締役として入社し、昭和三十六年に社長に就任しますが、わずか一年余りで辞任しています。

地域住民に慕われたジベエさん

先日、宮崎日日新聞の〝ひとりごと〟欄に美郷町の山崎ハル子さんが「懐かしい地平氏」と題して思いを寄せておられます。「地平生誕百年」を読んでというもので、一部抜き出してみます。「西郷村婦人会に先生をお招きして講演のあった時、バスで来られたのであろう。田代下の発電所で下車、南風谷の道路を歩いて来られたとのこと。砂利道であっただろう、心細さに『大きな目から涙が出そうだった』と話された。一同はちょっと笑ったけど、その気持ちが分かって今でも忘れられない、大きな目、黒い髪」とあります。

ジベエさん、ジベエさん（本名治兵衛）と慕われていたらしい、育ちのよさが伝わります。

「雲は……」の心境

「雲はどこにでも……」の雲は、地平自身のことであろうとは、すでに多くの人が述べていますが、図書館長として、銀行の経営者となって心ならずも文学から離れていた時分の無念さがにじんでいます。岡林さんは、地平の文学的な苦悩が背景にあり「変幻自在に現れる雲の姿に、鬱屈した自己の思いを込めている」と解説しておられます。

献花祭に参加し、スダジイの木洩れ日の下で、この「雲」の季節は今日のような秋の雲だったのではないかと思いました。

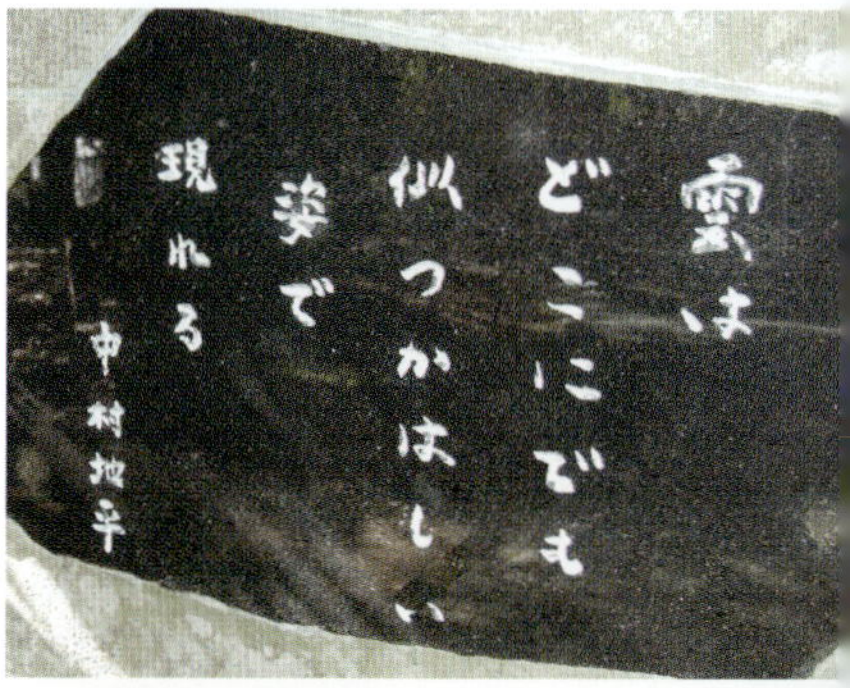

上／宮崎市「市民の森公園」内にある文学碑

中／県立図書館ロビーで開かれた「中村地平展」。手前は地平夫人の玲子さん

下／地平が社長を努めた宮崎相互銀行は現在宮崎太陽銀行となっている

なかむらちへい

1908（明治41）年宮崎市に生まれる。東京大学美学科卒。都新聞文化部に入社したが2年後に退社して作家活動に入る。処女作は32（昭和7）年『熱帯の種子』。35（昭和10）年「日本浪漫派」に参加。同人には保田与重郎、亀井勝一郎、太宰治、壇一雄ら。井伏鱒二に師事。38（昭和13）年『南方郵信』が芥川賞候補に。戦後は日向日日新聞社（現宮崎日日新聞社）にも勤務した。63（昭和38）年没。

中村地平文学碑
（市民の森公園内）

Chihei

じゅぴあ特派員リポート

リポーター 藤野まり子さん

高鍋大師

にこにこ温和な石仏たち

「皆様、はるか向こう西に見えます高い山が歌人牧水の尾鈴山の姿であります。こちらの小高い丘が東光寺丘で、丘の上に御堂と大小無数の白い石仏が見えます。あれが有名な高鍋大師で御座います。眺望はよく高鍋町が一目に入り、小丸川の清流、太平洋の雄大な姿が見渡されます。あの立ち並ぶ大きな姿の石仏は技術も珍奇で、高さ六メートルにも及ぶのが九体あります……」(『高鍋の史跡』)。これは昭和四十年頃、国道10号を通っていた宮崎交通観光バスガイドのひときわ声をはずませた高鍋大師の説明。今も、にこにこ笑う石仏たちを紹介します。

「オニ」 作者 岩岡弘覚　84歳作・金棒を持ち供人2人を連れる。

風の神

高鍋町持田古墳群の東光寺丘に、無数の石仏が立ち並びます。岩岡弘覚翁が開いた「高鍋大師」です。

石仏の作者である岩岡弘覚は、風をとても恐れていたようで、オニの顔をした風の神が供人《ともびと》二人を両端に連れ海を睨んでいます。その近くには金棒を持ったオニが供人二人を連れてやはり海を睨んでおり、これら供人には、それぞれ奉納者の村人の名前、年齢が刻まれてあります。

供人2人を連れた「かぜのかみ」

岩岡弘覚と高鍋大師

岩岡弘覚は、本名を保吉《やすきち》と言い、明治二十三年、弘法大師生誕の地といわれる香川県に生まれ、幼少より父に連れられて講などに行っていたようです。一家は明治三十三年高鍋に移り住み、精米業を営んでいました。

昭和四年、持田古墳に盗掘があり、そのことを悲しみ供養したいと思った弘覚翁は、古墳群の一角を買い取って石仏を安置します。石工を雇い、古墳を守るように四国八十八ヶ所の彫刻を作らせたのをはじめ、その傍ら自分も技術を習い覚え、弘法大師や不動明王など強そうな石仏を作っています。ほかにも稲荷大神、十一面観音、十二面薬師如来像、天照大神、雷様、火よけ神などが古墳を守るように立っています。

四月五日付の宮日新聞児湯・西都欄に「高鍋大師の未来探る」の記事が掲載され、また、この三月には県の宮崎観光遺産にも選ばれました。

「十一めんくわんのん」

海から上がってきた黄門さま

ほとんどの石仏が日向灘を見下ろすように立っているのに、助さん格さんの水戸黄門一行と、親亀小亀孫亀のおめでたい亀の像は、忽然と海から上がってきたばかりの姿で海を背に立っており、とても不思議な感じです。

高鍋大師五首

藤野まり子

何を喚《おら》びてゐるやその口腔《くち》暗々と海にむかひて風神は立つ

〝お大師さん〟と土地の人呼ぶ高鍋大師石仏三昧《ざんまい》岩岡弘覚

明治百年と刻まれてある夫婦《めおと》石仏背広・着物の姿に笑まふ

文字知らず漢字片仮名平仮名混ぜてあサ日かがやく十二めんやくし

弥生の風に面《おもて》曝して八百の地蔵石仏丘《おか》陵ごと暮るる

ためにならんこと
きかぬ人

ためにならんこと
みらぬ人

ためにならんこと
いわぬ人

にこにこなかよく
くらす人

明治百年を記念して彫ってもらう

村人は、米、味噌、醤油などを持参して岩岡老人に石仏を彫ってもらったと聞きます。元気な時に精一杯のよそ行き着で写真館で記念写真を写すように作ってもらっています。どれもにこにこ温和な顔で、名前や年齢も刻まれ、手を合わせています。

表彰状を授与される

弘覚翁は晩年の昭和五十一年、当時、宮崎県観光協会の会長であった岩切章太郎さんから、高鍋大師を自費で建て、四十三年もの長い間、持田古墳群を守り、訪れる人々にも古墳の保護を説き続け、文化財保護に陰の力を添えたとして、その徳を称え表彰状が授けられています。

自作の御堂

十一メートル四方の屋根瓦葺きの御堂は、自然木そのままの丸木柱造りで頑丈に組まれており、ここにも自身で作った弘法大師像が安置されています。弘覚翁は開山したこの地を「東都原古墳供養高鍋大師」と呼び、昭和五十二年八十八歳で亡くなるまで「南無大師遍照金剛」を、山に、丘に、唱え続けたということです。

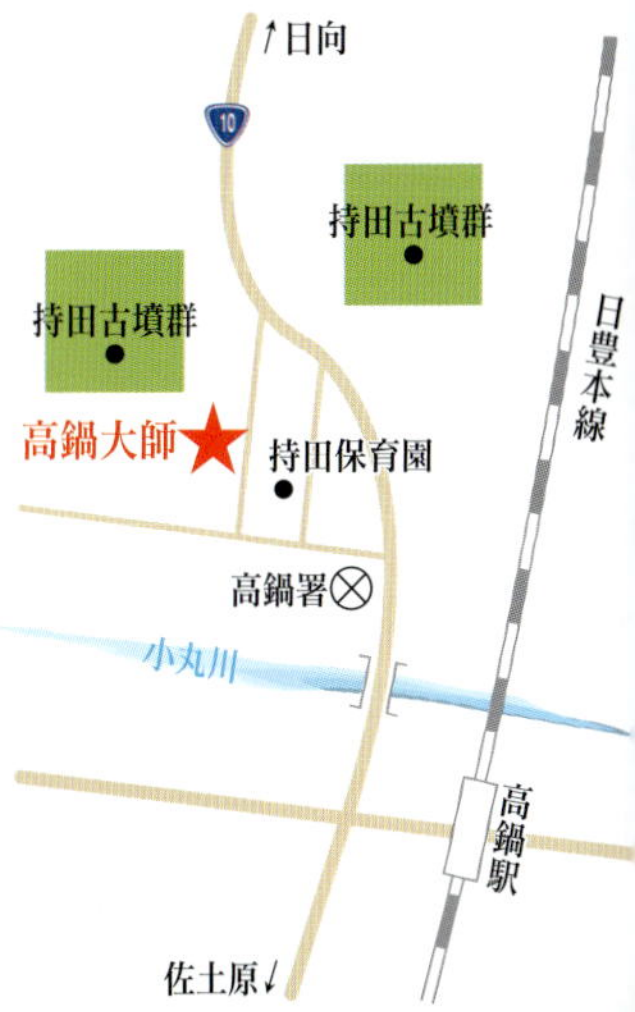

現代美術作家が見た「高鍋大師」

一九八三（昭和五十八）年五月、神戸から船に乗ってきた現代美術作家・堀尾貞治さんは同じく宮崎の現代美術家・藤野忠利の案内で高鍋大師へ向かいます。堀尾さんは「何でもないこと」の回帰をテーマに多くの作品をつくってきました。堀尾さんは　高鍋大師に着くや、その「へた」さに感動して「オレと同じじゃ！」といきなりスケッチをはじめました。

異様な〝気〟を放つ石仏群

宮崎市内から、友達の藤野忠利さんの大きな単車にのっけてもらい、高鍋にある高鍋大師へむかった。宮崎の夏はあついが高鍋大師の石仏群に対面した時は、それ以上に心が燃えたので、暑さは忘れさっていた。それぐらい強い印象を受けた。

すべての石仏群が異様な「気」をはなっていた。一番感動したのは、幼稚でヘタで知識がなく、デタラメでむちゃ〳〵がどんなにすばらしい生き方になるか、あらためて感じずにはいられないことである。高鍋大師の石仏群の中にはっきりとあるのは、心底いいものには、偉ぶったものがないことをしみじみと考えさせられた。

（一九八三年夏の高鍋大師」印象）より

発見！もうひとつの青島

宮崎市の代表的な観光地といえば、多くの人が青島と答えるでしょう。天然記念物の鬼の洗濯板と呼ばれる波状岩（奇形波蝕痕）や亜熱帯植物群。「海幸・山幸」を祭神とする青島神社など目の前に広がる青い海とともに、開放感に溢れている青島。今回は少し視点をかえて、観光パンフレットに紹介されていない青島の『楽』と『舞』に触れました。

灯りに照らされる
青島神社の鳥居

しゅぴあ
特派員リポート

リポーター 藤野まり子さん

上／グランドピアノ2台を持ち込んでの鴨就く島アーベント。左から馬場沙央里さん（ピアノ）・佐々原聖子さん（ヴォーカル）・土屋広次郎さん（バリトン）・松浦宏臣さん（ピアノ）
下／1300個のランタンが並べられた参道

AOSHIMA

鴨就く島アーベント

　五月一日、青島神社本殿前で、「鴨就く島アーベント」と題したクラシックやジャズなどを楽しむコンサートが開催されました。神社の境内での本格的なコンサートは、意表を付く試みです。「鴨就く島」とは青島の昔の呼び名、「アーベント」はドイツ語で『夜』、『夕べ』を意味します。青島へ近づくと参道から弥生橋、さらに神社まで一〇〇〇を越すランタンが幻想的な雰囲気を醸し出し、演奏会場はライトアップされ、一瞬、これがあの青島かと疑うほどの素晴らしい空間演出のアーベント。

　実行委員のひとりで、ピアニストの松浦宏臣さんはオーストリアでピアノ演奏を学び、ウィーンでリサイタルを開き、ハンガリーでも活躍され、燕尾服の正装はさすがでした。

　イタリア・ミラノに声楽留学されていたバリトンの土屋広次郎さんとジャズシンガーとして活躍中のヴォーカルの佐々原聖子さんは東京からの参加。宮崎在住で、千住明氏のソリストも務めた馬場沙央里さんなど、一流のメンバーによるグレードの高い演奏会でした。

　同実行委員会会長の佐々原一也さんによれば、「以前から松浦さんが神社でコンサートをしたいと言っていた。寂れていく地元を文化的な面から何とか盛り上げ、宮崎の人にも足を運んでもらいたい、と昨年十一月に初めて開催し、手応えを感じました」。今回は二回目で、多くの人が今年も参加し、さらに友人知人を誘ってきていたようで「嬉しいことです」と話しました。

　商業的にしたくないので広告は取らないといいます。青島や音楽、芸術を愛する人に来てほしいそうです。そうはいっても運営は大変で、毎回赤字です。幸い地元の青島商工振興会（会長・ビョーン・S・クウーンさん）、青島再勢プロジェクト（会長・青島神社宮司の長友安隆さん）や丸山栄次さんなど実行委員や友人知人のボランティアでやっています。

　ランタン一三〇〇個もなかなか手がかかり、また、グランドピアノ二台を本殿前まで運ぶのも一苦労でした「これからも年二回続けていき、青島を文化的にクオリティの高い地域にしたい」ということです。

青島のなかに青々と茂る亜熱帯植物

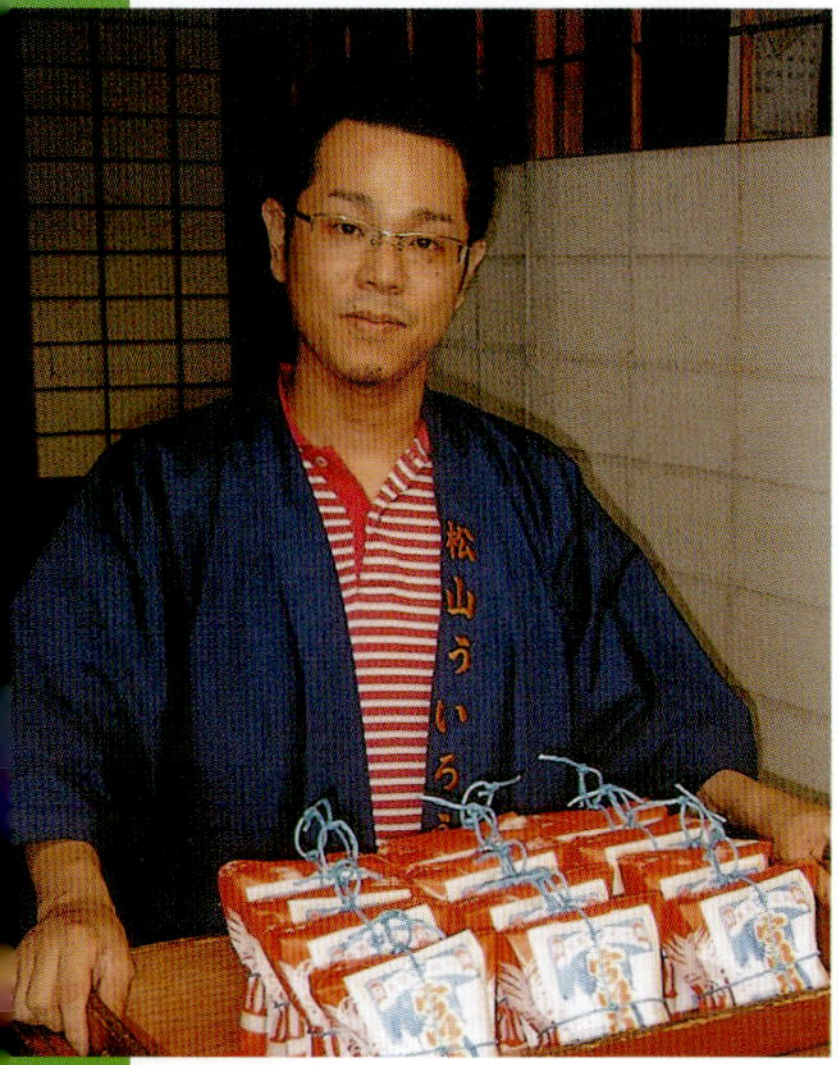

実行委員長の佐々原一也さん。創業明治15年、青島ういろう餅の松山総本家三代目店主。ういろうは深夜2時から製造、1折400円

ピアノ演奏の松浦宏臣さん（左）は「お客さんと同じ目線で演奏することはめったにありません。背中に神様が控えているので背筋がピシッとして、心地よい緊張感がありました」。右は佐々原さん

第3回鴨就く島アーベント
11月20日（金）　青島・儀式殿

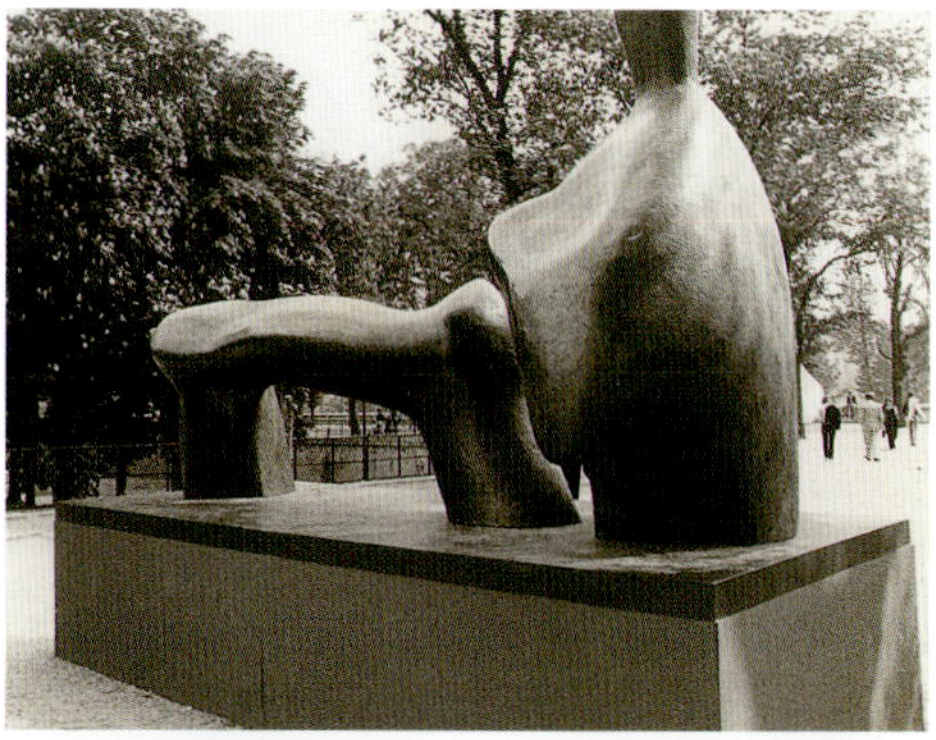

イギリスの彫刻家ヘンリー・ムーアの作品（石橋美術館）

ヘンリー・ムーアの彫刻に似ている波状岩

鴨就く島アーベント実行委員会　問合せ／TEL.0985-65-1116（担当：佐々原）　■受付時間　午前9:00～16:00

供／宮崎市観光協会
アンミュージックのアロハカウアイで現代フラアウアナを奉納

モク・オ・ケアヴェ・ウィーク宮崎

青島神社の拝殿前で突如フラダンスが披露されました。訪れた観光客らは、その只ごとならない光景に驚きながらも、思いがけないチャンスに大喜び。これは七月三日から六日まで第四回モク・オ・ケアヴェ・インターナショナル・フェスティバル日本大会が開催されるのを盛り上げようと、主催者の宮崎市観光協会が大会の安全と成功を祈願して青島神社に奉納されたものです。

神殿前では大きな瓢箪でつくったイプという楽器をたたきながら歌うカイウラニに合わせて踊る古典フラのカヒコ。拝殿前では現代フラ・アウアナのアロハカウアイを奉納しました。フラを踊ったのは、青島の「ナーレイアロハカウイカヴェキウ」の生徒さんたちです。鏡たか子先生に話を聞きました。

「古典フラのカヒコは、神や王様に捧げるために神殿などで踊られていたもので、神楽と同じです。現代フラのアウアナはハワイアンミュージックで踊ります」。

「私は青島が大好きで、数年前、久しぶりに訪ねた青島は、あちこち店のシャッターが閉まっていて寂しかったものです。青島には神社や儀式殿もあり、フラも神に捧げるものだから、ここに教室を開き、青島に人を呼びたいと思いました。教室を開いて8年になります。4歳から76歳まで約100人が踊ります。フラは自然との調和なので常に自然体でいられます」。

宮崎市観光協会の黒木仁美さん
「モク・オ・ケアヴェ　ウィーク宮崎」で6月20日の奉納フラから、7月6日まで宮崎市が主催する関連イベントを担当しました。

AOSHIMA

日向時間とハワイアンタイム

ハワイから年に四、五回フラの先生たちが来県するそうで、先生いわく、のんびりゆっくり時間が流れる日向時間と、のどかでゆったりしているハワイアンタイムは似ているそうです。先生方も「海が美しくハイビスカスや青島のビロウ樹など、まるでハワイのリゾート地です。リラックスします」と大のお気に入りだそうです。

宮崎市観光協会主催の「モク・オ・ケアヴェ・ウィーク宮崎」のハワイアンカルチャー教室のフラ教室で練習する参加者の皆さん

「ナーレイアロハカウイカヴェキウ」の鏡たか子先生と生徒の皆さん

フラ教室の会場に「アロハ〜」と訪れ、「アロハの精神を世界に広げたい」と語るミス・ハワイのアリアナ・セイユさんを囲んで(前列左から4人目)

フラってこんなに楽しい!

平木杏桂さん(中1・フラ歴1年)
フラの音楽が流れると体がすぐに動きます。

田宮麻也子さん(中2・フラ歴2年)
踊っているとウキウキして楽しい。

河野みのりさん(67歳・フラ歴6年)
体が軽くなり、よく動くようになりました。

黒木優子さん(57歳・フラ歴8年)
気持ちが若くなりました。

日高登美子さん(58歳・フラ歴7年)
ヒザ痛がなくなり、更年期障害がよくなりました。

小中学生も楽しく躍っています。

青島という地域に根ざしている二つのグループを取材して感じたことは、やっぱり青島が好きなんだなということです。10月には旧高千穂鉄道の「トロッコ神楽」が改装されて「海幸山幸」号として宮崎〜南郷間を走るそうです。青島の再生につながることをぜひ期待します。

フラ教室「ナーレイアロハカウイカヴェキウ」 ☎0985-55-4121　月4回で6000円　パウ(ギャザースカート)持参

廻船問屋の繁栄の歴史 美々津千軒を歩く

日向市美々津は、耳川の河口右岸に位置し、日向神話に登場する神武東遷お船出の伝説の地として、さらには江戸時代から明治・大正にかけて関西と日向を結ぶ海上交通の港町として栄えました。千石船による人や物、文化の出入りなど、その賑わいは「美々津千軒」と言われ、まさに"始めに廻船問屋ありき"でした。

日豊本線の開通後は漁港として、また昭和六十一年には、国の重要伝統的建造物保存地区に選定され、町家の修理・復元が今もなされています。

④ 美々津まちなみセンター

リポーター 藤野まり子さん

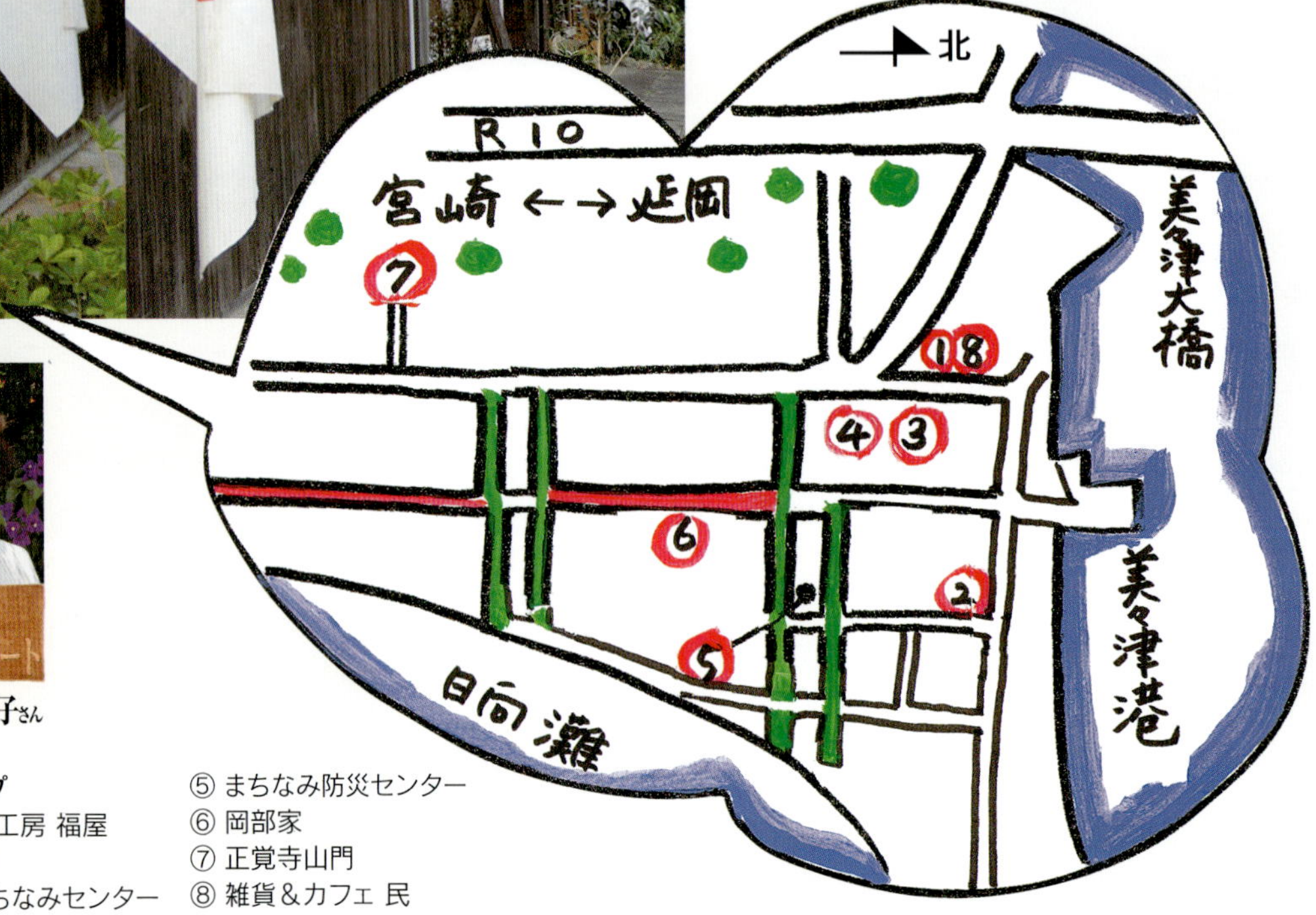

美々津マップ
① とんぼ玉工房 福屋
③ 美々津軒
④ 美々津まちなみセンター
⑤ まちなみ防災センター
⑥ 岡部家
⑦ 正覚寺山門
⑧ 雑貨＆カフェ 民

伝説のかなしきこころ引きつがれ立縫の所作いましむる先輩

ツキヌケ

道幅が狭過ぎず広過ぎず、道をはさんで挨拶や言葉かけができて〝ふれあいの場〟ともなるツキヌケと呼ばれる道路が、山手から海岸まで延びています。そのツキヌケの一角に、天保十五（一八四五）年に建てられた備前屋をモデルに、耐震建物「まちなみ防災センター」がつくられ、一五〇トンの蓄水や消防車の待機など、地域住民に活用されています。また共同井戸も修復されており、当時の雰囲気がしのばれます。

⑦ 正覚寺山門

⑤ まちなみ防災センター

立縫の里

昔、漁に出かける夫や息子の衣服の綻《ほころ》びをその朝にあわただしく、立ったままで縫い合わせて出発させると、遭難して戻ってくることができなかったという伝説から、この地が「立縫の里」と呼ばれています。

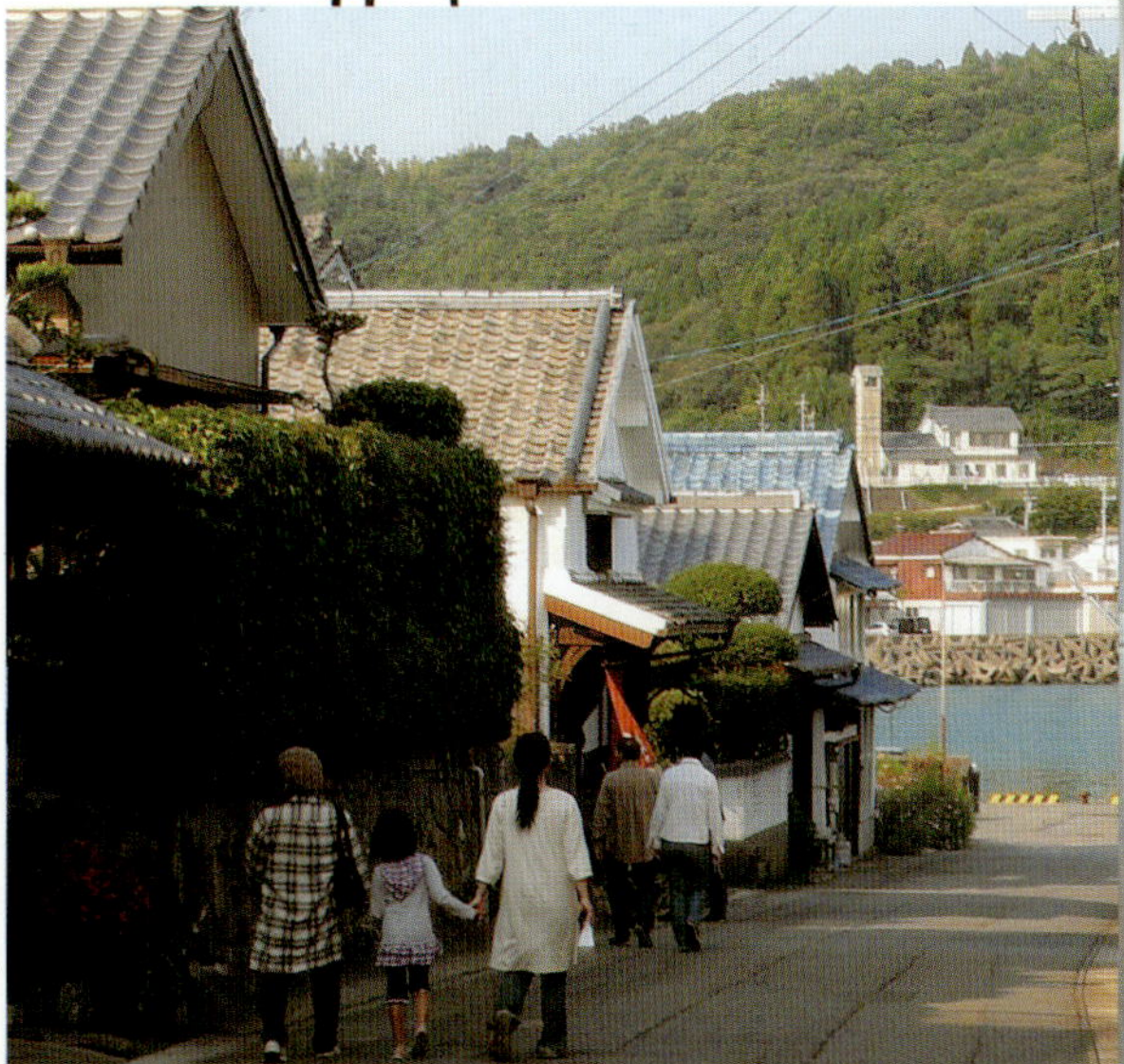

② 港へ散策する観光客

⑧ 雑貨＆カフェ 民 「土に還る天然素材の商品」も購入できます。

目下修理中

現在、昭和四年に建てられた町屋を修復中です。家は、それぞれつくられた時代や社会現象なども知ることができ興味深いものです。「この家は、昭和大恐慌の時に建てられた平家づくりのこじんまりとした家で、材木なども節約されています」と日向市教育委員会の文化財係長・緒方博文さんは話します。修復は、外観はそれぞれが建てられた江戸時代の天保年間、明治、大正のままで、内装は現代の人が快適に過ごせるように間取りも大事にしながら整備されています。写真の家は赤土を塗る前の木舞《こまい》竹を組んだ状態です。

＊特定保存物件は九十六棟あり、一年に二〜三棟ずつの修復で、現在は七割強が修復済みです。

⑥ 岡部家

木舞竹が組まれた修復中の家

共同井戸

空き家利用の民間施設

美々津では古い空き家が、食事処やお休み処、民芸店、アクセサリー製作の町屋塾などに利用されています。

宮崎から通う上村福徳さんの「とんぼ玉工房 福屋」には、若い人たち四、五人が体験製作中。お隣の「雑貨&カフェ 民」も娘さんたちが二階の格子窓から町なみを眺めて楽しそう。また近くには「カフェ理庵」もあり、観光客が散策しながら回遊し、廻船問屋だった美々津軒や美々津まちなみセンターなどを楽しむことができます。

① とんぼ玉工房 福屋
とんぼ玉体験製作の「出張工房」
(20分〜30分で500円より)。

代表の上村福徳さん

③ 美々津軒　元廻船問屋の風格あるたたずまい

先輩さんから伝承「つきいれだんご」（お舟出だんご）

美々津では、高齢者のことを「先輩さん」と呼ぶそうです。たしかに先輩さんは、先に生まれ、さまざまなことに出会い、多くの経験をつみ、場数を踏んでいます。

廻船問屋だった美々津軒で、その先輩さんたちが美々津名物つきいれ団子（お舟出だんご）づくりの体験学習を中学生に行っています。学校の調理室では注意力散漫だった中学生たちが、明治の初め頃に建てられたこの美々津軒で実習することにより、行儀作法がよくなったと学校から喜ばれているそうで、館長の佐藤久恵さんは「古い建物は人の心を豊かにして、キラキラ輝く顔をつくる」と語ってくれました。つきいれ団子は、お舟出団子と呼ばれ、美々津まちなみセンターや「たつみや」さんで売られています。

美々津軒館長・佐藤　久恵さん

赤土の土間とバンコ

昔むかしの廻船問屋の縁側にお茶いただけり閑かさが贅沢

美々津軒の中庭と土蔵　この中庭の縁側でお茶を飲みながら「この静けさが贅沢」と、訪れた人に喜ばれています。

雨降りを知らせる赤土の土間

赤土の産地でもある美々津は、昔から赤土に塩を混ぜて土間に塗り込むそうです。「雨が降る前には赤土の土間が湿気を帯びるので予報になる」と、まちなみセンターお休み処で店番をしていた年輩の女性が教えてくれました。またその技法は今でも活かされているそうです。

赤土の土間は軒下にも作られて、その上にはバンコが設けられ、縁側の続きでもあり道に突き出た椅子でもあり、使わないときはたたむことができます。美々津の町並みを歩いてながめるだけで、ゆったりとした気分になります。

過去と未来が同居するマチ

中華航空で行く＊日本―台湾民間交流記

宮崎側と台湾側の参加者が一堂に会して記念撮影

中華航空の宮崎・台北開航記念のポスター前で。

じゅぴあ特派員リポート

リポーター藤野 まり子さん

東アジア民間交流促進事業の派遣員として今年1月、台湾へ行ってきました。 茶道、華道、空手、絵画、短歌、音楽、テニスなどの団体の代表13名と、県側から県民政策部、文化文教・国際課の方々との一行17名。日本文化に精通した方々とのふれあいは大きな刺激となりました。中華航空の直通便が運航されているなか、今後ますます宮崎と台湾の関係が深まることが期待される民間交流を紹介します。

日本よ、台湾よ、永遠なれ！「愛日家」の蔡焜燦氏

短歌部門で参加した私は、意見交換会では台湾歌壇代表の蔡焜燦《ツァイ・クンツァン》氏や事務局長の黄教子《ホアン・ノリコ》さんと、台湾と日本の短歌についての交流をしました。台湾では、七十歳以上の人は、ほとんど日本語を話し、台湾歌壇（会員１００人）は毎月歌会が行われ、日本の短歌の心が脈々と歌い継がれているそうです。

「私は、愛日家です」と言われる八十三歳の蔡代表は、日台民間交流では名の知られた方で、司馬遼太郎の『台湾紀行』の案内人でもあり、それに登場する「老台北」は蔡先生その人です。また、小学館から『台湾人と日本精神』という著書を２００１年に出版されています。本の扉に〈日本よ！ 台湾よ！ 永遠なれ!!〉と署名してくださり、ほかにも、すべて日本語の本数冊をいただきました。

宮崎側の全参加者に、台湾名物のパイナップルケーキをおみやげにくださるなど、心の細やかさに感激しました。

歌集『玉蘭かおる』に魅かれて

私と台湾の林百合《リン・バイハー》さんは、短歌誌「かりん」（主宰・馬場あき子先生）の会員です。その林さんが昨年、東京の短歌新聞社から、歌集『玉蘭かおる』

左から高阿香さん、林美さん、北條千鶴子さん、林百合さんと「山の家」にて。

台湾の歌壇や書道学会の重鎮との交流より。
左から林清池《リン・チンツー》氏、筆者、李耀麟《リー・ヤオリン》氏、黄教子氏、蔡焜燦氏、筆者の夫藤野忠利。

台湾の"じゅぴあ世代歌人"

蔡氏から頂戴した著書や紹介した歌が掲載されている歌集。

主宰なる弧蓬先生懇ろに「命の限り詠みつがれよ」と
林美（90歳）『台湾歌壇』

「さよなら」と吾を真似て言う孫子らの口に溶けゆく日本の言葉
林百合（87歳）『玉蘭かおる』

家族みな揃ふは稀なる夕食の料理に弾む庖丁の音
高阿香（84歳）『心の支柱』

久々に吾娘帰り来ぬオレゴンの森林渡る風をまとひて
黄教子（62歳）『台湾歌壇』

早慶戦昔はラヂオ今テレビ実況見らるる老いの仕合せ
蔡焜燦（83歳）『台湾歌壇』

台湾へルーツ尋ねしが絆にて小島家族との縁深まる
蔡西川（84歳）『台湾歌壇』

吹く風に蝶蝶落ち葉乱れ舞ふどちらがどちら見分けがつかぬ
陳清波（77歳）『台湾歌壇』

客のごと母の在せる兄の家に里帰り来るは哀しみに似る
北條千鶴子（82歳）『台湾歌壇』

転寝の我に膝かけかけ呉れし吾子まぎれなく亡き夫に似る
劉陳智恵《リューチェン・ツーホェイ》（80歳）『台湾歌壇』

を上梓され、私にも送られてきました。歌集には、カバー写真は著者の庭の一角とあり、「噴水の前の家の庭にて」という著者の写真もあり、それらを見ながら歌集を読み、ぜひ台湾を訪れたいと思っていました。

林さんの別荘である双溪路の「山の家」へ到着したときは一瞬、公園かと思いました。広大な敷地には川や山、池、いたるところに湧き水、そしてご自慢の滝もあります。ガジュマル、椰子、玉蘭、つつじ、山蜜柑、紅梅、白梅、ダリア、コスモス、菊など、一年中何かの花が咲いています。訪ねた日はあいにくの小雨でしたが、白梅紅梅が雨に煙って幻想的な美しさでした。

林百合さんの「山の家」の庭。
手前の楕円形の石は台湾島のかたちにつくってある。

山の家は終の住処と定まりて花を育てて老いを安らぐ
林百合「玉蘭かおる」より

宮崎市の現代っ子センターを訪れて、子どもたちと交流する台湾の先生たち。中列左から鍾奇峰氏、呉隆榮氏、陳清波《チェン・チンポア》氏、蔡西川《ツァイ・シーチュアン》氏。

絵画部門での日台交流のひととき。宮崎からは筆者の夫藤野忠利と、中華民国児童美術教育学会の呉隆榮氏と鍾奇峰氏。

平成22年度「東アジア民間交流促進事業」

「宮崎―臺灣兒童畫交流展」宮崎展

日　程／6月16日(水)～20日(日)
会　場／宮崎県立美術館2F県民画廊
出　品／宮崎県児童画・現代っ子センター200点、台湾児童画50点
主　催／現代っ子センター
後　援／宮崎県、宮崎県国際交流協会（申請中）

「宮崎―臺灣兒童畫交流展」台湾展

日　程／10月29日(金)～11月28日(日)
会　場／台湾國立藝術教育館

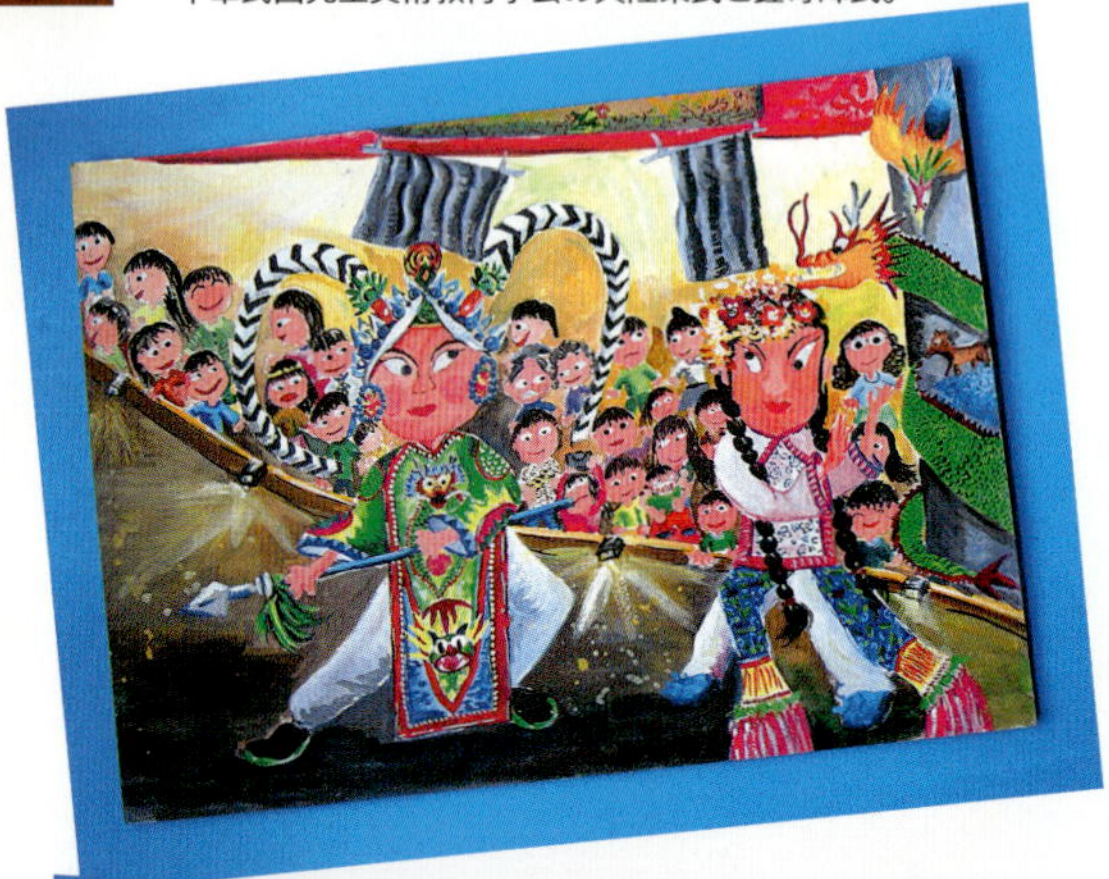

「傳統文化と美」陳弘諭（九歳）

奇古堂で沈甫翰さんよりECO茶のもてなしを受ける。

「斑馬盪秋千」楊凱翔（六歳）

台湾の〝じゅぴあ世代歌人〟との楽しい交流会では、まもなくやってくる春節（旧正月、台湾では最も重要な祭日）の珍しい話や、短歌の世界に引き込まれた話などで盛り上がりました。九十歳の林美《リンメイ》さんはイヤリングがお洒落。八十四歳の高阿香《ガオ・アーシャン》さんに歌文集『心の支柱』を頂戴し、「あとがき」には、俳句、短歌、川柳などの文化は日本の「置きみやげ」とあり、短歌をつくり続けることを生き甲斐にしていますと、それぞれ語られました。

日本―台湾 児童画交流展の実現

夫は絵画で参加しましたが、中華民国児童美術教育学会の理事長・呉隆栄《ウー・ロンロン》氏や秘書長の鍾奇峰《ジョン・チーフォン》氏との意見交換会の場で、六月に宮崎県立美術館で台湾の児童画と宮崎・現代っ子センターの絵画の交換展が決まりました。二月にはさっそく台湾側からの訪問があり、作品五十点を持参され、現代っ子センターの子どもたちとも交流がありました。さらに十月には、台湾国立芸術教育館で現代っ子センターと台湾の児童との交流展が実現します。

奇古堂の台湾ECO茶

奇古堂の沈甫翰《シェン・フーハン》さんが一行を台湾ECO茶に招待してくださいました。沈

宮崎からの参加者と孔子廟にて。

台湾国立現代美術館にあるオブジェ

台湾の釈迦頭を
ついに食べにけり
クリームチーズのような食感

日本では見たことのない果物、釈迦頭《しゃかとう》を食べて一首。

台湾では鳳梨酥(パイナップル)を使ったお菓子がポピュラーです。

中華航空 宮崎＝台北便

木曜日	宮崎発18:15→台北着19:15 台北発14:00→宮崎着17:05
日曜日	宮崎発17:10→台北着18:10 台北発13:00→宮崎着16:00

平成22年6月1日現在

トッピングが楽しい「紅豆湯圓」(ぜんざい)

食べごたえのあるエビの蒸し物

さんはすばらしい日本語で、「一、体に優しい　二、煎れ方が簡潔　三、家計を脅かさない　四、地球に優しい」とECO茶のことを話しながら、一人分0.5gの茶葉をオリジナルの茶壺に入れて湯を注ぎます。しばらく待って茶海に移し、さらに茶海から杯のような聞香杯に注ぎ、まず臭いを嗅ぎいよいよ私たちがいただきます。

　このお茶の味わい方は初めての経験でした。沈さんは、「台湾ではお茶のある生活が家族間の絆を築き、癒しと安らぎ、寛ぎ、ゆとりの時間と空間を与えてくれます」と結ばれました。

古さと新しさが同居する台湾

　台湾といっても、ほとんど台北中心の訪問でしたが、古さと新しさが綯《な》い交ぜになったような街でした。交流した台湾の人たちからは、積極的なものを感じました。とても魅力的で生活感があり、いたるところに再開発が見られます。また、ホテルの裏通りに一歩入ると、屋台や市場、食堂など、どこか懐かしい店も並んでいます。過去と未来が同居し、多様な文化が溶け合った活気のある街でした。

甑島原産の鹿の子百合

長目の浜と湖沼群（なまこ池、見池、鍬崎《かざき》池）

現代っ子の子どもたちと集合写真をパチリ

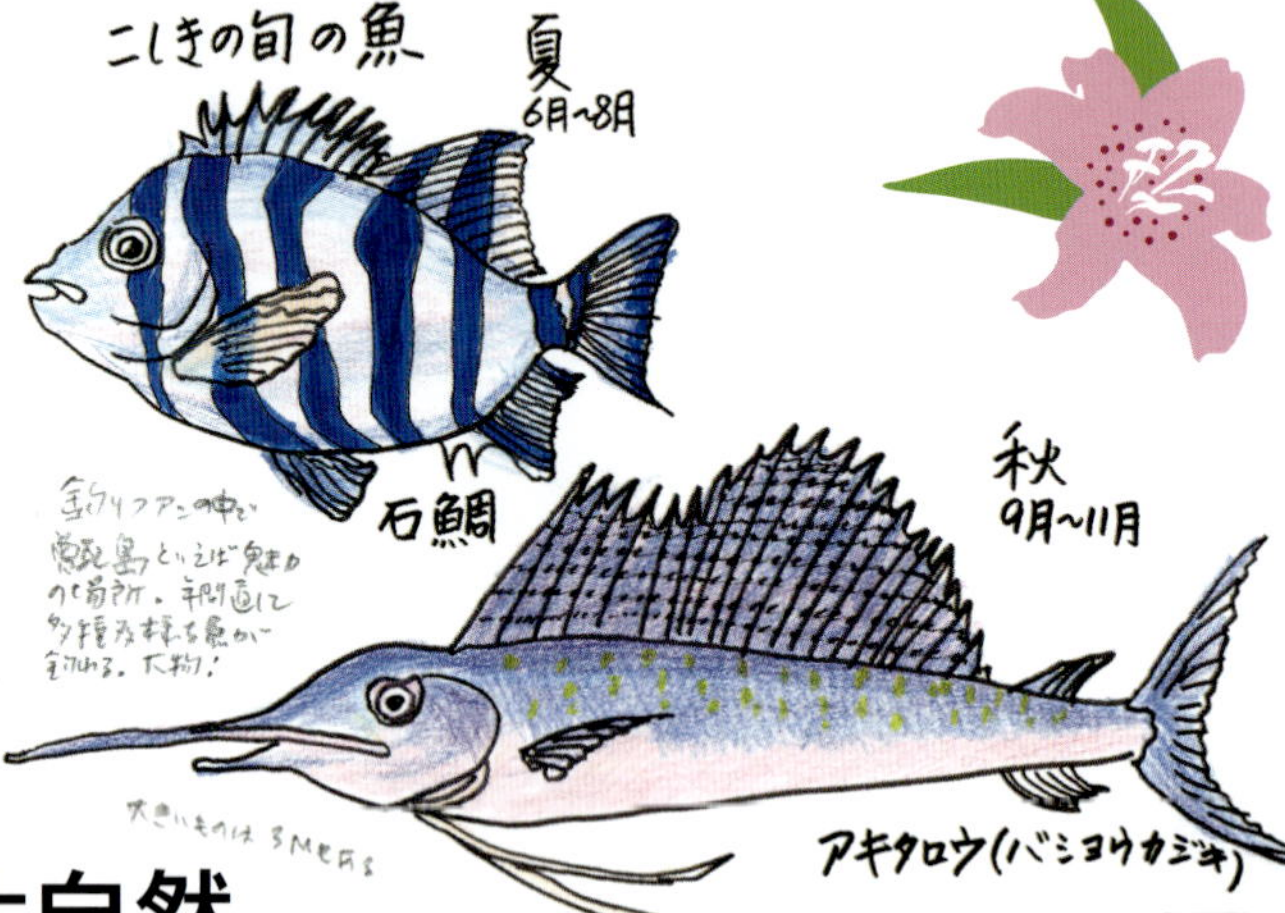

遊び相手は大自然

満喫！ 甑島《こしきじま》リゾート

今年8月。現代っ子センターの子どもたちのサマースクールに同行したじゅぴあ特派員の藤野まり子さん。2泊3日、旅の行き先は鹿児島県薩摩川内市の「甑島」。美しい入り江に囲まれた島で、海や自然を満喫しました。子どもだけでなく大人も楽しめるリゾート地・甑島。藤野さんの「島遊び」の報告です。

リポーター **藤野 まり子**さん

写真協力
・薩摩川内市観光協会
甑島案内所 平嶺純子
・現代っ子センター

ゆるりとした時間が流れる島

甑島は鹿児島県薩摩川内町の西方、東シナ海にあります。北から「上甑島」「中甑島」「下甑島」の三島が連なり、テレビの天気予報では、鹿児島県の左側に離れ小島のように見えます。

まさに島時間とも言うべき、ゆったりとした時間が流れ、鹿の子百合や合歓の花といった季節の花々も美しく、キビナゴをはじめ、水イカやイサキなど、見渡す限りの大海原からの海の幸を楽しめます。ホテルでは釣りセットを貸し出してくれるので、すぐ目の前で釣りも楽しめます。そんな島の魅力にひかれて三回目となる島遊びへ。

トンボロの里町

今回も滞在先は里町。里町は、甑島の北、上甑島にあり陸繋砂洲《りくけいさす》の里です。

「トンボロ」とはイタリア語で陸繋砂洲のこと。上甑島では親しみをこめて、この地形を「トンボロ」と呼んでいます。トンボロとは陸地とそれに近い島とをつなぐ砂洲。上甑島の里町の

甑島

アクセス
串木野新港→里港
フェリー70分、高速船50分
[運賃]
フェリー2000円（子ども半額）
高速船3610円（子ども半額）
[問合わせ]
甑島商船株式会社
☎0996-32-6458

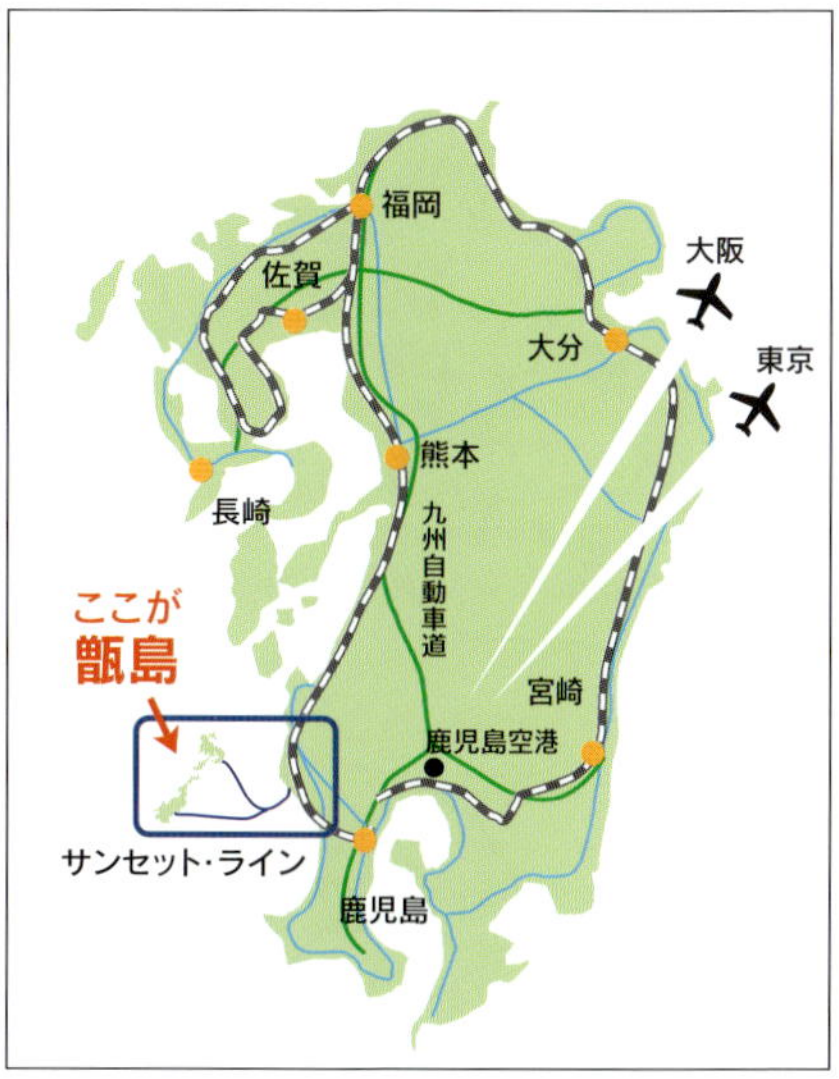

上甑島と中甑島を結ぶ大明神橋は全長420メートル

フェリーニューこしきには70分乗船

海の幸づくしの夕食。網で焼いて味わうと美味しさも倍増！　1泊2食9800円ほど。

その日の新鮮な食材がもられたかご

トンボロは、台風と北西季節風が海底の砂や小石などを海水で押し上げて、水面上にあらわれたもの。島と島とをつなぐ細長い地形で標高の低いのが特徴です。南北に一五〇〇メートル、最大幅一〇〇〇メートル、最小幅二五〇メートル、海抜二三〇センチ、里町の集落はこの地形の上に広がっています。ちなみに和歌山県の潮岬や神奈川県の江ノ島、北海道の函館もこの地形です。

鹿の子百合

甑島を原産地とする鹿の子百合。昔、飢饉から島民の生命を救ったと言われ、全島に群生しています。球根は十月頃に出回ります。夏場は、合歓の花、ハイビスカス、ブーゲンビリア、一日花のカンゾウの黄色い花などが見頃でした。上甑島から中甑島へは鹿の子百合ロードが美しく、これはシルバー人材センターや地元の人々との努力ということでした。

キビナゴと魚

甑島の財産と言われる里町のキビナゴ。獲れたてを即プロトン凍結し、新鮮な状態のままで全国に送られていきます。

甑島館では、毎日、活きのいい獲れたてのキビナゴが食事のメインです。

キビナゴの刺し網漁は、夜中に出漁し、灯りに集まって来るキビナゴを獲る
島の宝であるキビナゴを守っていくために編み目の大きさを決め、休漁日や、漁期操業時間など、ルールを守って島の漁師が一丸となって取り組んでいます。
キビナゴが増えたぞ

ホテルで毎朝食べていたカマスの干もの。

白い建物は宿泊した甑島館。フェリーを降りて徒歩1分。

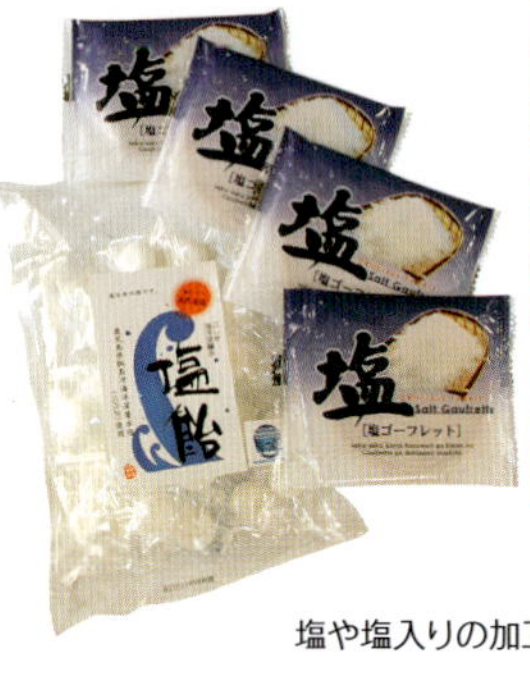

塩や塩入りの加工品、つばき油も特産

釣り上げたカサゴ!

釣人
河内理雅
(小3)

夕食時は、その日の食材のトビタカジーやタカジーなどのミナ貝、カンパチ、マグロ、カワハギ、イカ、サツマエビ、赤エビといった甑島近海獲れの幸を、刺身やアオサ入りのしゃぶしゃぶ、キビナゴの網焼きとして味わいました。

魚と言えば、ホテルの前の海岸で釣りを楽しんだ子どもたち。手で掬《すく》い獲れそうにアジやイカが泳いでいました。釣るのはなかなか難しそうでしたが、立派なカサゴを釣った子も。宮崎までは持ち帰れないので、写真だけ撮って、海へ放ちました。

また里港から水中展望船「きんしゅう」に乗船し、神秘的な珊瑚の群生やスズメダイ、チョウチョウ魚など熱帯魚を手に取れるように間近で見ることができました。また、いくつもの小島のかげの海面にクジラやイルカの群れも見られて大よろこびでした。

見事なナポレオン岩

中甑港から観光遊覧船「かのこ」に乗って下甑島までクルージングに行きました。細長い下甑島の海は、鹿島断崖と呼ばれるダイナミックな奇岩群が続いています。海底まで太陽の光が届き、網目模様の海の中を熱帯魚のような魚が泳いでいます。その奇石群の中でもナポレオン岩は、横から見ると本当にナポレオンに似ていて見事。下甑

島の河岸に打ち寄せられた丸い石を積み上げた玉石垣の町並みと鹿の子百合

上甑県民自然レクリエーション村ではバーベキューを楽しんだ

きんしゅう号から
海の中を観察

迫力の
ナポレオン岩

薩摩川内市観光協会甑島案内所　☎0996-23-5111
http://www.city.satsumasenndai.lg.jp
甑島館　☎09969-3-2121

薩摩川内市営バス上甑バス事業所　☎09969-2-0619
薩摩川内市営バス下甑バス事業所　☎09969-7-0311
水中展望船「きんしゅう」☎0996-7-0481

島は「おふくろさんの歌碑」があり、テレビドラマ「Dr.コトー診療所」や映画「釣り場バカ日誌」のロケ地でもあります。

あっ！赤い星

ペルセウス座流星群が近い八月九日の夜。長目の浜の観測所の丘の上に寝っころがって、星空を仰ぎました。まるでプラネタリウムの中にいるよう。ひときわ大きな赤い星が速く動いていました。あの星は何と言う星だろう？と思っていると、さらにもう一つの赤い星が流れていく。案内人の島のお兄さんに聞くと、〝人工衛星〟とのこと。「二つ見た！」「一つだった」「一つも見なかった」。子どもたちともども珍しい体験となりました。

当初は三泊四日の滞在で、甑島特産の塩を作る体験なども行う予定でしたが、あいにくの台風の接近で一日早く帰路へ。甑島は体験プログラムも充実しています。

おいしい食べ物、豊かな自然、心をリフレッシュさせる旅、じゅぴあ読者の方もいかがですか？

丘の上に寝っころがって
仰向けに星座眺めて
星となる子ら
まりこ

リポーター 藤野 まり子さん

思い出「じゅぴあ食堂」

テレビや雑誌で今ほどグルメが定番になっている時代はありません。昭和の貴重な「食」の思い出あれこれ、大切な何かを、じゅぴあの歌壇・詩壇・柳壇の選者の先生方にお願いし短文を書いていただきました。イラストは現代っ子センターの藤野忠利さん。また、思い出の食を実際に食べにも出かけました。

マラソン・うどん

杉谷昭人（日本文芸家協会会員）

宮崎大宮高校の冬の行事「全校マラソン」で、私の指定席はいつもビリから十番内であった。男子は十キロを走る。六十年昔のことだ。

スタートして五分。江平の曲がり角で、うどん屋に入る。一ツ葉を回り、住吉の角に出てきたところで、またうどん屋に入る。どうせ順位は分かっている。わるい友達もついていたが、そいつは東大に一発で合格した。

江平の方は「大盛うどん」、今も繁昌している。住吉の方はもうない。

リポーターも味わいました

甘辛いしょうゆ色の濃い目のつゆ。「真っ黒いつゆ」と言えば、この大盛りうどんを思い出す人も多いことでしょう。うどんにつゆの色が染みているのが、とても懐かしい感じ。天ぷら、かまぼこ、ねぎのツブツブ。昔のトッピングもこうだったのかしら。いりこのだしも良く出ていました。

買い食いは青春の味

伊藤一彦（現代歌人協会会員）

食べものに淡白なのか、たいして食べものの思い出はない。小学生の時に初めて食べたソフトクリームはおいしかった。中学生の時は学校の近くにあるカリントウ工場に下校時に友だちと寄って、買い食いをしたのがなつかしい。高校生の時は部活動*が遅くなると焼芋や回天焼を誰かが仕入れてきて、ワイワイ言いながら空腹を満たした。昭和二十年代後半から三十年代中ごろの話である。

＊宮崎大宮高校新聞部

リポーターも味わいました

子どもの頃の一番のあこがれだったソフトクリーム。「白水舎」にて久しぶりに食べました。一番街の中の「蜂楽饅頭」の回天焼は一つ90円になっていました。かりんとうは川南産を食べました。新燃岳の降灰の影響でさつまいもはあまり穫れなかったそうです。

父母の飫肥天

間瀬田紋章（番傘川柳本社幹事同人）

私の出身地は日南市の飫肥。魚屋の二男として生まれた。好物は飫肥天。魚のすり身に豆腐、調味料を混ぜ合わせ、木の葉の形にして天ぷら鍋に落とす。子どもながらも毎日、母の手さばきに職人の技を見ていた。父は油津港に揚がった魚を仕入れ、捌《さば》いて石臼ですり身にする。二人三脚の気のあった仕事ぶりで楽しそうであった。「今日の味はどんげね」と最初に揚げる天ぷらは、ウィンナーソーセージくらいの大きさにしていつも食べさせられた。

リポーターも味わいました

お菓子でもなく、おかずともちょっと違う不思議な食べもの「飫肥天」。なぜ木の葉の形なのか、これもめずらしい。関西などからのお客さんをもてなす時は飫肥まで出向く。あの甘味と豆腐のやわらかい食感。今日もおもわず笑顔がこぼれました。

ご褒美うどん

芥川 仁（写真家）

小学校6年生の時だ。自習ノートに書き込み、翌朝、先生に検印を受ける。クラス全員が競争した。夕食後、猛烈に勉強。私の家は、現在のニシタチ辺りにあった光マーケットと呼ばれるバラック長屋だった。小学生にすれば深夜、母から声が掛かる。「うどん食べに行こか」。中央通りにあった「ばか盛食堂」で素うどんを食べさせてもらう。ご褒美だ。飲み屋の姐さんが客引きをしている様子を見ながら、母とうどん屋へ通う少年時代だった。

リポーターより

過去のその頃の面影を、ほとんど留めていない今のニシタチ。イラストも想像でしか描けない。味わうことのできない「ばか盛食堂」のうどんは何味だったのだろう。夕ぐれになるとどこからか現れる夜のお姐さんたちは今も健在のようです。町の中に暗がりがなくなったこの頃、どこか懐かしい、精神の落ち着くような薄暗い空間であっただろうニシタチ。

思い出「じゅぴあ食堂」その②

じゅぴあ特派員リポート

前回、好評だった思い出「じゅぴあ食堂」の第2弾！誰もがきっと持っている思い出の味。懐かしくて、ちょっと切ない、でもやっぱり心がほんわかとなる“あの人のあの味”。ユニークで楽しいイラストは、今回も現代っ子センターの藤野忠利さんによる力作です。

リポーター 藤野 まり子さん

冷や汁と青春

渡辺綱纜《つなとも》（宮崎県芸術文化協会会長）

私の少年時代（旧制宮中）は戦時下で、学徒動員に明け暮れた。うれしかったのは農家の応援。作業が終わると、銀色の白米のゴハンが出る。腹いっぱい喰える。世の中で米ほどうまいものはない。その時の冷や汁の味も忘れられない。日向灘のアジを焼いて、味噌といっしょにスリバチでこねる。鉢を逆さにして炭火で焼いて、冷たい井戸水をゴボゴボ注ぐ。キュウリを切って浮かす。貝杓子ですくって、熱いメシにかける。

こらあ、うめえ！　んだ、まこち、たまらん。

リポーターも味わいました

宮崎観光ホテルの「汐彩」に冷や汁を食べに行きました。イラストは、渡辺さんのレシピを再現したもの。汐彩では、豆腐やキュウリの薄切りなどは小鉢で出され、食べる時にくずしたり、混ぜたりして、白飯にかける。みょうがや青じそなどの千切りやゴマをたっぷり加えると、また風味があって美味しいです。今は使っていないという貝杓子も出していただきました。

父の瓜漬

神尾久美子（俳人協会名誉会員）

もう絶対に楽しむことのできない「父の瓜漬け」。父の丹精込めた畑から先ず30本あまりを採って帰り、私たち子ども5人がタテ二つに割りにして、中の種子の部分を匙《さじ》でくり抜く。それらを半日あまり、隣家との境の杉垣の上に並べて干した。酒粕は父の親友の酒店のもの。子どもごころにも、わが家の奈良漬けは天下一品だと、誰彼に自慢していた。あの頃からもう80年あまりが経つのに、担任の三木先生の「ウマイ！」とよろこぶ笑顔を今でも懐かしく思い出す。

リポーターも味わいました

奈良漬けは、我が家ではお歳暮にいただくものでした。先日、ボンベルタ橘地下の漬物屋で買った奈良漬けは、酒粕が濃厚で見事な赤茶色。歯ざわりもよく、ご飯が何杯でも進む。幼い頃、母が奈良漬けのお酒に酔わないようにと、細かく刻んで混ぜご飯にしてくれたのを思い出して作ってみました。

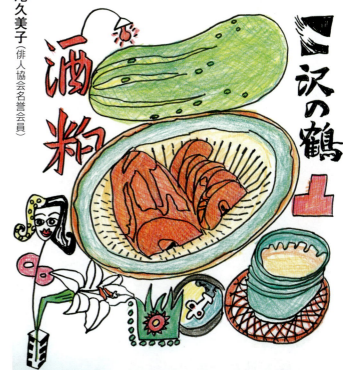

じゅひあ
特派員リポート

津波を経験した人の話

リポーター
藤野 まり子さん

「くじけるな気仙沼展」とその応援絵画を描いた宮崎の子たち

大震災アングル

スケッチで届ける被災地

昨年11月、「東日本復興応援プロジェクトfrom銀座」の開かれていた銀座TSビルの一階では、毎日曜日、気仙沼の漁師さんによるカツオの振る舞いがなされ、2階では「くじけるな気仙沼」と題した現代っ子センター応援の絵画展が行われました。

また、現代っ子センターの藤野忠利主宰は絵画展に先立ち、東北へ毛布を届ける人達に誘われ、一緒に11月にバスで被災地へ。「あちこちにカメラを向けるのは、観光客のようで気持ちがためらわれました」と藤野主宰。そこで、心に残った様子をイラストに残しました。藤野主宰が行く先々で出会った人から聞いた話とともに紹介します。 (短歌・藤野まり子)

「津波や地震の時、どのように逃げたのですか?」。TSビルの気仙沼展で受付をしている気仙沼商工会議所の女性に尋ねました。「兼ねてからおじいさんが地震の際には津波が来るので、高い場所へ逃げたり、高い所へ住むのが良いと言っていました。私の家は高台に建てていたので、津波を免れました」と彼女。一方で、

五十一年前のチリ地震を経験していた人たちで、「あん時の津波は六メートルぐらいだったけれど、滅多にそんな大きい津波は来ないから大丈夫」と逃げなかった人たちは、津波の犠牲になったとも聞きました。かつて津波を経験した人の言葉にも、二通りの考え方があることを知りました。

何事もなかったような日常生活の宮崎から被災地へ足を運んだ藤野主宰。陸前高田では、キャンプサイトの仮設住宅に住む婦人会の熊谷眞美子さんに出会いました。「私たちは頑張るだけ頑張ってきました。消えてしまった家、親兄弟もみんな流され、八か月経った今でも涙が出ます」と熊谷さんは話されました。聞く側も、思わず涙が溢れました。根こそぎ流された所は、戦後の焼け野原のようで、本当に何もあり

民宿の上に釜石市の観光船打ち上がり

船も農地も奪った激浪(岩泉)

集落壊滅 大槌町(岩手)
山のように積み重なったがれき

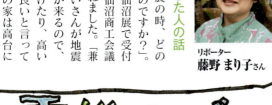

気仙沼弁は津波に呑まれ福島弁は放射能まみれの東北の春

ませんでした。新聞やテレビで見たり、知り得たりすることと、実際にその場に行って見るのは大違いでした。

希望の一本松

奇跡的に無事で話題となった一本松も実際に見ることができました。津波前の陸前高田の高田松原には二キロにわたり、七万本もの松林があったそうです。地元の人々は、「ど根性松」や「希望の一本松」など、力の出る呼び名で称えてきました。ところがその後、十二月中旬のニュースで、根元が塩害によって枯れ始めたことを知りました。枯死の状態で保存するらしく、八か月の希望をありがとうという思いです。

今回、何枚もの瓦礫《がれき》のイラストを描いた藤野主宰。高台に逃げなかった人や平地に住んでいた人は、船も農地も、そして日常生活もすべてを巨大な津波にのみ込まれたのです。おびただしい量の瓦礫や車、看板などを目の当たりにし、呆然とするばかりでした。通行不能となった国道、林道は今後、山側へ移動されるという話も耳にしました。また、陸前高田では、海の近くの市民球場が一面、湖になっていました。冠水した球場にはナイターのための照明塔が映り、瓦礫が浮かんでいました。全くの湖状態で、海水がなかなか引かないということでした。

とんび啼く五月の朝のけたたまし早く逃げよ逃げよと聞こゆ

大津波にたえた「希望の一本松」（高田松原）

礼儀正しい日本人

子どもたちが地域を励ます看板を手作りし、流されなかった防波堤に取り付けていたのも印象に残っています。いまでも公民館や体育館で暮らす人たちは不安な表情を浮かべていました。仮設住宅に移った人たちの地域とのつながりやコミュニティケアの問題も気になりました。

「家は建てられるのか」「仕事はあるのか」との不安に加えて、原発の問題もあり、避難生活は懸命の日々でした。しかし、暴動が起きるわけでもなく、礼儀正しい日本人に世界中から驚嘆と尊厳の声が湧き上がったことを、東北を訪れ、改めて誇りに感じました。

気仙沼のがれきの山に咲くクロッカス祈りの色の黄の色かかぐ

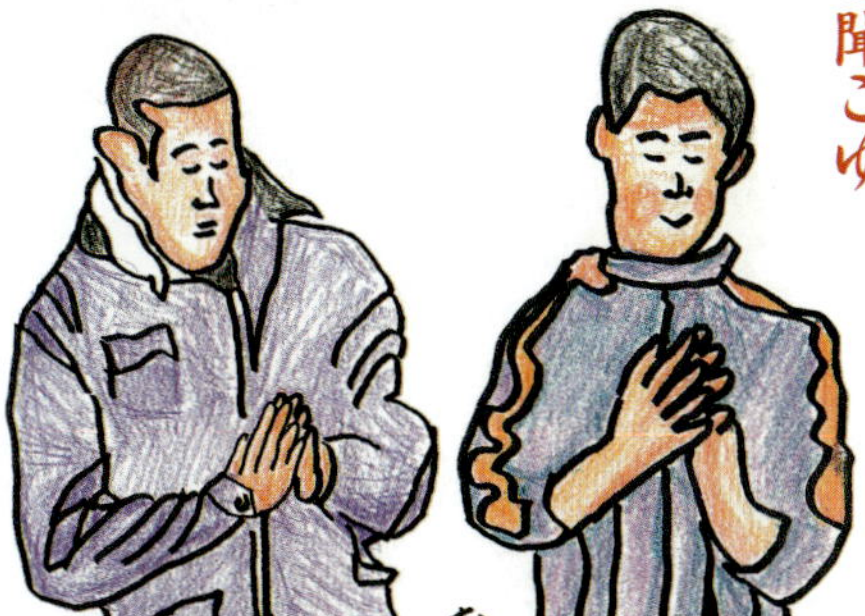

黙とうのサイレンの響く中、山田町の渡沢さんと次男力斗君は手を合わす。

お母さんと兄の廣くんは行方不明

復興への歩み 三陸町のこどもたち

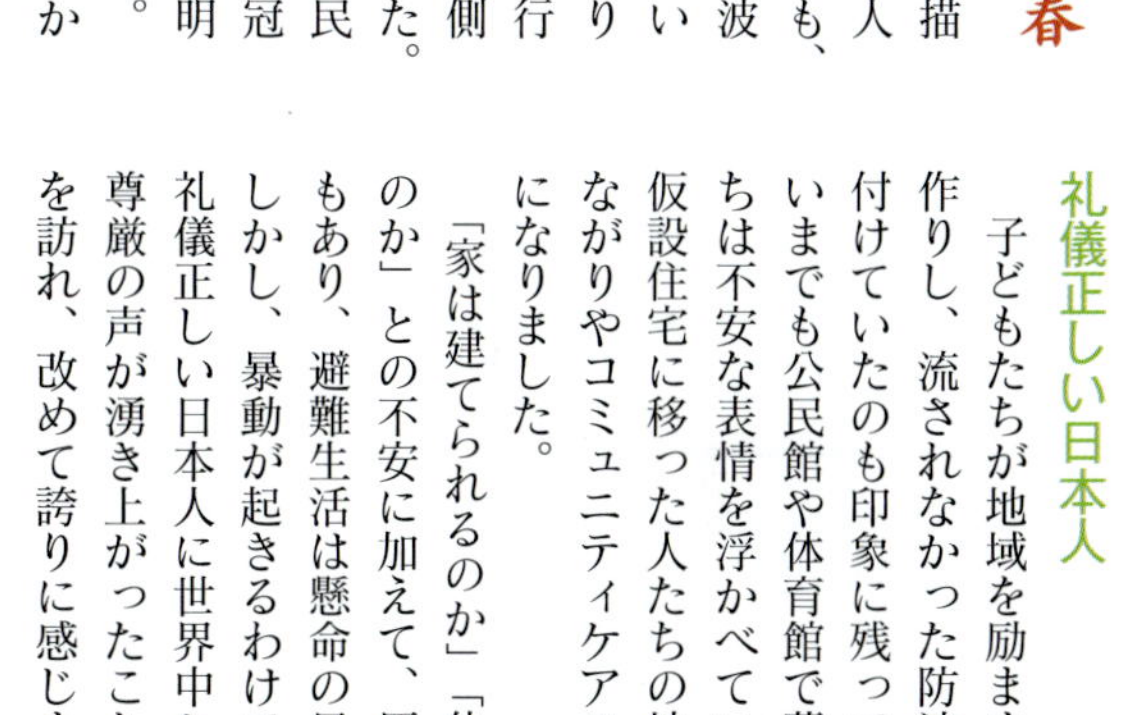

津波で水没した海の近くの野球場（陸前高田）

パツ・タイ・ホーカイ（幅巾春雨の焼きそば風）。
うす焼き卵で包んだ最高級。

ベーンチャシリ公園の王様の像

ナイトクルーズのタイ舞踊の踊り子さん

宿泊先のザ・インペリアル・クイーンズパークホテル

じゅぴあ特派員リポート

サワディカー ほほえみの国タイへ

リポーター
藤野
まり子さん

宮崎空港発着のアシアナ航空はシニア料金を設けています。その料金を利用して特派員の藤野まり子さんはタイ王国を訪ねました。夫であり、今回の写真担当の忠利さんとのんびりとしたホテルライフを中心に楽しむ旅です。宮崎空港で預けた忠利さんの折り畳み自転車も無事にスワンナプーム空港に到着していました。

まるでひとつの街 ザ・インペリアル・クイーンズパークホテル

シリキット現王妃の還暦を祝して造られた「ベーンチャシリ公園」の隣の「ザ・インペリアル・クイーンズパークホテル」に六泊して、ホテルライフを楽しみました（一泊一食五一〇〇円）。

初日は夜中の二時頃ホテルに到着。ロビーにも人が溢れ、眠らない街かと思いました。フロントで受付を済ませると、ゴールドカードが渡されました。これ一枚で現金は用いずにホテルに滞在できます。このカードがないとエレベーターも動きません。八つのレストラン、二つのプール、スパや宝石店、ブティック、民芸品店などがあります。白く美しい花のプルメリアは、ホテル内にもたくさん飾られていました。

朝食はインペリアルクラブラウンジでエグゼクティブゲストの待遇でした。十一時から十七時まではリフレッシュメントタイム。ケーキやチョコレート、パン、ソフトドリンク各種が味わえます。十八時から二十時まではカクテルビュッフェとなり、カクテル、ワイン、ビール、ジュースがお替わり自由。サンドウィッチなどの軽食、マンゴー、パパイヤ、スイカなどのフルーツも付いていています。これらが滞在中、すべて無料で利用できました。

ホテル内のライトーンロイヤルタイ料理にガイドブック持参で通い、掲載されている写真の料理

ホテルのベルボーイと藤野忠利さん。
忠利さんは宮崎より自身の自転車を持参。街中を散策した。

屋台風景

ホテルの庭の緑

歴代の王たちが避暑のための別荘として使ったバンパイン宮殿

アユタヤ遺跡。白い線が昨年の浸水の跡

カラフルな門の前で。

ほほえみて誰もかれもサワディカー
プルメリア咲くタイの王国

を作ってもらうのです。毎日通っていたので、メニューの単語が少しわかるようになりました。チョークという砕米と卵、千切りショウガを煮込んだおかゆが珍しかったです。

アロママッサージで至福のひととき

ホテルの九階にあるインペリアル・スパでは、マッサージやネイルなどが受けられ、美容室もあります。

入店後、用紙に体の調子などを書き込み、アロママッサージを受けました。四種類のアロマオイルの中から落ち着きや心の平穏を呼び戻すメディテーションアロマを選びました。ベッドにうつむけになると、丸い穴の開いた枕から見えたのは、たくさんのバラの花びらが浮いたボール。それだけで気持ちが軽くなりました。背中にオイルを塗られ、首筋、背中、腕、腰、ふくらはぎ、足裏とマッサージが進むにつれ、いつの間にか眠っていました。

「気持ちがいいですか」と日本語で話し掛けられ、びっくりして起きました。終わるとシャワーを浴び、熱いハーブティーを飲んで、しばらく体を休め、くつろぎます。九十分コースで約四〇〇〇円。至福のひとときを味わいました。

白く可憐なプルメリアの花

スパの入口の花

ホテルを出て観光にも

バンコクの北にある世界遺産のアユタヤ遺跡を訪ねました（六時間コース約五千円、クルーズでの昼食ビュッフェ付）。徳川家康の時代に貿易で栄え、日本人一五〇〇人がこの町に住んでいたといわれます。昨年の洪水で、遺跡に浸水した跡が白く残っていました。

チャオプラヤー川を上流へ向かうグランドパール・ディナークルーズにも参加。二階建ての豪華船でバンド演奏付きのにぎやかな船です。食事はビュッフェスタイルで、ここでもフルーツがいっぱい。飫肥天に似た料理も食べました。剣劇やタイ舞踊、そして川岸のライトアップされた寺院、ハープのようなラーマ八世橋など存分に楽しみました（四時間コース約五千円）。

タイはどこに行っても王宮と寺院、そしてバイクと日本車の国でもありました。おはよう、こんにちは、ありがとうを意味する「サワディカー」が気に入り、すぐに覚えました。レストランで、フロントで、ロビーで、街中で、誰とでも手を合わせて祈るように「サワディカー」。とてもやさしい気持ちになりました。

スパの入口のデコレーション

ホテル9階にあるプール。
朝7時から泳ぐ人の姿が見えた。

狭い道をバイクが抜ける市場風景

市場に並ぶ鮮やかな唐辛子

アンコール・ワット

アンコール航空

アンコール・ワットのデヴァター

歴史と近代化の狭間、カンボジアを行く

じゅぴあ特派員リポート

藤野まり子さん。後ろはメコン川

北にラオス、東にベトナム、西にタイと国境を接するインドシナ半島のカンボジア。1953年、フランスから独立を果たし、ベトナム戦争、ポル・ポト政権の支配を経て、平和になった今日、ホテルやショッピングセンターなどの開発が進んでいます。そのカンボジアへ夫婦で足を運んだ特派員の藤野まり子さんのリポートです。

ハンディキャッププレートで車椅子リレー

出発の日、宮崎空港で杖をついていたら、職員に「ハンディキャップですね」と言われ、ハンディキャッププレートと車椅子が出てきました。出国も搭乗も最優先となり、乗り継ぎのための韓国・仁川《インチョン》空港に着くと、飛行機のドアが開いた所に車椅子と係員の出迎えがあり、車椅子からゴーカートへ。

出発までの間、21ドルで利用できる乗り継ぎ者専用のトランジェッターサロンでは無料で食事ができました。出発の30分前にはまた係員が迎えに来て、深夜便となる機内へも一番先に入ることができ、ビジネスクラスへ案内されました。到着したシエムリアップは夜風が心地よく、空港の赤い屋根と緑の樹々がおとぎの国のよう。ここでも車椅子の係員は親切に、夫が持参した機内便の折畳み自転車を受け取ったり、タクシーに乗せてくれたり。車椅子でも旅ができるのだと安心しました。

トンレサップ湖の可愛らしい水上教会。雨季で6mも水位が上がっていた。

トンレサップ湖の水上生活の様子。お墓もあり、豚や鶏の飼育も

念願のアンコール・ワットへ

今回の旅のハイライトは、なんといっても、憧れのアンコール・ワット。約600年に渡り、インドシナ半島で隆盛を極めたアンコール王朝の巨大な遺跡です。

料金所で1日チケットの入場券（20ドル）を買い、アンコール・ワット入口へ向かい参道を進みます。道中は木々が生い茂り、野生の猿がいっぱい。参道の終りでチケットの確認があり、いよいよ中へ。ヘビの体とコブラの首を持つ蛇神・ナーガ像が出迎えます。

映画の撮影場所にも使われたタ・プ

首から提げるハンディキャッププレート

メコンに落つるカンボジアの大き夕日 河の赤さはそのせいだろう

ロームは、鬱蒼《うっそう》とした密林に覆われ真昼でも薄暗く、荒れ果てた遺跡にスポアンの木（ガジュマル）がタコの足のように絡みつき、締め付けていました。別名キラー・ツリーというのもうなずけます。エコーが響く祠堂があり、私も胸を軽く叩き、エコーを聞きました。また、目を閉じて祈りを捧げる清楚なデヴァター（女神）や、木の股からのぞくデヴァターなど、いつも見張られている感じがしました。

遺跡に絡まり、締め付けるガジュマルの根

ガジュマルの根

遺跡内の至る所に大きなガジュマルが根を伸ばし、遺跡に絡みつく様は血管のようであり、蛇に見えたりもしました。

「ひろしまハウス」へ出前絵画教室

２００６年に完成した「ひろしまハウス」は、広島市の市民団体の要請を受け、建築家・石山修武氏が我が家の現代っ子ミュージアムと同時進行で作った建物。首都・プノンペン最大の仏教寺院であるウナローム寺の西門側にあり、近所の子どもたちがやってくる寺子屋のような場所です。図書室や宿泊施設も備えます。以前、百万人以上の死者を出したといわれるポル・ポト政権による多くの孤児が、ウナローム寺院の境内で暮らしていたそうです。かつて原爆により、同じく多くの孤児が出た広島の人々の募金で「ひろしまハウス」を建てたのです。

後方の赤い屋根がひろしまハウス

ひろしまハウスでの絵画教室

ホテルのロビーにあったハスの花

今回、急きょ、このハウスにて、現代っ子ミュージアム主宰である夫が2日間の絵画教室を開催し、子どもたちと触れあうことができました。しかし、画材が不足しており、紙やえんぴつ、クレヨンもわずか。帰国したら、文房具を送ってあげようと思いました。

少年の托鉢僧と持参の折畳み自転車

歴史と近代化の狭間で

8泊10日にわたるカンボジア滞在では、観光地はもちろん、日々面白い発見や感動の連続でした。

食べ物はフランス領の名残りでパンが多く、なかでもバゲットやシナモンロールが気に入りました。茹でる際に野菜や肉などを選べるヌードル（麺）、朝食のワッフルやクレープも美味しかったです。

マッサージを担当してくれた女性は6人目を妊娠中で、長女は23歳。カンボジアでは最低4人は生むのが一般的だそうです。小さい子どもが靴みがきで働いてもいました。

世界に誇る遺跡が現存する一方、宿泊したホテルの隣にはイオンのショッピングセンターが建設中というカンボジアの現状に、高度成長期の日本が頭をよぎりました。

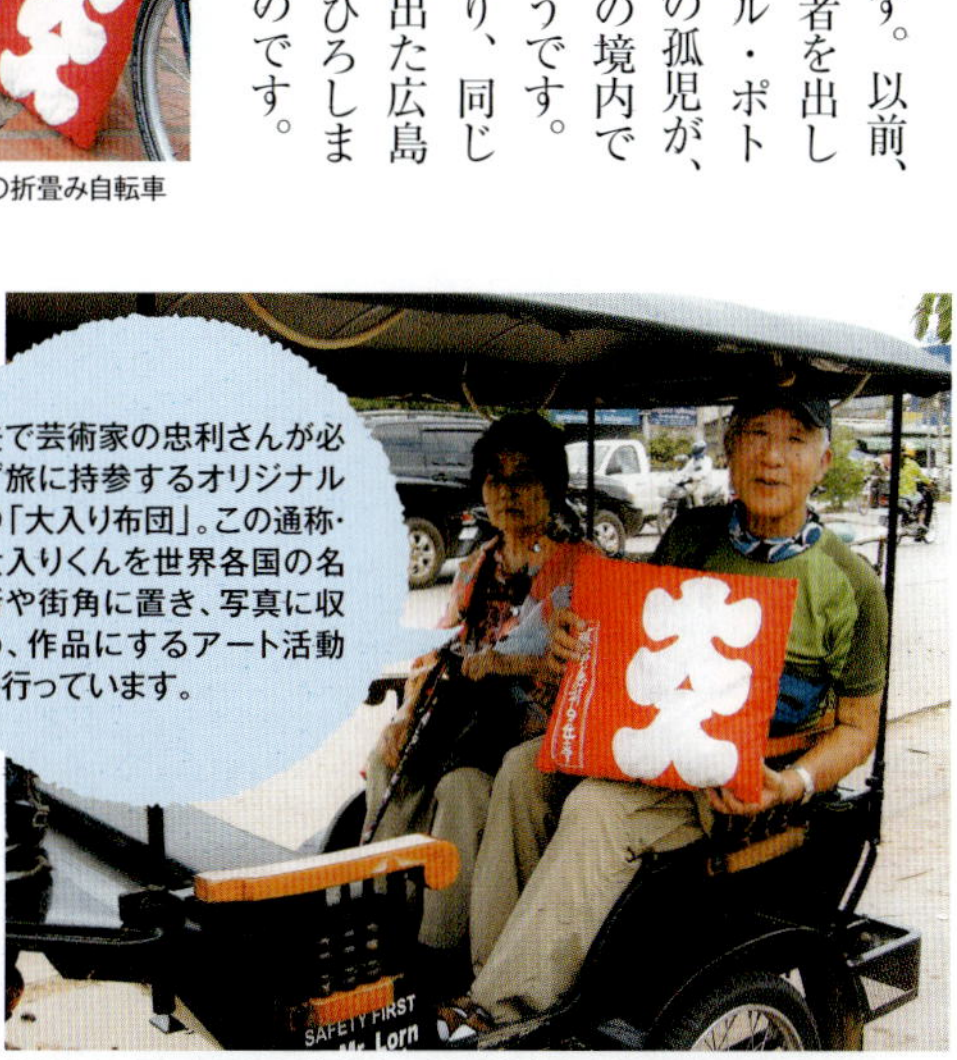
夫で芸術家の忠利さんが必ず旅に持参するオリジナルの「大入り布団」。この通称・大入りくんを世界各国の名所や街角に置き、写真に収め、作品にするアート活動を行っています。

乗り物・トゥクトゥクで市内を観光する藤野さん夫妻。料金は2人で5ドル

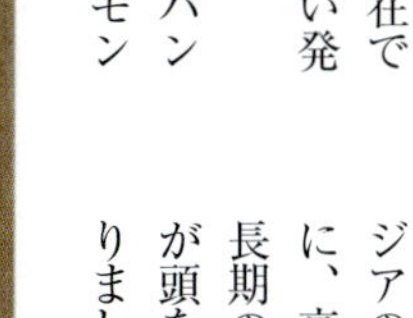
アンコール・ワットのナーガ像

絆

照葉樹林が茂る綾渓谷（右）と142mの高さにある照葉大吊橋。歩行者専用の吊り橋としては日本で2番目の高さを誇る。人が歩く吊り橋としては世界で一番早かった（左）

じゅぴあ特派員リポート

綾・水物語
―二組の移住者に訊く―

昨年7月、国内では32年ぶりとなる国連教育・科学・文化機関（ユネスコ）の生物圏保存地域（エコパーク）に登録された綾町の照葉樹林。エコパークは自然と人の共生が目的です。この綾町に東京と鹿児島から移り住んだ二組の夫婦を訪ねました。キーワードは“清らかな空気、きれいな水と美しい川、そして照葉樹林”です。

リポーター
藤野まり子さん
綾町役場隣りの「手づくりほんものセンター」にて

パン工房 綾を営む小川渉さん

ナイルの源流を探しに

1969年、早稲田大学探検部の探検隊は、アフリカのルワンダに、ナイルの源流を探しに行ったそうです。現在、綾町でパンの製造販売に携わる小川渉さんは、当時の探検隊の中心メンバーでした。ルワンダのニュングェフォレスト（国立公園）の熱帯雲霧林（照葉樹林）の一角に、ナイルの究極の水源が秘められており、森の面積は綾照葉樹林の50倍ほどはあると小川さんは話します。早稲田隊が発見した新たな支流の水源が、ルワンダ政府公認の水源と同じなのか……。昨年夏、小川さんは朝日新聞の取材班に同行して43年ぶりにナイルの源流を確認しに現地へ。訪れた場所には、確かにルワンダ政府公認の木の看板がありましたが、小川さんは「私たちの探した場所は、ここから6㎞離れている」と声を上げたそうです。「ここの水は、分水嶺を挟んでコンゴ川に流れ、大西洋へ。私たちの見つけた最初の水源はビクトリア湖に注いでいる。ビクトリア湖から流れた川がナイル川である」。取材に訪ねた12月6日、「明日、上京してルワンダの大使館へ行きます。地図を作り、どちらが正しいのかはっきりしてもらいます」と話されました。

取材中に花が満開だったそば畑

立ち寄り綾の味
式部屋敷

肉のほか、ピーマンや玉ねぎ、ナスなど季節の野菜とおにぎりが付く。

自然休養センター・綾川荘に併設する茅葺き屋根の食事処「式部屋敷」では、宮崎牛の本格炭火焼肉が味わえます。一人前・2520円からで、予算や年齢に応じた内容も相談可能。県産猪や国産鶏を加えることもできます。この時期は猪鍋2520円や刺身、鮎塩焼、鶏炭火焼の付いた鍋会席3150円もおすすめ。ぶどう豚の予約も受け付けます。

綾川荘支配人・爰野《ここんの》逸男さん

予約・問合せ
自然休養村センター
綾川荘
☎0985-77-0070

ルワンダのニュングェフォレスト（国立公園）の熱帯雲霧林（照葉樹林）。面積は綾町の森の50倍（右）同じく公園内にあるキャノピーウォーク（吊り橋）（左）。右ページの上の綾町の写真と比べると、互いが非常に似ていることがわかる。

小川渉さんの奥さん・恵子さん

左よりクルミブドウパン60円、食パン300円、田舎パン500円（小300円）

パン工房　綾

その小川さんがなぜ綾町でパン屋さんを……？　理由は、17年前に出会った前綾町長・郷田實さんの存在、そしてルワンダの熱帯雲霧林に地形や雰囲気がよく似た照葉樹林があることを知ったからです。実際に綾町に足を運んだ小川さんは、思い描いた場所とそう違わなかったと言います。自然を大切にし、有機農業が盛んな綾町で、自分も食べ物に係わりたいと思ったのです。サラリーマンを辞め、パンづくりの学校に通い、45歳で綾町へＩターンします。天然酵母や昔ながらの塩田方式で作る塩を用いたオーガニックのパンは、田舎パンやクルミパン、ブドウパンなど6種類。「なんと言っても、森の清らかな空気と水がおいしさのヒミツ」と小川さんは語ります。

淵《どぶ》釣《づ》りと晩《ばん》白《ぺい》柚《ゆ》づくりの名人

鹿児島県大口市で化粧品店を営んでいた向原司さん、和枝さん夫妻も、10年ほど前に綾町に移住して来ました。「綾は川がきれいで、水もきれい」というのが理由でした。

司さんは、川の淵《どぶ》で擬似餌を使って鮎を釣る〝淵釣り〟の名人です。綾北川でおととしの夏は３００匹、昨年は一週間で１００匹釣りました。

また、晩白柚づくりの名人でもあります。取材時、一本の木に大きな実が30個も実っていました。「2月頃が食べ頃なので、その時期にまたいらっしゃい」と言われ、庭に生るおいしい温州みかんをいただきました。

向原司さん、和枝さん夫妻（左）
自慢の孫・晴菜さんが毎年作るカレンダー。友人知人に配る（右）

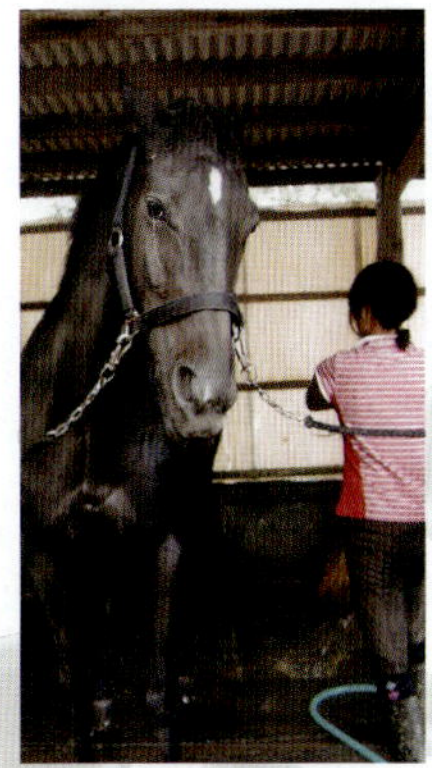

綾の名所・馬事公苑の馬

パン工房 綾　綾町上畑☎0985-77-3264
営／10：00～17：00　休／月曜、火曜日＊祝日は営業

health 生きいき アスタークラブ体験記

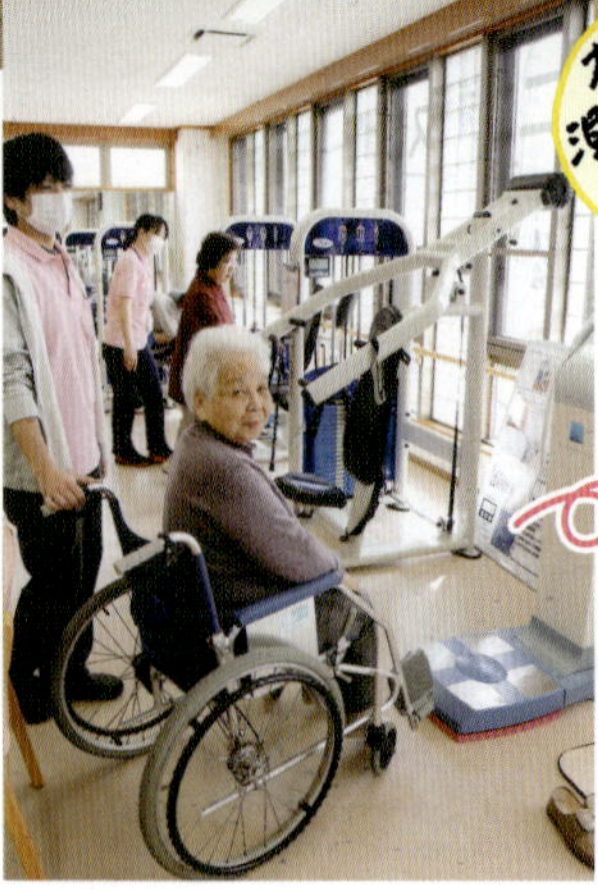

梅木さん測定器にのる

梅木博子さんは84歳！

うん!!

体組成チェック中

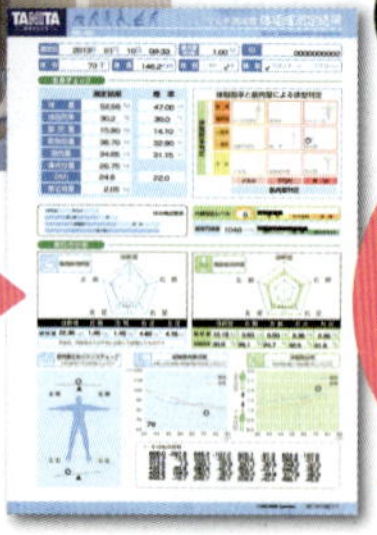

一体…

どんなゲーム器なんだ？ワン

体組成測定結果

体重だけでなく、体脂肪率・筋肉量・推定骨量・内臓脂肪・基礎代謝量など、細やかな結果が記される

右くるぶしに七センチばかりの傷のこり いまに口惜しわれのせっかち

しゅびあ特派員リポート

リポーター
藤野まり子さん

階段で転倒し、踝《くるぶし》の骨を折った特派員の藤野まり子さん。現在、リハビリを兼ねて介護予防サービスのデイサービスに通っています。今回は、「デイサービスといってもスポーツジムみたいなんですよ!」とにっこり笑う藤野さんによるリポート。誘導犬・MAXとともに案内します!

階段を踏みはずして骨折

私は、3年前の夏、自宅の階段を踏み外して転倒しました。踝《くるぶし》の骨が2本折れ、手術を行いました。その後、リハビリ転院をして、4カ月ほど入院。脚力が低下し、歩いたり走ったりする足の力がおとろえました。

友人の介護支援専門員が「その歩き方はデイサービスに通って訓練した方がいい」との助言をくれ、介護予防サービスの「アスタークラブ」へ今年1月から通うことになりました。週2回のペースで通っており、4カ月が経過したところです。

アスタークラブとは

介護予防サービス「アスタークラブ」は、介護予防を目的としたトレーニングで、基礎体力や歩行活力を強化。維持することに努めます。

毎月、月初めには体組成測定チェックを基に、メディカル介護トレーナーや、機能訓練員が利用者に合わせた運動プログラムを作成。体力に応じて、回数等を調節します。看護師、介護福祉士による相談、アドバイスも行われ

いらっしゃいませ!

WELCOM
こんちワン 今日はぼくがアスタークラブの案内します

クラブの窓にはシニアスポーツ施設の文字が

送迎車に乗る藤野まり子さん。今日のお迎えは主任さん

半日の流れ（3時間の利用）

午前	8:45→	9:00→	9:20→	9:50→	10:30→	11:00 →	11:30 →	12:00
午後	13:00→	13:15→	13:35→	14:05→	14:45→	15:15 →	15:45 →	16:15
	施設着	健康確認	ストレッチ	機械運動	入浴 *希望者のみ	マッサージ ホットパック	リラクゼーション	送り

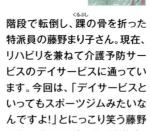

運動の
あとは…
ジャグジー風呂で
さっぱりしよう

介護士の高梨さん。「湯かげんばっちりです！」

レッグプレス
脚にボールを挟み、足裏の板を押す（プレスする）下肢を鍛える運動。熟練度に応じて板の負荷が異なる。

エルゴメーター
自転車に乗っているような感覚で有酸素運動。7分間で5.7kcalと消費カロリーが出る。

樋野《ひの》義郎さんは87歳！

ひのさんは
円周率の達人
なよ．870桁
まで書けるよ

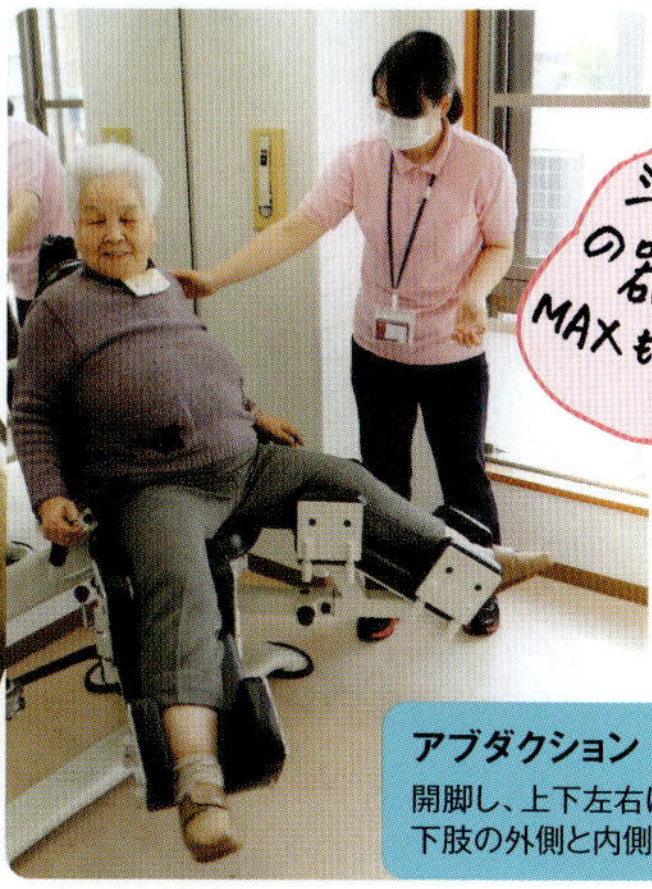

アブダクション
開脚し、上下左右に運動する。下肢の外側と内側を鍛える。

シニアスポーツ
の器械運動
MAXもしてみたい

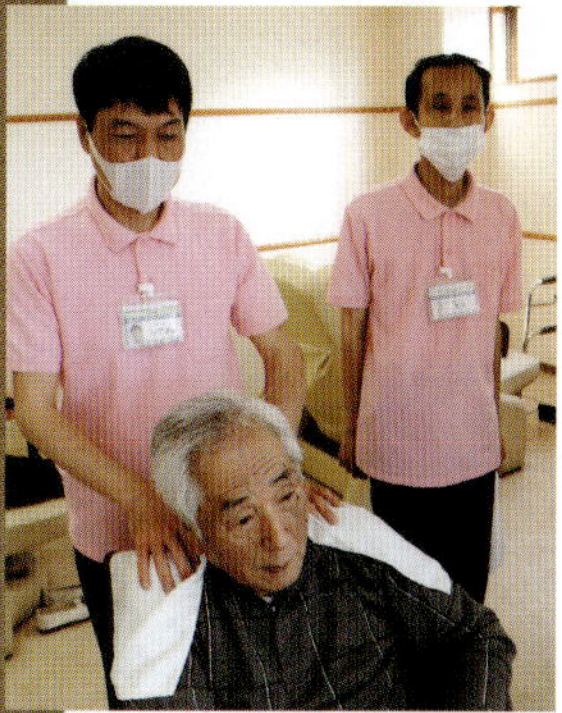

マッサージ師の森さんと永吉さん、80歳の清水義康さん

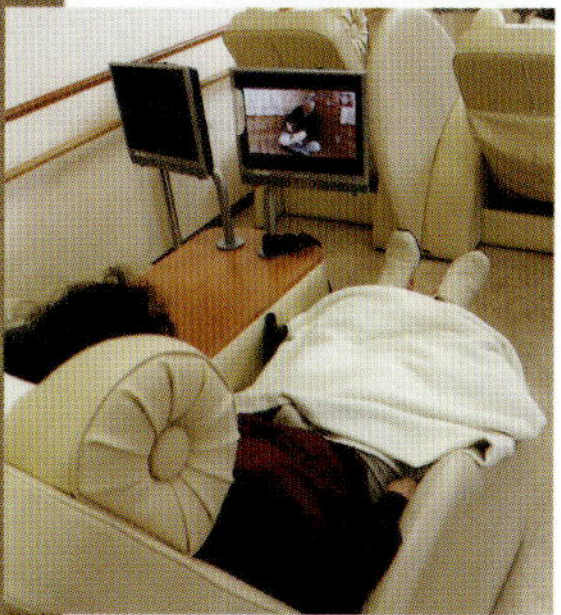

リラクゼーションルームでホットパック中

ます。

クラブの半日の流れは、血圧や脈拍、体温を調べる健康確認から始まります。毎回計測するので、自身の健康状態を知ることができ、とてもよいと思っています。血圧が高すぎたり、脈拍が早い時は、マシーンによる運動は一旦止め、しばらくして計り直しがあります。

ストレッチによる有酸素運動の後、それぞれ7種類のマシーン運動やマッサージ、ホットパック、希望者は入浴もできます。ホットパックは、代謝アップ、血管の拡張、発汗作用の促進などの効能があります。また、筋肉や靭帯《じんたい》の緊張をほぐし、鎮痛・鎮静作用を促し、温熱による殺菌作用も。

どんな人が来てるの

クラブへは60代後半から90代までの男女65名が通っています。皆、要支援1または2、要介護1または2の認定を受けた人です。腰椎症、パーキンソン症候群、脳梗塞の後遺症、大病や手術後のリハビリを兼ねた人から、介護予防を目的とする人まで、理由は65名さまざま。ひとり暮らしの人も多く、交流の場にもなっています。17、18歳まで台湾で暮らし、満州に渡り、関東軍に参加した87歳になる樋野《ひの》義郎さんは、1945年、ソ連の参戦により捕虜となりシベリアへ抑留。その後、親類のいる宮崎へやって来ました。このように、人生経験豊富な先輩方と知り合えるのも楽しみのひとつです。

要介護・要支援認定の施設、またはリハビリと聞くと、暗い感じを受ける人も少なくないと思いますが、「アスタークラブ」はまるでスポーツジムのように明るい雰囲気。自転車にも乗れない私が今、リカベントバイクやエルゴメーターが楽しいと感じています。これからも負荷をかけてのマシーントレーニングを楽しみながら頑張りたいと思います。そして、また走れることを目標に！

MAXは
東京生まれの3歳
乙女座だよ
誘導犬 ワン

デイサービス **アスタークラブ**
宮崎市丸山2-31 TEL0985-20-2170
【料金】要支援1･2、要介護1～5で設定
要支援1　2451円／月～　＊月定額
要支援2　4578円／月～　＊月定額
要介護1～　479円／回～

じゅぴあ特派員リポート

沖縄県読谷村の登り窯 陶芸家・大嶺《おおみね》實清《じっせい》の世界

今回のリポーター・藤野まり子さんの夫で現代っ子センター（宮崎市）主宰の藤野忠利さんは、沖縄県読谷村に工房を構える陶芸家・大嶺實清さんの旧友。藤野夫妻とは長年にわたって親交があります。今夏、藤野夫妻は久しぶりに大嶺さんの工房を訪ねました。

現代っ子センターに飾られる大嶺さんのシーサー

工房　壁は石灰岩

登り窯が出迎える 大嶺工房・ギャラリー囍屋《きや》

大嶺實清《おおみねじっせい》さんは現代アートからスタートした陶芸家です。沖縄県は読谷村、やちむんの里の一番奥の広大な敷地に、風格ある煉瓦造りの登り窯の工房・読谷山窯とギャラリー囍屋《きや》はあります。床や縁側には、大嶺さんの作品に加え、息子の由人さん、亜人さん、音也さんの器や花器、シーサーなどの作品が並び、その場で購入もできます。「私の根っこにあったものが仕事として伸びている。登り窯もそのひとつ。労力がいるので、今は三人の息子が中心となってやっています」。ここには、歌手の加藤登紀子さんも土を捏《こ》ねに来るそうです。

大嶺夫妻。右の皿など、作品の絵付けは妻のやす子さんの仕事

読谷より大嶺シーサー 届きたりをさまりのよい 沖縄ブルー

登り窯の煙の掃き出し口

大嶺さんと登り窯

光と影を持って生きてきた

沖縄県は太平洋戦争の激戦地となり、敗戦の結果、アメリカが施政権を行使。そんな沖縄で育った大嶺さんは、植民地が嫌で一度沖縄を出ていきます。立命館大学に進学しますが、その際パスポート持参でした。

今も、大嶺さんの暮らす読谷村には米軍基地「トリイステーション」があり、真っ赤な鳥居のゲートが二本立っています。初めて見た時には背筋が寒くなりました。豊かな自然と戦争の惨禍。光と影を持つ沖縄と大嶺さんの半生が重なります。

シーサーとは

シーサーは、ニライカナイ（海上の楽園）のはるか彼方からやってくるもの。シーサーはニライカナイの思想そのものです。大嶺さんが作るシーサーに惚れ込んだ人は数知れず。工房を訪ねた人は、必ずと言っていいほど、魔除けのシーサーを買って行きます。いくら作っても足りない現状だそうです。阪神淡路大震災後に、三宮商店街のアーケードの入口に、ブルーニライとホワイトカナイの二体のシーサーを埋めました。その上にはアクリル板が置かれいつでもこのシーサーを上から見ることができます。

「トリイステーション」の鳥居

リポーターの藤野まり子さん

早朝三時からのデッサン

「作品の原点は祈りであり、作品は祈りの痕跡である」と大嶺さん。毎朝三時に起床し、手漉《す》きのタイ紙に手づくりの草木を束ねた大筆でデッサンをします。「デッサン時のイメージが、必ずしも土を捏《こ》ねて焼き上がったものにはならない。これからも課題です」と謙虚でした。

毎日の食卓を演出する

食事処「風庵」では、大嶺さんの器で沖縄料理が味わえます。豚の尻尾の柔らか煮やソーキの炙り焼き、沖縄そば、玄米と島野菜のにぎり寿司、パンプキンぜんざいなど。大嶺さんの器は、眺めて良し、使って良しなのです。

毎日の食卓を演出することは、豊かな食の中で暮らすこと。それは人生の充実につながっていると思います。大嶺さんの作品はこれからも私の毎日を豊かにしてくれます。そして、今日も、沖縄の風に吹かれ、登り窯からは煙がたなびいていることでしょう。

大嶺さんの器を使った「風庵」での食事
①玄米と島野菜のにぎりずし
②パンプキンぜんざい
③ソーキの炙り焼きちぎりパイン添え
④シメの沖縄そば（金粉入り）
⑤ソーキそば
⑥豚の尻尾の柔らか煮

読谷山窯・ギャラリー囍屋《きや》
沖縄県読谷村字座喜味2653-1
☎098-958-2828

じゅぴあ特派員リポート

リポーター
藤野まり子さん

今から約50年前、宮崎の夕日に感動し、移り住んだ歌人がいます。浜田康敬さんです。じゅぴあ特派員の藤野まり子さんが浜田さんに会いにいきました。

夕日に魅せられて宮崎へ

大淀河畔の夕日。

浜田さんの歌集の数々。

歌人･浜田康敬さん。宮崎観光ホテル、ディアマンルージュのバーにて。

歌人 浜田康敬さんと短歌の紹介

歌人・石川啄木と同郷

昭和36年、22歳の時、歌集『成人通知』で第七回角川短歌賞を受賞した歌人・浜田康敬さん。かねがね、誰にもとらわれない自由な所へ旅をしたいと思っており、当時、大金に値する賞金2万円はすぐに宮崎までの往復切符となりました。「訪れた宮崎で見た夕映えが殊のほか美しく、その中に生活する人々の表情も鮮やかで豊かだった」と振り返ります。そして、これからの人生を夕日の美しい宮崎の地で営もうとも密かに思いました。「今でも鮮やかな夕映えを大淀川河畔から眺めることは無上のよろこびです」。

宮崎に移住して50年あまりの浜田さんの出身は北海道釧路市。この釧路市を舞台にしたエピソードがあります。明治41年1月21日21時半。歌人・石川啄木は厳冬の釧路駅頭に降り立ちました。そして百年後の同じ日、平成20年1月21日21時半、浜田さんもまた、自身の生まれ故郷である釧路駅頭に石川啄木になりきって降り立ちました。

百年前の釧路知る人誰も居らず
然れども啄木のことはみな識る
歌集『百年後』より

釧路には、百年前の釧路を知っている人はいないが、歌人・石川啄木のことはみんな知っているよという歌を浜田さんは詠んでいます。

髭を剃るために沸かせし湯の余りに
コーヒー入れてひとり飲むなり
歌集『望郷篇』より

湯上りに一杯飲めば熱き茶の
その喉越しに甘き菓子欲し
歌集『家族の肖像』より

やかんで湯を沸かし、髭を剃り、その残り湯でコーヒーを入れて飲む。まるで、一連の動作が見えるような歌です。また、湯上りに一杯と言えば、普通はビールなどを連想しますが、浜田さんの場合はお茶。歌の仲間の志垣澄幸さんが『浜田康敬歌集』の『歌人論』の中で、興味深い文章を書いています。「彼は一滴も飲めない下戸である。だから彼と会ってもコーヒーを飲むことが多い。ときたま行きつけのスタンドで飲む。そんな時は夜のふけるまで自分だけ勝手に杯を傾ける。また彼は、ジュースを飲みながらでも結構酔ったようにふるまってくれる。僕にはいつもうしろめたい思いが残るのである」と。浜田さんの人柄がよく表れているので引用させてもらいました。

「コーヒーを飲むと若い時の歌が浮かんでくるよ」と浜田さん

寺山修司との交流

若い頃の浜田さんが大きく影響を受けた人に、詩人、劇作家をはじめ、歌人、映画監督、小説家、俳優、写真家など多方面で活躍した寺山修司がいます。一時期、私生活でも個人的な交流があり、作品に加え、就職の面でも世話になりました。また、おこずかいなどを貰ったりもしていたそうです。

もうひとり、世話になった人がいます。宮崎日日新聞社前会長・宮永真弓さんです。宮永さんの紹介で、県南一帯の販売所に新聞を届ける仕事に従事しました。「新聞は休みがなく、決まった時間に取りに行き、届ける。真面目になりました(笑)」と浜田さん。ちなみに、浜田さんは現在、宮崎日日新聞の短歌欄の選者と宮日カルチャー教室の講師を務めています。

サンフランシスコは数年前よりフードトラックブーム（左）ジャパカレーのロゴ。ジャパカレーのメニューは4～5種類あり、中辛（右）

女性に人気の黒豚ソーセージカレー（8ドル）。野菜もたっぷり

定番のカツカレー（8ドル）。ポークまたはチキンから選べ、その場で揚げるのでアツアツ

サンフランシスコで大人気 長男のジャパカレー

昨年11月、浜田さん夫妻は長男・睦雄さんの住むサンフランシスコに招待されました。睦雄さんは、フードトラックで『ジャパカレー』と名付けた日本カレーライスの移動販売をしています。丸4年が経過し、今では開店と同時に列ができるほど。サンフランシスコ市内に居酒屋『R《ロ》OK《ク》U』もオープンしました。

滞在時、浜田さん夫妻が散歩から帰った際、鍵が違っているという出来事がありました。ドアの前でどうすることもできず、ウロウロしていたら、突然奥さんが「ヘルプヘルプ」と周りの人達に手を振り始めました。するとかけつけてくれた人が睦雄さんに電話をかけ、事無きを得ました。必死なら、ゼスチャーだけで通じるものだと、新しい体験になったようです。

アメリカの紙幣持たされ街に行くが
何も購わざる、欲しいものなし
現代短歌・南の会『梁83』より

自身の経験や体験を詠んできた浜田さん。宮崎の地から全国に向かって今日も詠い続けます。

得意げな表情で
春

ジャマイカの風

時間はたっぷりある　　あかいせん
鉢から取り出す　　花を見つめる　　踊り出すような

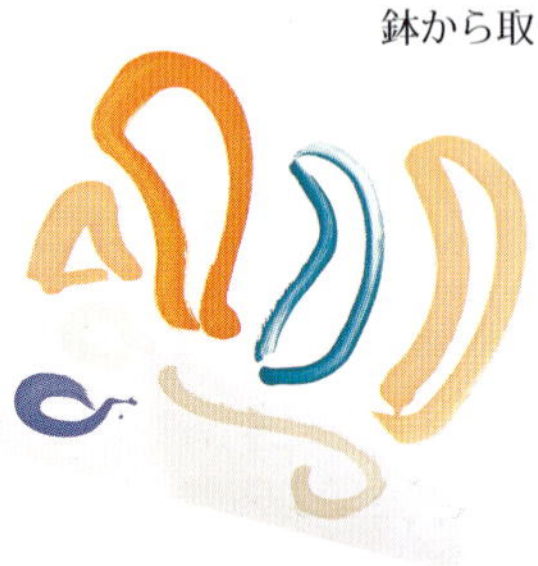

のっこん　のっこん　みどり
のっこん　のっこん　ピンク
のっこん　のっこん　オレンジ

走って
うたって
元気人
登場
日曜日の朝

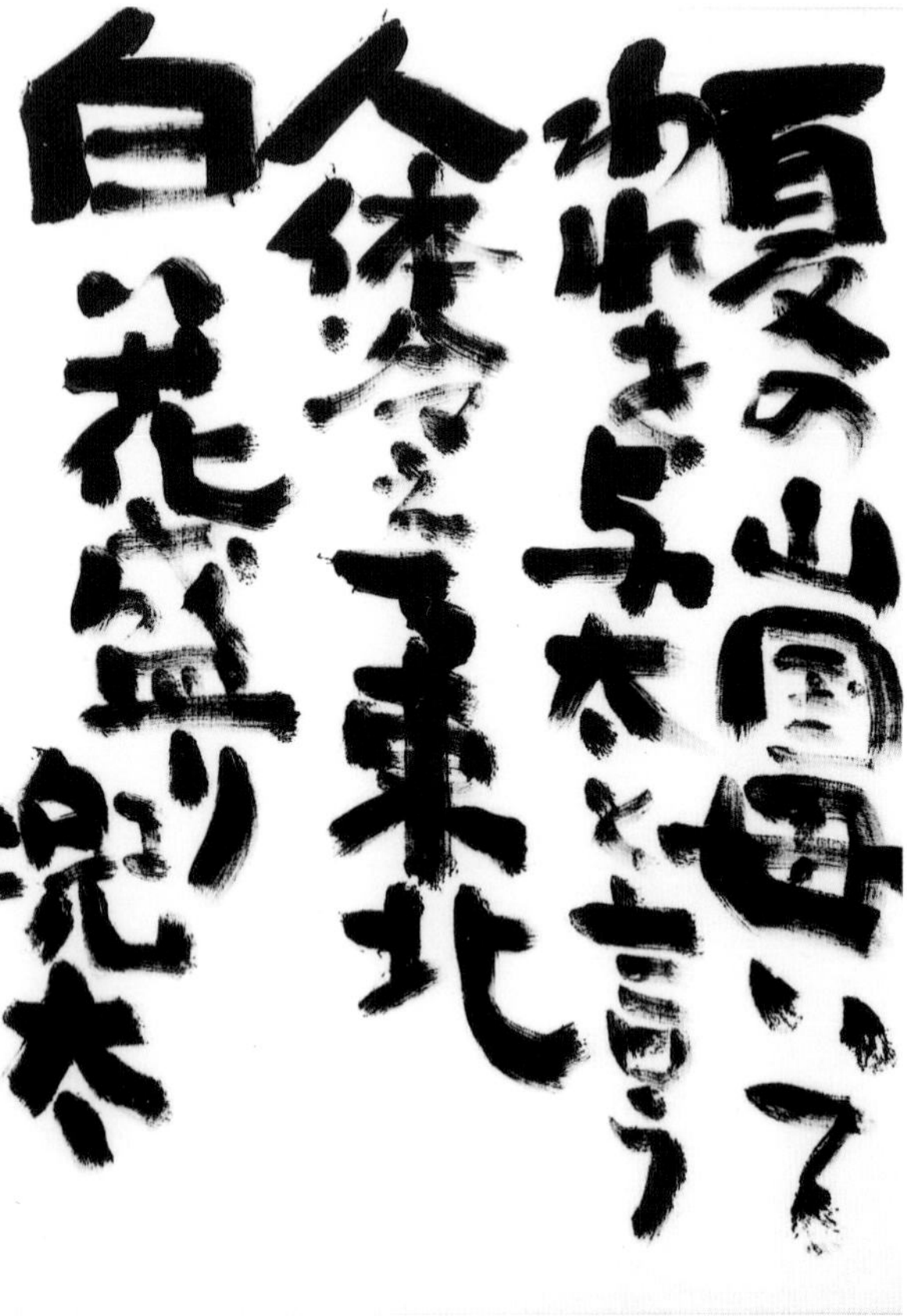

金子兜太
キャンバスに油絵具
145.5×112
2009
現代っ子ミュージアム

元気人登場

金子兜太

Touta Kaneko

現代俳句の第一人者で俳句人口を広げた立役者。
八十四歳の現在、
大らかで積極的な俳句人生を聞いた。

昨年十月、九州地区現代俳句大会の講演に来県した金子兜太さん。聴衆を前に「最短定型を語る　自然と人間　再編」というテーマで、俳句は暮らしと季節、溶け合う哀感が芭蕉から現代にも流れていると強調した。

その後、宮崎市内の現代っ子ミュージアムで屏風に力強い書を施し、城ケ崎俳人墓碑や、清武町の安井息軒生家を訪ねて回った。短い時間に精力的に歩きまわる金子さん。「難しい俳句である必要はない。五七五さえあればいい」という持論とともに、人生においても精力的な俳句の活動や生き方を送っている。

俳句への関わりは長いですね。今にして思われることはなんですか。

私の場合は、子どもの頃から父親が俳句をやっていましてね。父親を囲む俳句会があったり、書物があったりと、環境上自然に馴染んでいました。また、父が秩父音頭を今の形に作り直したりもしましたので、七七五の民謡をずっと聞いて育ちました。その両方があって自然に俳句を作り始めました、旧制高校からですね。

僕はね、俳句で自分のいいたいことをいうと非常な満足感を得るんですよ。その満足感が基本的には私を支えている。それと、俳句は大勢がやるものであるということ。俳句は現実性と大衆性を持っています。大

書は学ぶものではない、自分の個性で書くものという金子さん。現代っ子ミュージアムでは竹筆などを使い、屏風に表現していった。

「俳句は五七五があればいい」「自分の限界を知って余裕を持つことが生きる上では大切」

勢の人と接しながら作っていくといい作品ができる。その喜び、そして刺激。最近は、女性が増えてきて僕らは「女社会」と言っています㊫が。女性からもらえるオーラは一種の若返り、元気の源のひとつです。喜んで作っていながら、同時に私の健康にも役だっているということです。他のことに関してやる気はまったくない、そんな感じですかな今は。

八十四歳でいらっしゃいますが、とてもお元気。日々の生活でもいろいろ気をつかっていらっしゃるのですか。

いろいろやっているが役だっているのは、結局午前中ゆっくり寝て、夜は何もしない。仕事は午後にしかしないんです。その原則を貫いているのがいいようですね。そして無理をしないで、何でも遊び心でやることが大切。午後の仕事といっても俳句の仕事ですから、自分じゃ楽しみながらやってる。それを義務とは感じない、遊び心といっているんですね。夜には何もしないで、テレビを見て過ごす。頼まれても絶対にしない。十二時を過ぎて、まだ仕事をやっている人はバカだと思うよ㊫。やはり、一日を余裕を持って過ごすということがいいのかな。

しかし義務と遊びの考え方、区別は難しいですよね。

そう難しいよ。でもその要領を会得したことが、僕は自慢なんだ。だいたい七十代半ばくらいから、その要領を会得したと思う。それまでは、いろんな義務感や緊張感を持ったりしましたけどね、今はほとんど楽しんでやっています。どのように会得したのか。それは自分の能力、この程度であるという見極めをつけたことがひとつ。その中で自分の能力はフルに使うという要領を得た。自分の能力の限界を承知してその範囲内で遊ぶ。恥ずかしがらない、義務感を感じない、そのへんの割りきりができた。一言でいうと余裕ができたということ。

それと話をする時は、俄仕立ての話はしないことも大切。講演の機会が多いけれども、ゆっくりと頭の中で整理するんですよ。調べるものはきちんと調べる。これまでの知識もありますが、さらに話を練り上げる。それに二〜三日かけます。朝、目が醒めてから寝床の中に三十分〜一時間位居まして、その中でやるんですよ。それをやっておくと、本当に簡単なメモだけで話ができちゃうんです。それが自信や余裕になるんですよ。

今は余裕を持って時間が流れているように思えます。これまでの人生でも、転機をチャンスに変える原動力でどんどん人生を切り開いていかれたように思いますが。

僕の場合は兵隊に入った体験があって、自分の運が強いことを痛感しました。郷里の神仏の力が守ってくれていると勝手に思い込んじゃっている。なんとかなるという自信がその時代に養われたと思います。その上で、戦争のない世の中にしなくてはいけない、と勤め先でも若気の至りでいろいろやりました。結果、勤め先での状況は良くない。でも、あきらめなかった。自分のやるべきことは何かと考えると、それが僕にとって俳句につながったんです。あきらめずに前向きに生きてきたことが、自分に運を呼び込んできてるんでしょう。

それと、私は日本の古い時代から生きているので、古いものが染み付いている。だから、今のようにアメリカナイズされた状態が気に入らない。それに対して受け身にならないということなんです。そこで僕は、俳句の昔の姿を見定めようなんてことを言って、資料を調べたり考えたりしているんですよ。物事を諦めずに、絶えず前向きに考えるということが必要なんです。

自らが主宰する俳誌「海程」の会員は全国で千人を越す。そして、「一緒に俳句を楽しむという姿勢」で、日本のみならず欧米や中国でも積極的に俳句を広めてきた。そこでの俳句人口は百万人を、下らないともいわれている。

俳句人口も増えています。そしてやってみたいという人も多いようです。俳句を作る手ほどきをお願いします。

自分の生活実感で書く、感覚を大事にするというふたつでしょう。これまで俳句は理屈っぽかったんですよ。でも大切なのは、日常感覚を大事にすること。それだけでも十分新鮮ですよ。暮らしの実感を基礎に俳句を書く。難しいことはいいんですよ、五七五だけがあればいい。それが私の考え。それを教えるとみんな、よく分かって、楽になるんですね。

次の段階は、実感の中に思想をいれて俳句に書き込んでいくといい俳句ができるんですよ。俳句はこうあるべき、という規則はいらない。五七五だけが大事とわりきっていい。その中で季語を入れるかどうかなんです。実際、季語を入れた方が作りやすいですよ。日本人は季節の影響を受けているでしょ、だから季語を使えば、当然いい句が出てくる。それは当然ですよ。季語はなくてもいいが、大切にした方がいいものです。今、俳句は子どもから若い人も増えてきていますよ。五七五という流れは、子どもたちの音声にかなっているといわれます、適しているんですね。

金子さんと同世代の方もたくさんいらっしゃいます。元気になるメッセージをお願いします。

余裕を持って自分の限界を知って、積極的に生きてくださいということです。あえて、これにつけ加えるならば、俳句をお作りなさいということですね(笑)。気持ちがくつろぎますよ。表現するというのは積極的なことですから、いろんなことに役に立ちますよ。

今一度、俳句のもとの姿を見定めてみたい―。そんな思いをこれから現実のものにしていくという金子さん。
「五七五が入ってりゃいいんだよ」という金子さんの言葉に、どれだけの人が創作意欲をかきたてられたことだろう。
肩の力を抜いて日常を句に仕立てて楽しむ。意外にシンプルな考え方がベースにある。自分の考えを表現するひとつの手段としてもっと気楽に句を作ってもいいのだ、という思いがつのった。

取材＝藤本敦子
写真＝森　教子

上／宮崎市城ケ崎にある俳人墓碑を訪ね、案内板を見いる金子さん。「よく整理してありますね」と碑の間を歩き回った。
下／清武町の安井息軒生家にて。説明を熱心に聞き、島津や伊東家の歴史などにも興味深く話がおよんだ。

プロフィール
かねことうた
1919年埼玉県秩父生まれ。旧制高校の時から作句を始める。1943年に東京大学経済学部卒業後、日本銀行入行。同年から終戦まで、海軍主計中尉としてトラック島に赴任、1946年に復員、日本銀行復職。1955年に第一句集「少年」刊行、翌年現代俳句協会賞受賞。1962年に、俳誌「海程」創刊。新しい俳句の流れの原動力を作った。1974年に日本銀行退行、俳句一本の生活となる。1984年に現代俳句協会会長に就任。1987年より「朝日俳壇」の選者。日本現代詩歌文学賞、NHK放送文学賞、紫綬褒章などを受賞。2003年に句集「東国抄」「金子兜太集」で日本芸術院賞を受賞。

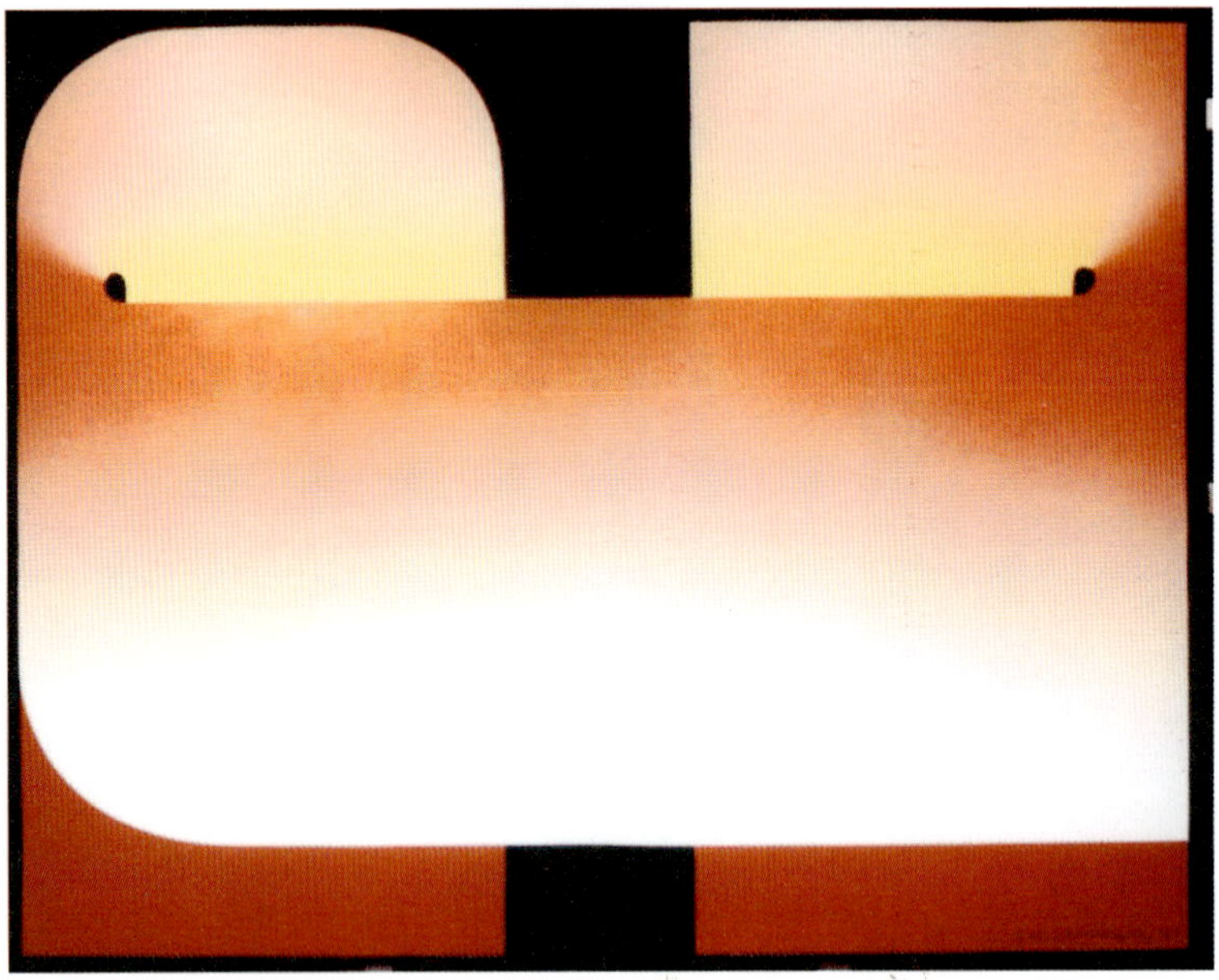

元永定正
「まるしかくしろいひかりはしたのほう」
259×194
1991
現代っ子ミュージアム

元気人登場

元永定正

Sadamasa Motonaga

“我流は一流” 煙も水も石もアートにした前衛美術家

三重県・伊賀は、伊賀忍者で有名な忍者の里。その忍者の里で生まれ育った元永定正さんは、独特な抽象画を編み出して大衆化したり、演歌が得意だったりと、その活動はまるで忍術のように捉えどころがない。一九五五年に具体美術協会に参加。アバンギャルドのリーダーとして走り続ける。日本芸術大賞、フランス政府より芸術文芸シュバリエ章、紫綬褒章などを授章。現在は成安造形大学の客員教授、朝日カルチャーなどの講師を務め、国内外での発表に加え絵本作家など、次から次へと目のまわるような八十二歳。

煙、水、石…元永さんの手にかかるとなんでもアートになるんですね。

そやね。最初は具象を描いてたんやけど、一九五三年の芦屋市展で抽象画の自由さに心奪われて抽象の世界に入った。最初どう描いていいかわからんかったけど、目に飛び込んできたのが神戸の摩耶山《まやさん》の夜景。お椀《わん》型の山のてっぺんに赤やピンクのネオンがきらきら光って、故郷伊賀の山と違って都会の山はおしゃれやなあと思った。

その光を色玉にして描いたのが僕の最初の頃の抽象画やね。この色玉のモチーフは今も描き続けていて、絵からこぼれ落ちたように本物の色の玉を床いっぱいに散りばめたこともある（〇二年西宮市大谷記念美術館・〇三年広島市現代美術館）。絵本『ころころころ』も、色玉が主人公や。

五五年には、芦屋市展で僕を推してくれた具体美術協会総師・吉原治良先生に野外展に出品しないかと誘われた。会場は芦屋浜の広大な松林。安上がりで人目を引くものはないか考えて、ビニールシートに赤い色水を入れて松の木からぶら下げた。光が透けてきれいなんや。先生は「素晴らしい！世界で初めての水の彫刻や！」とたいへんほめてくれはった。「こんなんやったらなんぼでも作れるわ〜」とうれしくなった。

この年に若手前衛グループ・具体美術協会に参加することになった。「具体」の活動は当時「あんなもんアートとちゃうでー」なんて言われたけど、「なんでも変わった面白いことをすればいい」という主旨は僕にはぴったりだった。それに何せ貧乏だったから、仲間がいればいざというときは食わしてもらえるかもと思うてね㈥。

石の塊に麦わらの切れっぱしを毛のようにくっつけたり、たばこの煙で輪っかをつくるのにヒントを得て、箱から煙のリングがとび出す装置を作ったりした。

つまり、煙が芸術になったのである。西宮美術協会の第一回会員展では、「裸の王様」と題して、何も出品しないという作品を出品し、センセーションを巻き起こした。「あれは傑作やったなあ。けしからんとか不謹慎やとか言われたけどな」。既成概念をやぶって、誰もやったことのないことをやろうという真面目な意図だった。

宮崎市・現代っ子ミュージアムにて取材(2004年12月13日)。後ろは作品「しろいひかりはしたのほう」

「夢は、映画俳優、演歌歌手、絵かき。思いつづけたら、三つとも叶ったわ」

子どもの頃から、画家を目指していたんですか。

「自分の才能で生きたい」と思っていた。なりたいものが三つあった。映画俳優、演歌歌手と絵かき。でも母親からは「そんなんあかん！」とどれも反対されたので、商業学校を十七歳で出た後はいろんな職を転々とした。

初めての仕事は機械工具店。四百キロの荷物をリヤカーで大阪から西宮へ運ぶのはえらいたいへんやった。そんなときは「僕は映画俳優で、これはつらい役柄を演じてるんだ」と思うわけ。つらいことをごまかすテクニックには長けてたなあ。

アイスクリームのセールスマンや駐留軍要員、タイガースの本拠地と知らずに読売新聞の勧誘をしたり。国鉄職員時代には構内マイクを切らずにうっかり歌を歌って左遷され、左遷された先の踏み切り番では、漫画の構想を考えていて踏み切りをしめ忘れたりしたら大変なことになると思って自ら国鉄を辞めた。子どもに絵を教えながら夜は社交ダンスを教えてたこともある。

いろいろやって自分の性分には合わず、情けない気分になったこともあるけど、「自分はすばらしい人間だ」とうぬぼれることで励ましていた。でも好きなことを続けていると、思ったとおりになっていくんやわ。

絵かきとして認められるようになってずいぶんしてからやけど、映画監督の勅使河原宏さんが声かけてくれはって、映画「利休」に長谷川等伯役で出演した。昨年十一月には演歌のリサイタルも開いたし、結局夢は三つとも叶ったわけやわ。

明日の食い扶持もなく、絵筆一本ではまだ立っていけない……辛酸をなめる思いもあっただろうが、悲惨なエピソードを聞けば聞くほどつい笑ってしまう。本人の気持ちとはよそに、聞く側は「人生なんとかなるさ」的な、なんとも能天気な気分になってしまう。そんな空気を、風貌から、語り口から、作品から発しているのが元永さんだ。

12月に宮崎市民活動支援事業の一環として行われた「もこもこ絵本フォーラム・元永ワールド」（現代っ子センター主催）では、即興のアートパフォーマンスで子どもたちとふれあった。

元永さんの描くモチーフは抽象でありながら生き物を思わせ、ユーモアと愛嬌にあふれています。詩人谷川俊太郎さんとの共作『もこもこもこ』などモダンアートを絵本の世界に取り入れた作品で、〇歳から高齢者まで人気ですね。

絵本は七〇年代からかいてはいたんや。抽象画の絵本をつくりたかったんやけど当初はどの出版社も売れないといって作ってくれなかった。

谷川さんと出会ったのは一九六六年。各種ジャンルの日米交流を目的とした団体、ジャパン・ソサエティの招きでニューヨークに一年間女房とともに住んでいたときのこと。この一年は、日本ではめったに会うことのできない他ジャンルの人たちと出会えて大きな財産となった。

谷川さんとは同じマンションに住んでいて特に仲良くしてたんやけど、日本に帰って十年くらいしてから突然、「一緒に絵本をつくらないか」と言ってきた。そうして生まれたのが『もこもこもこ』。当時は〝ヘンな絵本〟と思われたけど、いまでは四十七刷十五万部を超すロングセラーになったという。絵本をつくるときは子どものことは何も考えず、自分が面白いというものを描いた。一ページ一ページが作品や。

画集と絵本。
見る人によって解釈は
無限大の元永ワールド

奥様・中辻悦子さんもアーティストですが、芸術家同士がともに暮らすというのはどんな感じですか。

アーティストとして二人とも明るい世界を追求しているから、相性はいいわな。彼女とは西宮の美術教室で知り合い、いつの間にか一緒に暮らすようになった。彼女は阪神デパートの宣伝部に勤めていたから、絵が売れるようになるまでは彼女に食べさせてもらってたんや。ずっと画集の編集もしてもらっている。画家は子どもをもたない人が多いけど、三人の子どもに恵まれた僕らは幸せやね。

女性の感覚ちゅうのはすばらしい。女房にはえらくなってほしいねえ（中辻さんは『夜の動物園』で九九年ブラチスラバ世界絵本原画グランプリを受賞）。えらくなってくれたらヒモで暮らせるやん㊫。男は女のええとこ吸収して、後からついていったらええんや。

自らの創作活動とともに、現在は成安造形大学や朝日カルチャーセンターでアートの楽しさを伝えておられますね。夢を三つも実現させ、これからどんな夢を描いていきますか。

人に教えるっちゅうても描き方を教えるわけやない。『アートは後で』なんてしゃれみたいなことをよくいうんやけど、これが真理。自分がおもしろいもん作って、アートなんてのは後で考えたらいいんや。地球が誕生してからの四十六億年の経験が、我々人間には擦り込まれている。その経験が無限に美が生まれるゆえん、美は無限なんや。最終的に自分の世界を追求することが大切。『我流は一流』ってことや。

今年の暮れには絵と文がそれぞれ百ページずつの本を出す。これからもおもしろいこと、新しいことを求めていきたい。遊び心がなかったらおもしろくないやん。僕はスランプってないんだよね。人間、ナミがあるのが自然。かなしい日もあれば、カスみたいな作品ができるときもある。そんなときは「今日はあかんかったわあ」でおしまいや。

文＝小崎美和
写真＝本井信哉

プロフィール
もとながさだまさ

1922（大正11）年、三重県生まれ。上野商業学校を卒業後、職を転々としながら漫画家を目指す。漫画から絵画に転向し、55年より具体美術協会に参加。絵画に加え、煙、水、石をつかった作品などを次々発表。83年には日本芸術大賞を受賞、88年フランス政府より芸術文芸シュバリエ章、91年紫綬褒章を受章。詩人谷川俊太郎との共著『もこもこもこ』や、ジャズ演奏家山下洋輔との共著『もけらもけら』など、絵本作家としても活躍。2012（平成24）年没。

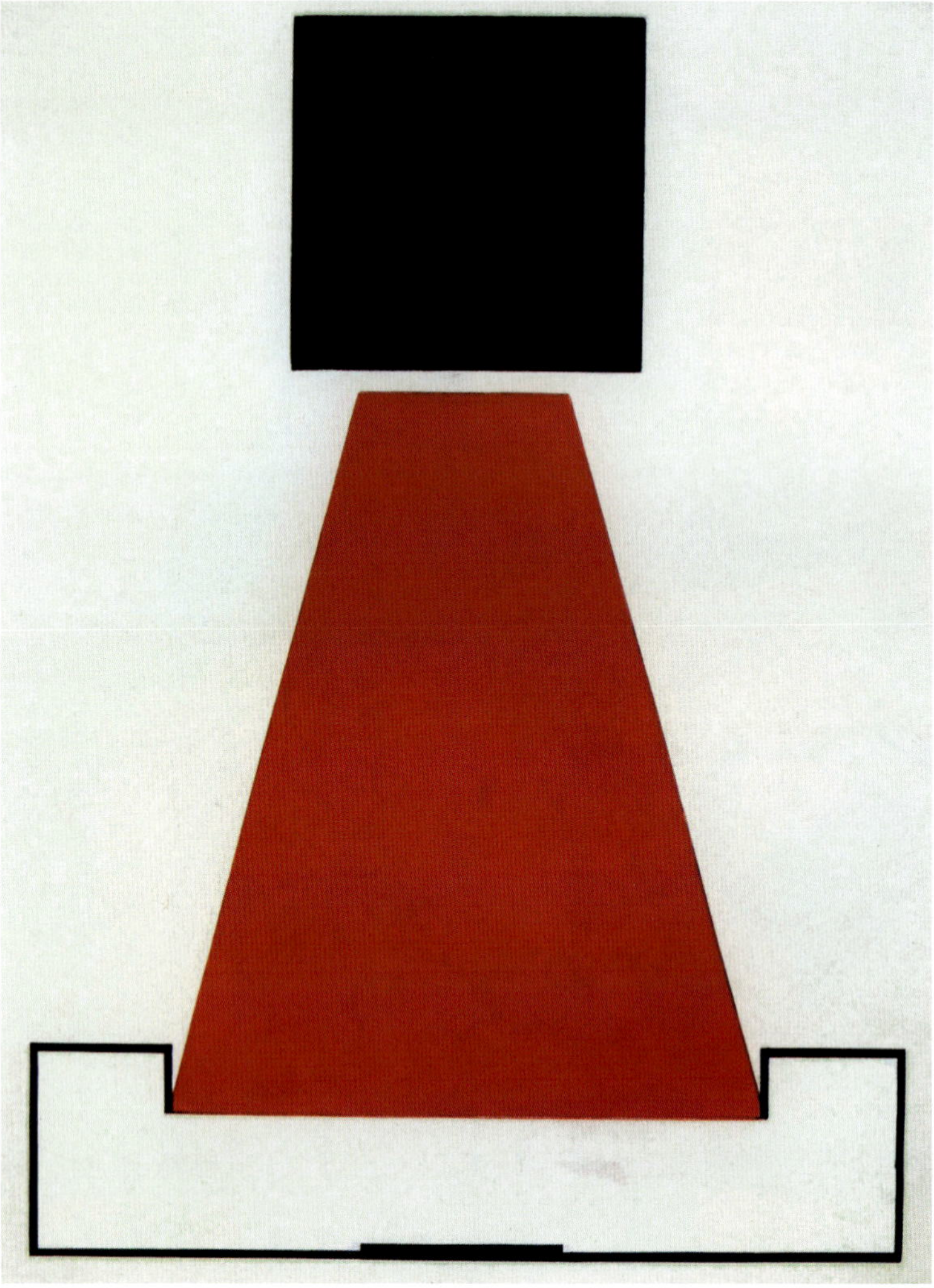

原田　宏
「Yoo」
130×97
2013
現代っ子ミュージアム

元気人登場

原田宏

Hiroshi Harada

コミューンと〈連帯〉。それは人間の生き方と芸術の基調だということが、パリにいるからかえってよく分かる。

『白のマチエルに黒の線と色彩』を追求して1969年渡仏以来、パリ在住38年。モンマルトルの旧ピカソアトリエ「洗濯舟」に構えたアトリエで、その画業は一貫して〈白のマチエルに黒の線と色彩〉である。1942（昭和17）年生まれで、60年代の激動の時代に〈青年〉を生き、70年代を前に渡仏し、パリの一画からじっと日本を見ていた日本人。その作品は哲学であり思想である。日本ではないところで、60年と70年代の日本の哲学と思想そして日本的なるものが生きている。

ようこそ宮崎に。〈バトー・ラヴォワール〉（ピカソの「洗濯舟」）の世話人のお一人でいらっしゃいますね。

そう、〈バトー・ラヴォワール〉では、各国のアーティストの方々とこれまでたくさんの交流がありましたが、日本の九州の方々がここで展覧会をされたのは1994年のことでした。初日に150人もの人が観にこられて印象が強かったです。以来、私の方から〈是非、宮崎で個展を〉と思い続けてようやく実現したような次第です。

僕自身は、パリで個展をしたいという外国の方々をお世話する立場ですが、その僕が日本で個展をするには、日本の画商の方々のお世話を受けて実現するわけです。今回は、第一回が東京・浜松で、第二回が宮崎となり、初めて宮崎に来ました。

〈バトー・ラヴォワール〉の住人の情熱

〈バトー・ラヴォワール〉についてお聞かせいただけますか。

〈Le Bateau-Lavoir〉。ピカソの若い時代のアトリエなんです。モンマルトルの丘の入り口にあって、1970年に出火してしまったんですが、同じ場所にパリ市が再築し、新しい芸術を目指す諸外国からのアーティストに開放しているんです。

ピカソはスペイン人でした。世界中のアーティストがモンマルトルの丘で作品を生んで、作品もそうですが、その事実と歴史をパリに残し、世界に飛び立ってくれればそれでいい。それがパリの財産だということなんです。中にはアトリエが23あって、彫刻・陶芸・工芸・織物・絵画など分野は違うけれども、若い頃のピカソがそうであったように、実験工房のような文化交流の接点とも拠点ともなっているところです。

アトリエは、それぞれのアーティストが自由に壁を塗ったりして自分流の表現ができる空間になっているんです。中庭のガーデンの下が地下のギャラリーになっていて、ひと月単位で展覧会が開催されています。でも、この展覧会は案内を受けた人しか観れません。原則的に〈バトー・ラヴォワール〉はアトリエですから、どなたかの案内状がないと…。

そんな中で1994年の「具体」展はすごかったです。焼酎手もちで、お点前もあり、和紙のパフォーマンスも圧巻だったんです。この「具体」との接点以来、私は宮崎に魅力を感じ続けていた。そういう意味でようやく来たなという感じもします。

〈文化交流〉の一場面。左はシーボン化粧品デザイン室を経た後、フランス、イタリア、日本で次々に作品を発表している松倉麗美氏。右は現代俳句を世界に輸出する意欲的俳人と称される福富健男氏。

日本人はパリで個展をしたいと言う。だけど原田さんは宮崎でしたいと思っていたんですね。

ピカソの時代、〈バトー・ラヴォワール〉がアーティストのコミューンであったように、今も〈バトー・ラヴォワール〉は〈連帯〉の接点なんです。世界観の違いをアートは克服できると、僕は信じています。

世界観の違いをアートは克服できると、僕は信じています。

僕は、日本に来るたびに寂しくなる。こんなに新しいものが満ちあふれている日本で、なぜこんなに殺伐とした事件ばかり起こっているのか。人々は一体どうなってしまったのかって。仲間たちとも話すんです。世界は「日本はどうなってしまったんだ」って思っていますよ。恨みをかっていることも多い。

僕がパリで感じてきた日本はもっと違う。かつて明治政府以来、列強に伸し上がっていったその内容と深さは、いまの日本人が想像する以上に存在感を持っていたと、パリに住んで改めて強く感じてきました。

世界は、日本の伝統的な精神構造に興味がある。しかし、世界が今それを必要としているということが、日本人にはわからないらしい。

日本人の持っている〈正義の論理〉に世界も同調していると思ってほしい。西欧の個人主義を生半可に取り入れるのではなく、〈自らの力によって善悪を考える〉というのは、日本の美徳ではなかったのか。そのような修練の中に〈禅〉もあり、日本人の美意識があったのではなかったのか。人々の会話のなさ、話す中身の貧しさは一体どうなっているんだと思うばかりで、残念で寂しいです。

なんだか、60年代、70年代の時代のエネルギーに接しているような、失礼ながら、過去が現代を叱咤激励しているような気もしてしまいます。

日本は世界にヒケをとってないということを忘れないでほしい。社会問題・外交問題のさまざまな側面で、「やれるはずの日本人がなぜしない」「しがらみの中でニコニコ顔の日本人」と言われています。すでに経済大国で指導的立場にあるのに、それから先の方法がわからないらしい。

元気人登場

原田氏の寂しさは時に激しい論調となる。その厳しさに60年代の日本が見える。奥は画商の原勝雄氏。

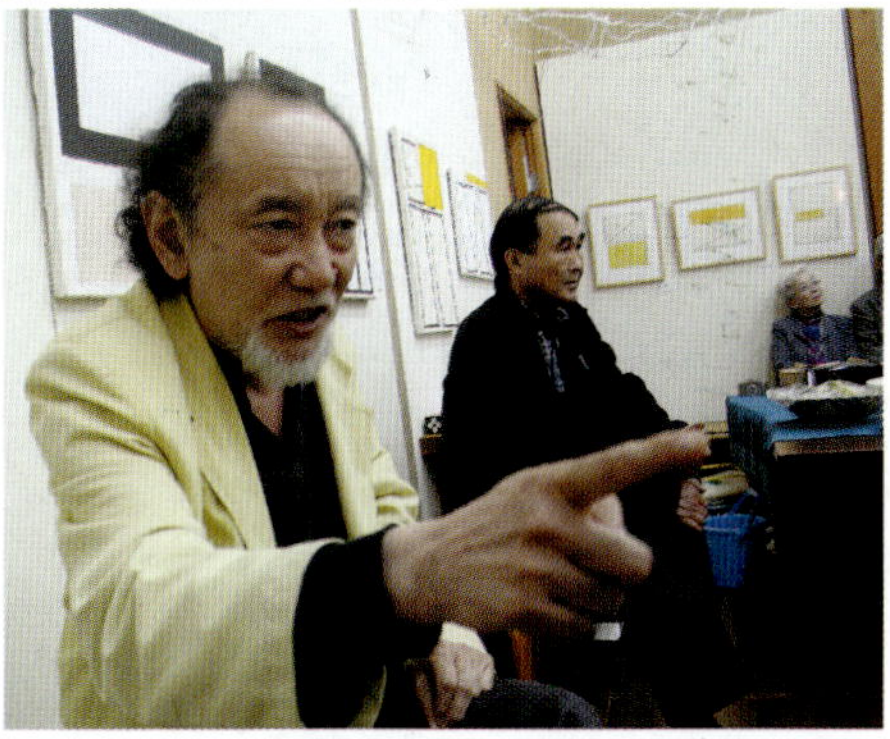

『出発』（116.6×90.0cm）

色彩も構成も基調は出発と到達の哲学。それが芸術であり人間の生き方だと僕は思ってきた。

ずいぶん手厳しくて耳が痛いです。そういう社会的課題に対する怒りといいますか、無念さといいますか、それは重要な創作姿勢なのだと考えてよろしいのでしょうか。

本来、アートとか芸術といわれる美意識は、哲学的思想が加わってはじめて芸術たりうると考えています。その意味で、芸術は生きることそのものです。

60年代の学生時代は山口長男氏に師事されていたんですね。

僕と一緒に来ている画商の原氏は中学校の頃に香月泰男氏に強烈な感化を受けてしまったんだよ。お父さんは「新しき村」に参加していた。その後ロシアの捕虜になり昭和22年に帰国したんだ。原氏は芸術の中に思想と哲学を見ている。

アーティストとして生きるとはそういうことだと僕は思っている。

先生の絵は幾何学的で、色彩も非常に少ないのですが。

色は抑えています。白と黒。基本的にこの色からのスタートだと思いますから。白と黒は、出発であり到達点であり、基調です。黄は光の象徴。赤は元気づく色あいであり、血の色です。抽象された幾何学の構成の中で〈自らの力と解釈と判断によって自らを救う〉。

生きることの意味を僕はアートの中に見出そうとしている。禅の修練と同じです。この操作が僕には向いている。

バトー・ラヴォワール
(inter-netより)

プロフィール
はらだ ひろし

1942（昭和17）年、埼玉県に生まれる。1966年武蔵野美術大学卒。その間山口長男氏に師事。3年後フランス外務省保護留学生として渡仏。以降パリに住む。1979年、モンマルトルの旧ピカソアトリエ「洗濯舟」（バトー・ラヴォワール）にアトリエを構える。1986年、個展で知り合ったボルドー市生まれのフランス人シルビィアン・マルタンと結婚。これまでに、パリのジャック・ハレール画廊、ミシェル・ヴィタル画廊などで招待出品などを経て、2000年以降は主としてパリ・日本・韓国で出品。昨年はイタリアのマリーノ・マリーニ美術館「6人の日本アーティスト展」に出品。今年5月5日から6月末日まで宮崎・現代っ子ミュージアムで「パリ在住39年の画家 原田宏展 白のマチエルに黒の線と色彩」を開催している。

聞き手・写真＝高島奈み子

Exhibition Special

「1000人のゆかいなアーティストと藤野忠利の仕事」展

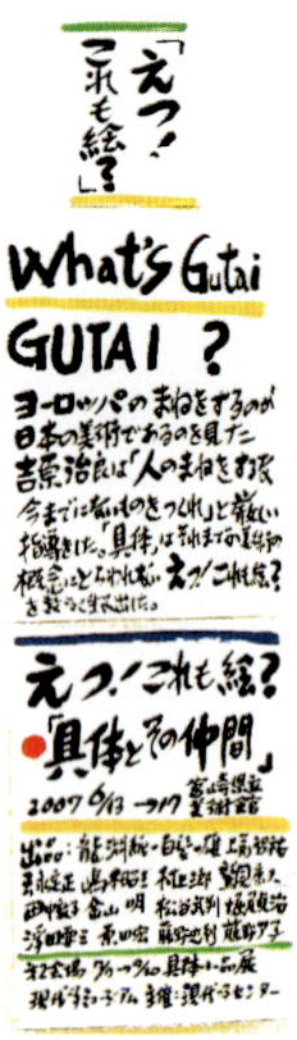

藤野忠利の仕事

「無題」

727×606mm
15枚
アクリル
2007

49歳

芸術のこと
人生のこと
現代っ子センターのこと

インタビュー 第1話

聞き手＝高島奈み子
写真＝山元ゆか 高島奈み子

現代っ子センター主宰・宮崎市在住

藤野忠利氏と語る

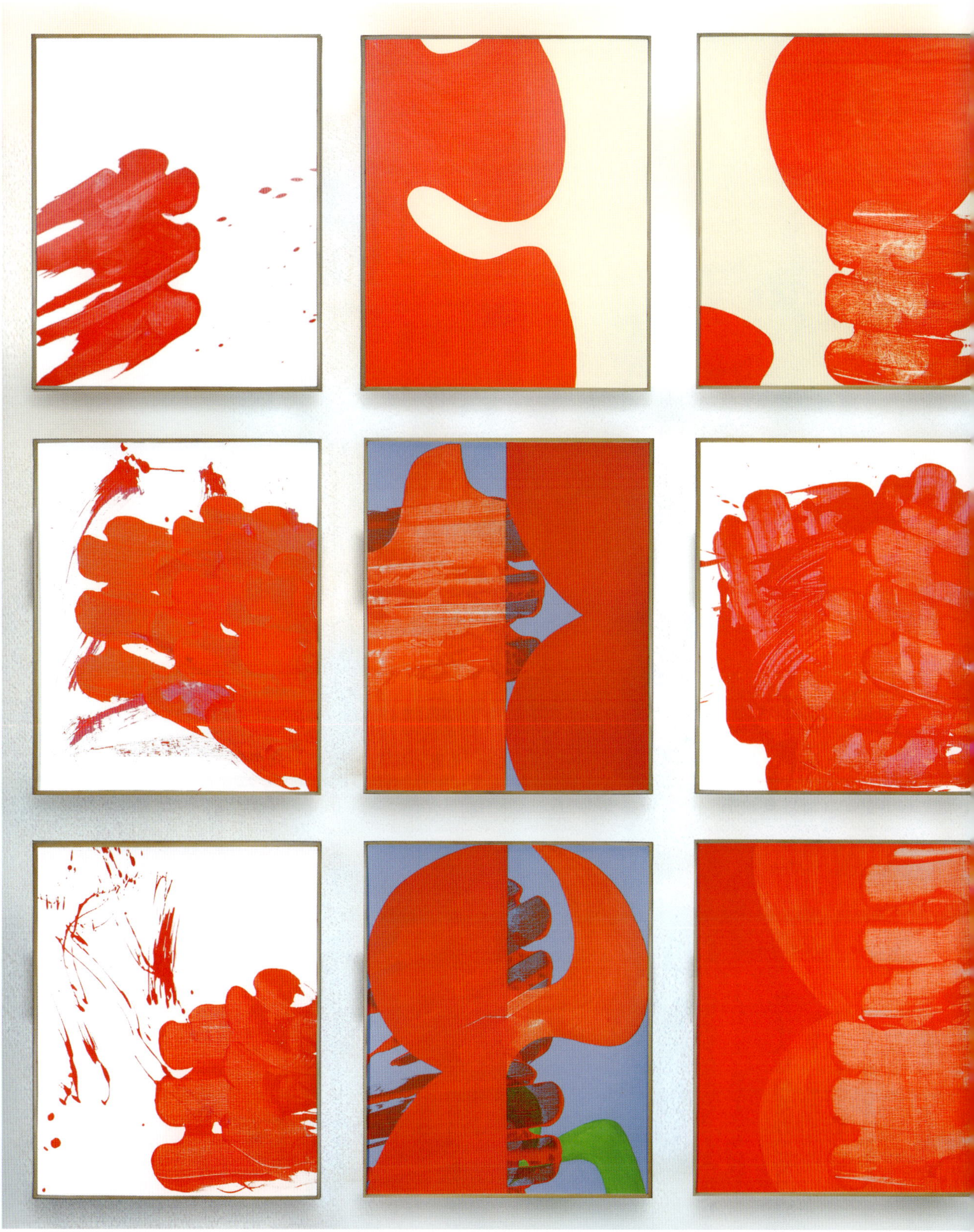

「スーパーこども絵画2007」の会場

〈大入〉を引っさげて35年。「具体」は生きる力そのものでした。子どもと大人の別も感じたことはない。時間と空間をアートしてきました。

現代っ子センターが、宮崎県立美術館で6月13日から17日に開催した『えっ! これも絵?「具体」とその仲間展』は圧巻であった。

勘亭流の〈大入〉という文字は日本人なら誰でも知っている。

その文字〈大入〉を、法被に座布団に幟にと、〈大入〉をひっさげ世界中を飛び回って35年。いまや〈大入〉は、現代っ子センター主宰の藤野忠利氏のトレードマークであることは周知の通りである。

が、その〈大入〉が「かくも芸術的主張を持っていたとは!」と筆者は衝撃を受けたのだが、それだって〈絵画とは二次元の芸術であるべき〉、あるいは〈あるはず〉という先入観念にとらわれていたと思う。

そもそも藤野氏の世界を大きく包んでいる〈具体〉とは何なのか。

かつまたその〈具体〉の理念をここまで追求してきた藤野氏の人生とは? 現代っ子センターで子ども達といつも絵を描いている藤野氏の〈大入〉の不思議な面白さをそれこそ具体的に聴いてみたい。

ギザのピラミッドの前　1000人でつくる鯉のぼり40米(1988)

これまで開催してきた展覧会はもう66回にもなるそうですが、現代っ子ミュージアムでの作品展、パリ、イタリヤ、NY、エジプト、中国、韓国などへの出品に加えてインスタレーションの仕掛け、トヨタエイブルアートなどのワークショップ、ふるさと先生の活動とお忙しい毎日です。

今回の展示で先生の〈大入〉の3×5の集合体と白髪先生の掛軸『円』の展示は評判でした。


会場の中に一つの路地を創ったんです。**路地の奥に白髪一雄先生の『円』がある。**すると物語りが生まれるんです。奥まで行った人はその前で端座したくなる。どの人もみなさん姿勢を正して正座するんです。とても日本的な禅の世界になりました。ものが空間を語る会場芸術です。

私の〈大入〉の集合は実際に描いた時間はほんの1時間で。


でもそれは先生のこれまでの〈大入〉の活動の中の1時間で、その流れの中にある〈瞬間〉の動きです。その〈大入〉の成立についてお話いただけますか。

〈アート〉はあとで縁起がいい!!(笑)

〈こんなことやったら 知っちょるが〉
〈縁起もんのことやったら 知っちょるが〉
と言って、親しんでもらいたいんです。

カット:元永定正

日本人は何をかつぐ?

縁起をかつぎます。

誰でも〈大入〉になってみたい。

「さぁいらっしゃい!!大入だよ!!」

ってやってみたい。

その縁起をアートにしてみたかった。

現代っ子ミュージアム　宮崎市松山1丁目6-20　TEL.0985-24-1367　20-3663　http://gendaikko.way-nifty.com

白髪一雄先生の掛軸『円』の展示は、「路地」の奥まったところを表現して、好評でした。
「聖なるもの」と「生活」。
その接点に芸術があると改めて感じさせられました。

掛軸・白髪一雄　大鉢・大嶺實清　第二室

〈アホ派〉を自認する
上前智祐氏(84歳)と藤野氏

カット：カベリーニ

「おめでたいやっちゃ」と言われても、あの勘亭流の〈大入〉の文字に日本人は〈生きる力〉を感じます。香港や中国、韓国へ〈大入〉の座布団を持って行ったらピッタシだったし、エジプトへ〈大入〉の旗を持って行って張ったらスフィンクスが笑ったんです。

そういう〈ケッタイな〉先生の生い立ちを少し話していただけますか。

戦時中たった1箱の「王様クレヨン」を大切に飛行機やジープの絵を描き、終戦後は駐留軍兵士からチョコレートをもらった世代です。絵は好きでした。でも自由な精神の学園大宮高校に学びながら一度も絵を描かずに、学園祭の前日学校に泊り込んで、紫団の大アーチを作りました。

〈アート〉をしたかったんですね。

そう。私に似合うと思って立命館大学に入り、すぐ美術研究部に入部したんです。美術研究部には読谷焼作陶家の大嶺實清さんが先輩格でいました。

一寸法師がお椀の舟に箸の櫂で都に行って、強い鬼をやっつけてお姫様を救うというような京の都へ一度は行ってみたいという憧れがあの時代あったんです。

足で絵を描く白髪一雄氏
(サンケイ新聞提供)

ひったまがりの連続。〈具体〉との出会い。

62年に大阪中之島のグタイピナコテカで白髪一雄先生の足で描いた絵を見てひったまがり、躍動感に腰を抜かしました。以来、先生を師と仰いで、今も訪れること年に二度三度。でも先生は現代美術の話は一度もされない。理論ではなく、制作に取りかかる前は潔斎沐浴をされる先生の生き方に教えられます。

元永定正先生は、1955年の夏、兵庫県芦屋浜の松林で開かれた「真夏の太陽にいどむモダンアート野外実験展」に誘われたがお金がない、そこで10円で買った長いビニール袋に公園の水道水を入れて松の木にぶらさげた。「これは水の彫刻だ!」これを見た吉原治良先生は「上手下手より新しい、いままで見たことのない、どこにもないものがアートであり、具体が求める美である」と言って褒めた。

具体美術の仲間たちは、ビンにえのぐを詰めて投げつけたり、天井からロープを吊りさげてつかまり素足で描いたり、ソロバンや番傘で描いた鷲見さん。玩具の自動車を電気仕掛で走らせてその軌跡を描いた金山さん。村上三郎さんはハトロン紙のフスマ10枚を体ごとやぶいて音の出る作品を作った。これは「物質を用いた表現ではなく、物質そのものの表現である」といったふうに。

カット：元永定正

■「えっ？これも絵？」2　具体美術展と常設展示 ■2007年9月30日(日)まで開催中　会場:現代っ子ミュージアム

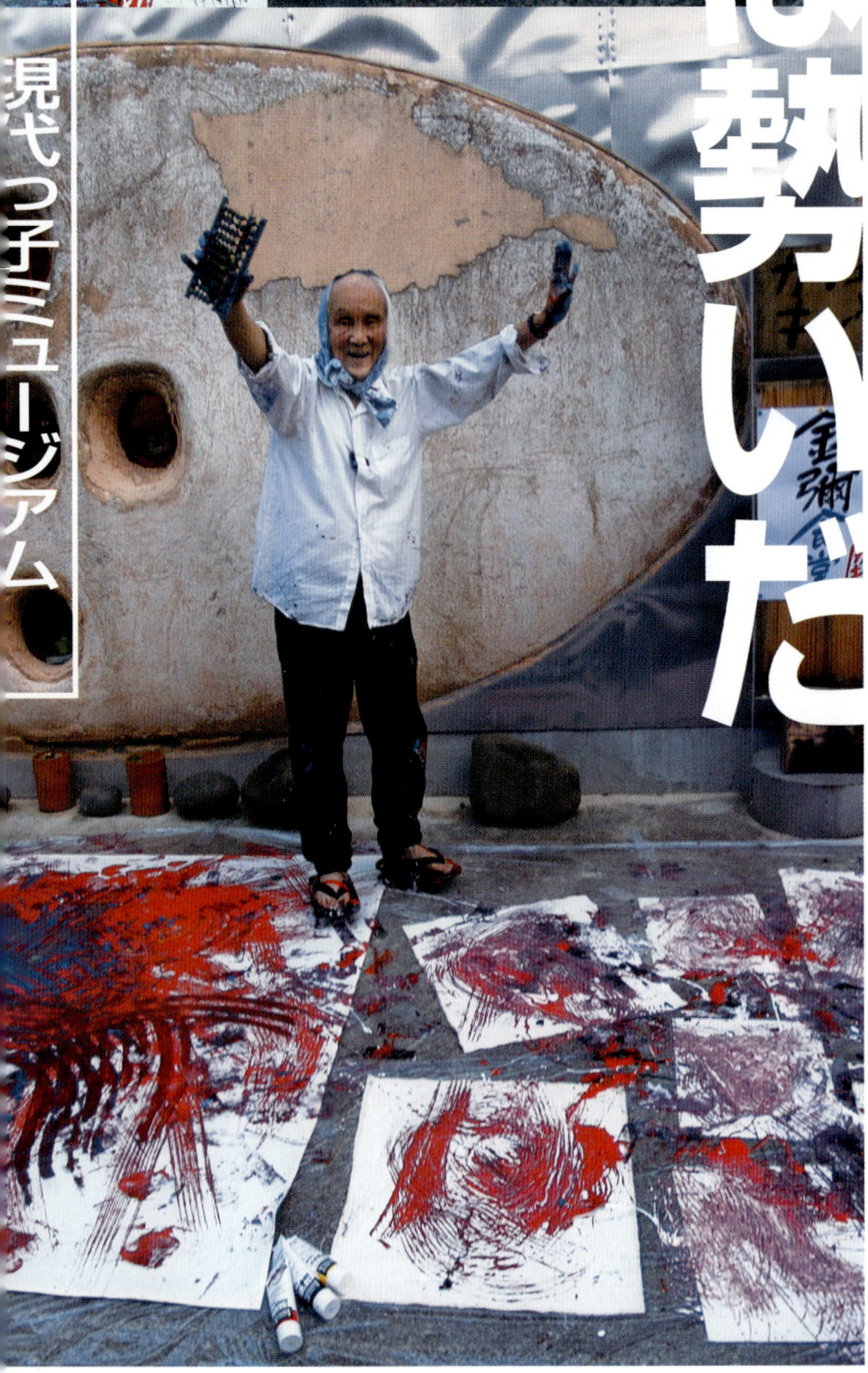

聴覚障害をのり越えて
きっぱりと温かく
ソロバン・下駄・番傘・ひしゃくが走る

鷲見《すみ》康夫
83歳の熱い風

アクションペインター

芸術は勢いだ

「現代っ子ミュージアム」

上は今回の助っ人・桜島の火山アーティスト・萩原貞行氏と、〈大人〉アーティストでお馴染みの藤野忠利氏。萩原氏のアトリエ(桜島)で。

写真次頁上は蓉子夫人と青島神社で。「散歩をする時は手をつないでいると気持ちがやすまります」と。

鷲見康夫（すみやすお）
1923年大阪生まれ。立命館大学経済学部卒（旧制）。大阪市立高校・中学教諭。宝塚造形芸大、名古屋芸大、関西大学講師。1955年具体美術創立会員。吉原治良に師事。第1回展から21回展解散まで出品。2008年5月イタリアカプリ島で嶋本昭三とパフォーマンス、11月再訪予定。ソロバン・下駄・番傘・ひしゃくを使って描く現代アーティストとして80歳で人気上昇中。

カプリ島パンフレットより

[8月3日—5日]一九五〇年代から七二年にかけてのグタイピナコテカ(具体絵画館)を中心とした具体美術創立メンバーの鷲見《すみ》康夫氏が宮崎に初上陸した。鷲見氏は本年5月、イタリアで〈オリエントの風〉として紹介されたソロバンで描く前衛アクションペインターで、いま最も人気上昇中の作家である。

3日から5日にかけての30度を越える炎天の青島、桜島、宮崎と南九州を駆け巡った〈オリエントの風〉は、大正14年生まれの83歳の[人生の気魄と創作の勢い]に満ちていた。

『やけくそ・ふまじめ・ちゃらんぽらん』(鷲見康夫著・文芸社)と言うけれど、「私は約50年間、絵画と称するものを描き続け…国内外で発表し続けている。しかし私には絵かきであるとか、芸術家であるという意識は今もまったくない」「絵を描くことが嬉しく楽しく好きだからこそ描き続け、いろいろの機会に発表をする場所をいただいたりしている」とその姿勢は謙虚で一途である。

今回の来宮は絵本『ア子さんのリボン』がきっかけであった。著者ア子さんの父藤野忠利氏は具体美術の仲間である。聴覚障害者である鷲見氏は、[アートの力・アートで生きる]ことをア子さんと二人で確認し合うことが、乳ガンという障害を持つことになってしまったア子さんへの最大の激励なんだと言う。

そう、生きること、生き続けること。

熱い風が南九州を吹き渡った夏であった。

鷲見氏は11月11日、イタリアを再訪し、ボローニヤのMAGI'900 Museumで嶋本昭三とパフォーマンスが予定されている。

また、現代っ子ミュージアムでは10月31日(金)まで宮崎で初めての「鷲見康夫展」が開催されている。

「**鷲見康夫展 2008**」 10月31日(金)まで　現代っ子ミュージアム　TEL. 0985-20-3663

文・撮影　高嶋奈み子

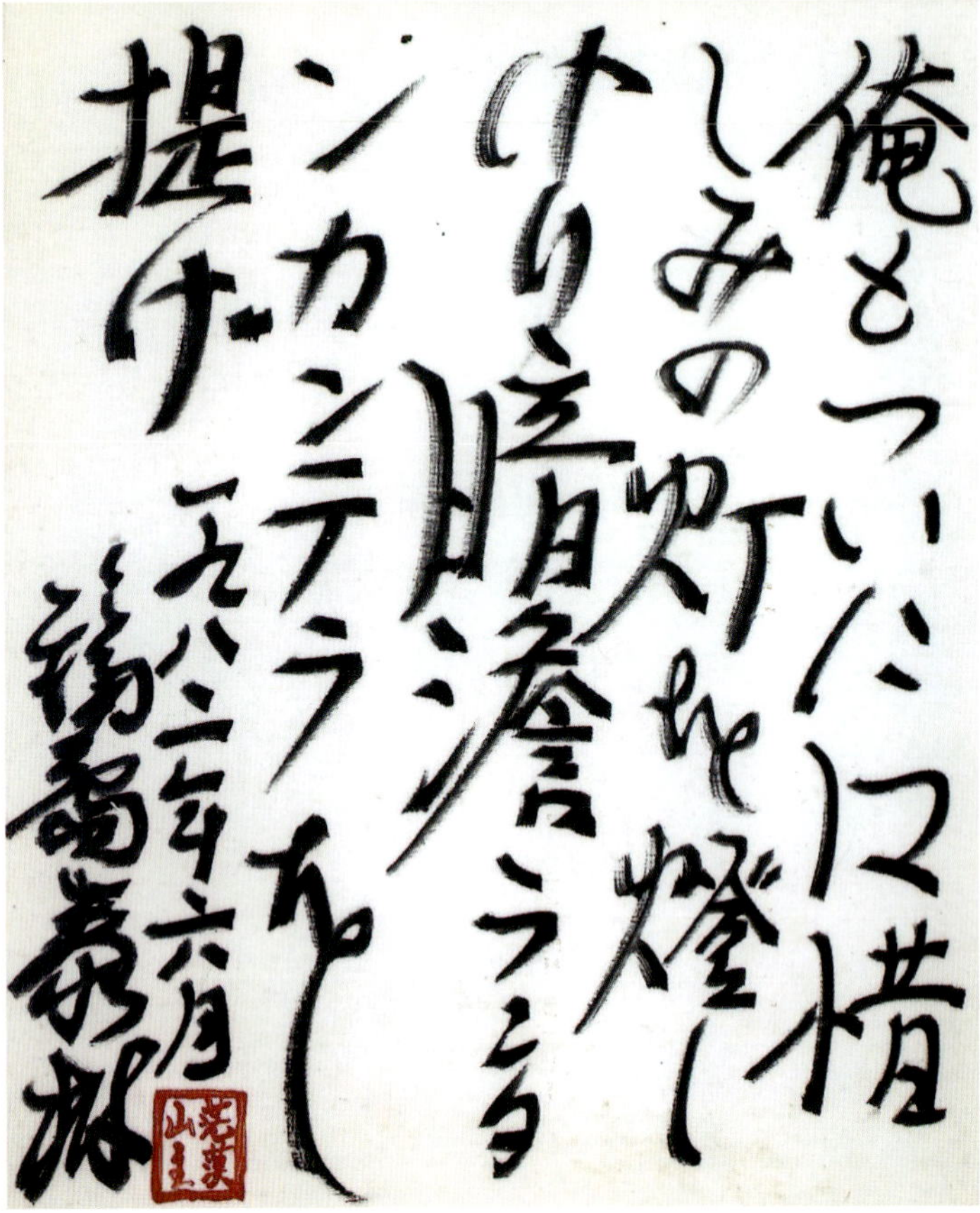

福島泰樹
「Yoo」
キャンバスに油彩
53×45.5
1982
現代っ子ミュージアム

元気人 登場

福島泰樹

Fukushima Yasuki

人生は愛か悲しみか
口惜しさか
絶叫しかない

ふくしまやすき

歌人・短歌絶叫。1943年(昭和18年)東京下谷に生まれる。早稲田大学文学部卒業。70年3月、歌集『バリケード・一九六六年二月』の出版記念会で自作を朗読。以後、歌謡の復権を求めて「短歌絶叫コンサート」を創出、千数百ステージをこなす。86年「ブルガリア国際作家会議コンクール詩人賞」、95年ラジオドラマ「紫陽花の家」で「第21回放送文化基金脚本賞」、99年「第4回若山牧水賞」を受賞。03年「メデジン国際詩祭」で十万人の聴衆を前に絶叫。05年、絶叫35周年を記念してDVD『福島泰樹短歌絶叫コンサート総集編・遥かなる友へ』(クエスト)を刊行。08年11月刊行の『無聊庵日誌』は第25歌集。毎月10日、東京吉祥寺曼陀羅(☎0422-47-6782)で月例短歌絶叫コンサートを開催している。

未踏のジャンル〝短歌絶叫〟

「みやざき文化力　福島泰樹絶叫コンサート」が大宮エイト・南の会・牧水研究会の共催で昨年11月23日宮日ホールで開催された。福島泰樹氏は第二十歌集『茫漠山日誌』で1999年第4回若山牧水賞を受賞し翌9月に東郷町で絶叫コンサーが開催され、本県にとってはなじみの深い歌人である。が、その詩と短歌による絶叫コンサートが、すでに35年1200ステージを越えていることは意外に知られていない。1943年生まれの65歳で2時間に及ぶステージをエネルギッシュに絶叫し、魅了し続ける力はどこから来るのか。

持参の大筆で「同志てふ…」を書く(現代っ子センター)

▼絶唱ではなくて絶叫なんですね。

絶叫です。朗読や朗誦ではない。上手にリーディングすることではないんです。二十六歳の時に第一歌集『バリケード・一九六六年二月』の出版記念会で自作短歌を朗読したのが初めて（一九七〇）で、五年経った七五年冬にシンガーソングライター龍（ギター）と出会い、朗読のスタイルが出来ていく中で、村上一郎に捧げた『風に献ず』（一九七六）や『中也断唱』（一九八三）とレパートリーが少しずつ増えていきました。

ステージは都内の小さなライブハウスだったり歌舞伎町の芝居小屋だったりしてましたが、一九八五年になって北海道一周コンサートツアーを機にピアノの永畑雅人が加わった頃からもはや〝絶叫〟としか言いようがなくなり、六〇年安保二十五周年記念コンサート「六月の雨」を新宿安田生命ホールで開催し、この年だけで七〇ステージの絶叫コンサートをこなしました。

▼私たちは〝歌人福島泰樹〟と思っていたんですが、ステージ上の福島泰樹はミュージシャンでした。福岡や大分、串間市からもファンが駆けつけて来るなど先生は全国区ですね。

フルートや舞踊など十五年前に出会った人達が今回も泊まりがけで来てくれました。僕は先頭に立つ前衛・アバンギャルドの旗印の下で、その旗手になろうとするのが芸術だと思う。

▼世界を股にかけた活躍で国外の受賞やステージが多いですね。この後はイタリアステージが待っています。

コロンビアのボゴダ市での世界最大の詩のフェスティバル「メデジン国際詩祭」（二〇〇三）に招喚された時のことは忘れられません。「Viva! Colombia!」で始まって、など序歌三首を詠み上げたところで「Maman!」と絶叫したんです。スペイン語訳の朗読はあったんですが、十万人の観衆が総立ちになって喝采してくれた。

▼外国の人たちがみんな〝ブラボー〟と叫ぶのは、先入観ではなく、身体全体で受け止め直感的に感じるからだと思うんです。

▼良質の直観ですね。

▼昨日のステージで発見したのは、シャツからはちきれんばかりの筋肉で胸がある。子どもが好きなキン肉マン(笑)。声だけじゃなくて身体を鍛えておられる。常にボクシングのポーズで。あれが堂に入っている。

ボクシングをやってないとリズムがとれないんですよ。ちょっとした風のなびきにもあのポーズだと反応できるんです。

たこ八郎が絶叫をよく聴きに来てました。僕も日東拳のジムに通ってて。一九八一年十二月のキッド・アイラックホールでのコンサート「曇天」からボクシングシューズで出演し、その後、拳闘靴、黒シャツ、黒ズボンのスタイルが決まりました。

▼ロイドメガネに中折れ帽、パッと抛るトレンチコートの下は黒づくめのいでたちに白のサスペンダー。男のオシャレが決まってました。

俺もついに口惜しみの灯をともしけり　暗澹《あんたん》ランタンカンテラを提げ

▼帽子はイタリア製ですよ。

▼ロイドメガネは？

結界ですな。

▼カメラが好き。メカが好き。いろんなものが好きで、車も好き。そういうところにモダンなものを感じます。

いや、モダンじゃないです。私が生まれたところは東京の下谷《したや》區《ママ》で、その頃今の六本木なんかは田舎でタヌキが出るようなところだった(笑)。今は浅草と合併して台東区になっていますが、あの頃、昭和十八年三月は東京府東京市下谷区で、僕は東京市民としてこの世に誕生したんです。

僕の父親は、演劇が好きで、ターキーなんかを可愛がっていた。香り高いドイツタバコが好きで、わざわざ銀座に買いに行ったりしていました。何でもないことでちょっとモダンなところがありましたね。

▼現像は無聊庵でされるんですか。

そうです。本郷の成田光房（宮崎県出身）で現像を学んだんです。江戸城の鬼門にあたる下谷には寺が多いんですが、その一角の居酒屋「ふじ」を譲り受けて、二階に暗室と小さなギャラリーをしつらえたんです。

聞き手＝▼藤野忠利　▼川口道子　撮影＝本井信哉・高嶋奈み子(文)

絶叫しながら原稿用紙をバラ撒く

60年代70年代80年代90年代…と。何も終わっちゃいけない。せめてステージの出会いで続けていかなくちゃいけない。過去はみんな現在なんだと叫んでいるんです。

▼大学で西洋哲学を専攻し、早稲田短歌会で活躍された後、法昌寺のご住職になられました。お経と絶叫とは…。

兄が寺を継がなかったもんですからね。だから僕は坊主より歌人の方が早かったんですよ。お経も儀式としての音楽で、木魚はパーカッションでしょ。絶叫と同じです。

▼鉄砲玉のように撃ち込まれる声の力の源はそこにあるんでしょうか。それと鍛えた身体ですね。

修業時代に題目を誦じて歩いてました。自分の意志の重さを声に出すことです。僕は四十四歳で死んだ寺山修司と三十歳で夭逝した中原中也、二十四歳の立原道造を叫び続けてきました。

死者の声だって死んだんじゃなくて、みんな現在の声として入ってくるじゃないか。なんで短歌をつくりながら声に出さないんだって。歌も生きるということも魂をしぼってする痛切な叫びであり、深い沈黙も叫びです。

「私」という自分を詠んでいるだけの歌はおもしろくない。生と死のアンビバレンス（相克）の緊張と悲しみと口惜しさを自分の悲しみの根っこまでおろしてきて身体全体で理解したことを身体全体を通して発したい。頭で考えるだけじゃ彼方（あっち）へ行ってないからアートになっていないって思います。

僕のステージに笑いに来る人はいません。60年代も終わってはいない。何でそれを歌わないんだと。

僕はこれからも、〝短歌絶叫旅団〟の〝声を発する楽器〟となって絶叫し続けていきます。

中原中也を絶叫する傍らには焼酎「百年の孤独」が。
翌日は「成田光房モノグラフ展」のオープニングで、イサムノグチのAKARIの灯（「暗転」）で寺山修司を絶叫する（現代っ子ミュージアム）。

青島漁港・港食堂で黒霧のお湯割を楽しむ

〝真っ赤な椿咲くところまで〟

『田園に死す』（寺山修司）

〝お太鼓叩いて笛吹いてあどけない子が日曜日〟

「六月の雨」（中原中也）

〝いまはただ歳月が、無性に愛おしい。〟

『無聊庵日誌』

「成田光房モノグラフ展」1月31日(土)まで(30.31日は成田秀彦在廊)　現代っ子ミュージアム　休館日:月・火　TEL0985-20-3663

特集

がんと生きる

〈前編〉

今日、日進月歩の医学において「がん」は決して治らない病気ではなくなってきています。

しかし一方で、「まさか私が？」「まさか家族が？」と、まだまだ「がんは他人事」である風潮。

40代を過ぎ、50代を迎え、60代に差しかかり、
親はもちろん、自身や夫にも「がん」の影は忍び寄っているかもしれません。

そして、「がん」体験者は口を揃えます、「早期発見」の大切さを。

今回、じゅぴあでは「がん」をテーマに初めて特集を組みました。

初夏号〈前編〉では、がん体験者へのインタビューや
告知に対する考え方について取り上げています。

次号の夏号〈後編〉では、医療最前線、検診のすすめ、
そしてホスピスケアなどの取材を予定しています。

誰にでもおこりうる「がん」という病気。

怖れるよりも、知識・認識を持って「もしかしたらのその時」に立ち向かいませんか。


40代に突入したのを機に、婦人科系の検診を受けてみることにした画家の藤野ア子さん。軽い健康診断のような気持ち。そこで乳がんが見つかります。

「寝耳に水とはまさにこのこと。信じられない気持ちに、だんだんと死の恐怖が覆いかぶさってきました。死ということをこんなにも実感したことはなかったですね」。

検査から結果が判明するまでは約1か月。検診の段階で「もしかしたら……」との医師の言葉を反芻する日々が続きました。「結果を待つ間の1か月がどんなに長かったことか。見た目は元気な私ががんだなんて考えられませんでした。家族や友人たちもそうだったと思います」。

結果は悪性。6月22日の告知からわずか数週間後の7月12日には手術。肺活量が少ないと診断された藤野さんは、肺活量アップの練習キットを病院から渡され、自宅で毎日練習しました。手術を乗り越えさえすれば大丈夫……と決意も新たにのぞんだ手術は無事成功。しかし、今度はリンパへの転移が見つかりました。

ありそうでなかった オリジナルのバンダナ 乳がんの絵本

手術後間もなく抗がん剤治療が始まりました。わかってはいたけれど、やはりショックだったのは髪の毛が抜けてしまうこと。「朝、枕にごっそり髪の毛の束がくっついているんです。でも、一番驚いたのは、目の前を飛んでいった小さな虫の群れを払おうとしたら、実はそれが抜けた髪の毛だったことです。夏場でしたから、背後で稼動する扇風機の送風で抜けちゃったんですね」。あれよあれよという間に抜けていく髪の毛。

「ちょっと気分がよいから散歩に出てみようと思っても、つるつるの頭では出かける気になりません。だから、一般的なバンダナを巻いたとしても、つるつるのうなじは見えてしまう。ニット帽も同じこと。うなじの部分まで隠れて、なおかつかわいいバンダナがあればいいのに。……だったら作ればいいんじゃない！ってひらめいたんです」。画家という職業柄、デザインもお手のもの。バンダナは頭にフィットするように裁断し、結ぶ部分はリボンのように長い布を付け、おしゃれで頭を簡単にすっぽり包むオリジナルのバンダナが完成しました。藤野さん自身はもちろん周囲からも好評。「たくさんの人にも使ってほしい！」と思い立ち、ベトナムに住む友人に相談。友人の名前と共同で「ako《アコ》☆nori《ノリ》」というブランドでバンダナを生産する

母子でページをめくれるものを。その体験を色鮮やかな絵本に託して。

藤野ア子さん（40代）　画家

ようになりました。昨年9月には念願が叶い、ベトナムに旅行。友人との再会も果たしました。

病院に入院、通院したなかで乳がんを題材にした絵本がないことに気づきます。「大人でも子どもでも乳がんのことがわかる、家族で共有できる絵本があればいいのにと思い、これまた作ってしまおうと(笑)。がんへの恐怖やいらだち、抗がん剤による副作用、味覚障害のことを表現しています」。絵本の言葉は、抗がん剤治療期間中の言葉。「治療が終わると気持ちも感覚も忘れてしまうので書けないと思いました。気力、体力的にきつかったけれど、絵本を制作するんだ！　という気持ちが自身を奮い立たせてくれました」。

同じ乳がんでも〝顔つき〟が違うんです

今年の7月で手術から3年を迎える藤野さん。「ようやく体力的に回復してきたかな、と最近思えるようになりました。『闘病後の1、2年は体力がないよ』って、まわりの乳がん経験者の方からも聞いていたんですが、私もそうでしたね。2年近くの長い自宅療養が待っていました」。

現在もホルモン療法を継続している藤野さん。女性ホルモンが上がりすぎると再発の危険性が高まるとのことで、科学的に〝更年期〟のような状態を体に作っています。「乳がんはできる場所によって、手術、治療方法もさまざま。一人ひとりの顔が違うように、乳がんも顔つきが違うんです。今行っているホルモン療法も、副作用がきつく出てしまうお薬があるので、私に合うのかな？　と、お試し期間のような感じで、自分と相性のいいタイプを探している最中」と苦笑いする藤野さん。

「毎日、味が変わるので、食べ物を口にするのがこわかった味覚障害のあの頃、あれこれと食べられそうな物はないかな？　と作ってくれた母と妹。自宅療養中、部屋でゆっくりできるように快適な雰囲気を作ってくれた父。家族それぞれの持ち味を生かして、なんとかこの山場を乗り切ろうとしてくれました」。家族だからこそ普段、言葉や態度にできないこと、照れくさいことがたくさんあると、乳がんを通して痛感した藤野さん。「がんになって、家族一人ひとりの優しさや温かさを教えてもらいました。この愛すべき家族に、私ができることって何かなぁって、日々考えています」。

昨年3月、絵本『ア子さんのリボン』をイタリアのボローニャ国際絵本原画展にプロモーションで訪れた藤野さん。帰国後、イタリアのフィレンツェにある地球儀の会社から、イラストデザインの依頼が舞い込みました。

「これからも私の体験や作品を通して、乳がんの患者さんや世界中の子どもたちに元気を届けたいと思っています」。

闘病記でもある絵本「ア子さんのリボン」1260円（鉱脈社刊）を手に。県内の書店で発売中。英訳版も発売された。アトリエでは絵画教室も開催中。
問合せ／現代っ子センター☎0985-24-1367

抗がん剤治療1週間目の写真。オリジナル'バンダナ現代っ子センターにて1200円で発売中。

発覚から現在

- 平成19年 6月（41歳）…乳がんが発覚
- 平成19年 7月（41歳）…手術。リンパへの転移発覚。半年に及ぶ渡る抗がん剤治療開始
- 平成19年 8月（41歳）…抗がん剤治療2週間目ごろから絵本とバンダナの制作に取り組み始める
- 平成19年10月（41歳）…絵本『ア子さんのリボン』出版。翌年9月には英語版も出版
- 平成20年 9月（42歳）…ベトナム旅行
- 平成21年 2月（42歳）…東京・銀座「東邦画廊」と「西湘画廊」個展
- 平成21年 3月（42歳）…イタリアのボローニャ国際絵本原画展へ
- 現在　（43歳）…ホルモン療法継続中。子ども用地球儀のイラストデザイン制作など活動中

おやつだって発酵パワー

味噌スイーツvs 甘酒デザート

和スイーツにもおつまみにも万能！

ごまとピーナッツの黒砂糖味噌

ごま味噌50kcal ピーナッツ味噌53kcal（各大さじ1杯あたり・塩分1g）

[材料]
●味噌…50g ●黒砂糖…100g
●水…大さじ3 ●炒りごま…大さじ2
●ピーナツ（細かく砕いて）…大さじ2

1. 小鍋に味噌、黒砂糖、水を入れて混ぜる。弱火にかけてフツフツと煮立つまでよく練る。

2. ごまとピーナッツはそれぞれ乾煎りする。1.の味噌を二等分にして、それぞれに混ぜ合わせる。

＊写真の白玉豆腐の作り方は左ページ参照

アイスクリームにかけると和風キャラメル味のよう。ヨーグルトもおすすめ。

上品な甘さがクセになる

白味噌とはちみつのクリーム

40kcal（大さじ1杯あたり・塩分0.3g）

[材料]
●白味噌…50g ●はちみつ…100g

1. 白味噌とはちみつをよく混ぜ合わせる。

2. スティック野菜や茹で野菜など、好みのものにかけていただく。

抹茶やきな粉をかけたり、黒砂糖味噌を白味噌や甘酒にアレンジしてもOK

昔なつかしい素朴な味

黒砂糖味噌入り たまごボーロ

56kcal（一人前あたり）

[材料]（約30個分）
A ◎片栗粉…1カップ ◎ベーキングパウダー小さじ1/4
◎粉砂糖…大さじ4 ◎脱脂粉乳…大さじ4
●卵黄…1個分 ●黒砂糖味噌…小さじ3弱
●ヨーグルト…大さじ2弱（生地の様子を見て加減）

1. ボウルにAを入れて手でひと混ぜする。卵黄を加えて手で粉全体になじませる。

2. 黒砂糖味噌（作り方は上記参照）を加えて手でこねる。次にヨーグルトを少量ずつ入れながら混ぜ、まとまる程度になるまでよくこねる。

3. ラップ紙を広げて生地を包み、上から手で平たく伸ばす。冷凍庫に入れ、30分ほど休ませる。＊生地がやわらかくなりすぎた場合は、片栗粉を足して調整できます。

4. 生地を小梅大に丸める。天板に耐熱紙を敷き、上に並べる。180℃のオーブンで12分間焼く。

カフェ・キンヤオーナー
食生活指導士
藤野カオリさん

「味噌はディップやソース感覚で、アレンジの幅が広がるものを考えました。黒砂糖味噌も白味噌のクリームも、おやつはもちろんご飯のおともやおつまみにも応用が利きます。甘酒はそれだけで味が完成しているので、あまり手を加えずに気軽に楽しんでもらいたいです。ビタミンもアミノ酸も豊富なので、夏バテ防止や美肌にもおすすめですよ」

一番身近な発酵食品である「味噌」と、夏の季語でもある健康飲料「甘酒」。
発酵食品を上手に取り入れたお菓子や甘味を提供する
カフェ・キンヤオーナーの藤野カオリさんに、
家庭でも手軽に作れるおやつレシピを教えてもらいました。

刻んだ季節の青野菜を加えれば緑のきれいな「若草白玉」に。

あまった豆腐がデザートに変身
豆腐白玉の甘酒ソース添え

140kcal(一人前あたり・白玉のみ)

[材料](つくりやすい量)
●白玉粉…1カップ ●木綿豆腐…70g ●水…適量

1.ボウルに白玉粉を入れ、水(少量)を数回に分けて加えながら手でこねる。白玉の粒が細かくなったところで豆腐を加える。耳たぶくらいのやわらかさになるまでこねる。
*生地がやわらかすぎる場合は上新粉(分量外)を足して調節できます。

2.鍋に熱湯を沸かし、一口大に丸めた白玉を入れる。浮き上がって一呼吸おいたくらいで引き上げる。冷水に取り、ザルにあける。

3.器に盛り、甘酒と好みのジャムやフルーツソースを添える。

みかんやももなどフルーツ缶をシロップごとかけるとさわやか。

独特の香りにショウガの風味
甘酒寒天

255kcal(一人前あたり)

[材料](つくりやすい量)
●粉寒天…4g ●水…150cc ●甘酒…300g
●三温糖…50g ●ショウガのすりおろし…1片分

1.鍋に粉寒天と水を入れ、全体を混ぜ合わせてから火にかける。混ぜながら完全に煮溶かす。

2.甘酒の半量、三温糖、ショウガを加えてよく混ぜながらひと煮立ちさせて火からおろす。残りの甘酒を加えて混ぜる。

3.鍋底を冷水にあて、混ぜながら人肌程度まで冷ます。器に流し入れて冷蔵庫で冷やし固める。

凍らせるだけで甘酒独特のねっとりした食感が楽しめます

冷凍庫で凍らせるだけ!超簡単
甘酒アイスクリーム

170kcal(一人前あたり)

[材料]
●甘酒…好みの量

1.甘酒を容器に入れて冷凍庫で冷やし固める。
*固まりかけた頃にスプーンで混ぜて、空気を含ませてから再度冷やし固めると、口あたりよくできます。

2.器に盛り、市販のゆで小豆や季節のフルーツを添える。

*今回は「ストレートタイプ」の甘酒を使用しました。

味噌&甘酒のお菓子販売中!

カフェ・キンヤ

ぜんざい、あんみつをはじめ体にやさしい甘味でおなじみ同店では現在、味噌と甘酒を使ったお菓子を販売中。自家製みそと甘酒を使ったラスク400円、たまごボーロ、ビスケット(各300円)など。どれも素朴で懐かしい味です。

宮崎市松山 1-6-20
現代っ子ミュージアム 1F
☎ 0985-20-3663
営 11:00~18:00
休 月・火曜日 P 6台
http://gendaikko.way-nifty.com

10月はピンクリボン月間

私の乳がん 座談会

写真後方は向井修二作（具体美術）

松田くるみさん(53歳)
「宮崎中央新聞」代表。43歳で罹患し、左胸を全摘出を選択。会社代表を務めながら現在は年に1度の検診に通っている。

脇元鶴子さん(64歳)
主婦。55歳で罹患。60歳の退職と同時にホルモン療法を終える。趣味と健康を兼ねたジャジャサイズも60歳から開始。

藤野ア子さん(45歳)
画家。41歳で罹患。現在もホルモン療法を継続中。絵本『ア子さんのリボン』（鉱脈社刊・1260円）は闘病記でもある。

<取材協力>現代っ子ミュージアム・カフェキンヤ

10月1日は「ピンクリボンデー」。乳がんに関する正しい知識の拡大や、乳がん検診を推進する世界規模の啓発運動（キャンペーン）が「ピンクリボン」です。いまや、日本人女性の16人に1人（※1）が乳がんを患う時代。「まさか私が!?」などとは言えない、誰にでも発症しうる病気です。右肩上がりの罹患《りかん》率と同じく、死亡率も増加しています。女性ホルモンと密接に関係する乳がんは、30代後半からグッと増え、40歳後半が最も多いとの統計に、近年、変化が現れています。20代と閉経後の患者が増えているのです。背景には、高い未婚率に伴う出産率の低下、高齢出産などのライフスタイルの変化も考えられ、動物性たんぱく質の摂り過ぎなど欧米的な食生活の影響も一因との声もあります。

上昇する罹患率に加え、年齢のボーダレス化が進む乳がん。しかし、治癒率が高く、発見が早ければ90%以上が治るとも言われています。そう、乳がんは「治るがん」でもあるのです。

今回、40代、50代、60代のじゅぴあ読者に自身の乳がん体験を語っていただく座談会を開催しました。決して他人事ではない乳がん。まずは「知る」ことで予防の一歩を踏み出しましょう。

（※1）国立がん研究センターがん対策情報センター「がん情報サービス」より

みなさん、発見・発覚はどのような形で？自覚症状はありましたか？

脇元　私は55歳で乳がんになりましたが、若い頃から健康には関心があったので、一年に一度は乳がん検診にも足を運んでいました。ただ、父の具合が悪くなったこともあり、加えて当時は仕事をしていましたから、一年半ほど乳がん検診をお休みしてしまったんですよね、「ま、大丈夫よね」って。ある時、風呂場で鏡に映った自分の胸にふと目がいきまして。左脇の下の方がちょっとひきつったような感じになっていたんです。あれ？　何かおかしい、もしかして……？　でもまさか……？　とにかく嫌な予感に襲われて。すぐにその場で触ってしこりを探すけれども、しこりはないようにもあるし……。即、病院へ行きました。

松田　私の場合は、見た目に違和感はなかったと自分では思ってるんですけど、左胸がなんだか痛いなあと感じていたんです。夫が「ちょっとおかしいかもよ」と言うので、病院へ行ってみることにしました。実はそれまで、乳がん検診は一度も受けたことがなかったんです。実際調べてみると、マンモグラフィにキラキラ光るラメがいっぱい映っていて。

脇元　ああ、石灰化ですね。

石灰化？

松田　そう、石灰化です。マンモグラフィ検査では、しこりやがんらしきもの・・・・にはカルシウムが沈着して、石灰化しているのがわかるんです。マンモグラフィの画面だと光って見えます。でも、全てが乳がん細胞というわけでもないらしいですけど。私の場合は乳腺にがん細胞が広がっていたので、左胸全体にラメが散らばっているように見えました。それが今から10年前、43歳の時です。

藤野　私は40歳になってすぐの頃わかりました。当時、仕事がとても忙しくて、血尿が3日間ほど続いたことがあったんです。疲れが出たかなあぐらいにしか思っていなかったんですけど、やっぱり心配だから泌尿器科へ行きました。結果は特に異常なし。その時の先生が「40代になったことだし、乳がんや子宮頸《けい》がんの検査も受けた方がいい」と勧めてくださったので、検診を受けました。健康診断を受けるようなほんの軽い気持ちでした。

三人ともまさに〝元気な働きざかり〟で突然の告知。

脇元　それがですね、突然言われたわけではないんです。検査の結果はその日のその場でわかると思っていたら、けっこう時間がかかるんですよ。私は「細胞診をするので二週間後に聞きに来てください」と言われて、え？　そんなにかかるの？　って不安で不安で……。それと、主人と一緒に来るようにとも。これはもうほぼ〝黒〟じゃないですか。

藤野　そうそう。え？　今教えてくれないの？　って思いますよね。病院の混み具合にもよるのでしょうけど、私の場合は約1か月後だったかな。でも、脇元さんと一緒です、「家族の方をどなたか連れて来てください」と言われました。「ひとりでは絶対に来ないでくださいね」って。絶対という言葉を使うこと自体がもう怪しい(笑)。ああ、私は乳がんなんだな、って認めるような、認めたくないような、ぐらぐらした不安定な気持ちで1か月を過ごしました。

脇元　検査にはそれなりの時間が必要なのでしょうけど、もうどっちかはっきり決めてください！　って叫びたくなりますよね(笑)。

藤野　私は外科や内科のように「乳がん科」という科があると思って、病院の案内を探したくらい乳がんに対して無知でした。これではまずいと、不安を解消するためにもいろいろな本を読んだり調べたりしました。今では保険の仕事に就く知人が、仕事の一環で質問してくるようなことにも答えられます(笑)。

私、死んじゃうの？ 一番最初にそうよぎりました

松田　私も「一週間後、ご主人の都合のつく時に一緒にいらしてください」と言われました。実際、主人と並んで告知を受けることになったんですが、医師は私でなく、主人を見て話すんですね。奥さんはきっと今、頭が真っ白だろうから……ということなのでしょうけど。乳がんかもと疑いを持つようになって、私も納得がいくまで、本を読んだり調べたりしました。何もわからなかった最初は、え？　私、死んじゃうの？　って、ただただショックだったけれど。

脇元　たまたま胸のひきつりを見つけただけで、それまで元気だったから、がんの知識なんて無しに等しい。「がん＝死」だとばかり思ってました。だから不安だらけになってしまったけど、知識が無い方がもっと不安というか。私も自分なりに勉強しました。

松田　乳がんに限らず、医療技術は今と10年前では、やっぱり違いがありますよね。私は乳腺に広がったタイプのがんということもあったのですが、放射線や抗がん剤でがん細胞をやっつけるか、胸を丸ごと取ってしまうか……胸を温存するか、全摘出するかの選択をすることになりました。今でこそ、検診を大いに推奨する世の中ですから、その分早期発見も可能です。患部だけを切ったり、放射線や抗がん剤で切らずにやっつけるケースも増えていると思います。でもあの頃はまだ、世間一般も「乳がん＝胸を取る」というイメージ。私も当初は温存の方向を考えていました。東京につてがあって、温存療法を唱える、乳がんの権威のような先生に診てもらったんですね、そうしたら「この場合は全摘だね」って。温存を推進する先生にそう言われたら覚悟が決まりますよね(笑)。

藤野　では、全摘出されたんですね。

脇元　そんな風には全然見えないですよ。

松田　今は「乳がんを経験されてますよね？」と聞かれた時に、あ、私は乳がんだったと思い出すぐらいで。10年も経ちましたからね。今の体の方が普通になりました。

全摘出となると、その後の下着選びが大変だったのでは？

松田　洋服を着た時に違和感がないよう、自分サイズの入れ物（パット）をオーダーしました。今ではそれを入れるのが自分の中では当たり前のことになっています。あ、どんなものかお見せしましょうか？（松田さん胸元からするりと取り出す）

藤野・脇元　わ、すごい！　リアルな作り！

松田　以前、前かがみになった時、一度だけなぜかこれが、ポトッとその場に落ちてしまったことがあって(笑)。周りの方々はびっくり仰天。私も「ああ、ごめんなさいっ！」っ、てサッと拾って(笑)。私は自称「明るいがん」ですからこれも笑い話のひとつですけど。

藤野　私は下着ではないんですが、抗がん剤の副作用で髪の毛が抜けた経験が、オリジナ

宮崎県の乳がん検診受診率はわずか8.9%

厚生労働省の統計データによると、平成22年度の宮崎県の乳がん検診受診率は8.9%（マンモグラフィのみが5.5%、視触診との併用が3.4%）。これは、東京、島根、大阪に次いで**全国でワースト4位**。一人ひとりの意識向上が、早期発見・早期治療につながります。（厚生労働省・平成22年度乳がん検診者数・受診率）

人の顔がそれぞれ違うように
乳がんにもその人の〝顔つき〟がある

ルのバンダナを販売するきっかけになりました。

藤野さんは抗がん剤投与だったんですね。

藤野 それが、当初は抗がん剤の予定はなかったんですけど……。検査で見つかったのは右胸の小さながん細胞でしたから、手術で取り除けばOKでした。ところが、手術後の検査でリンパに転移していることが判明してしまって。

脇元 わあ、同じです! 私は左胸に6ミリと8ミリのがん細胞ができていて、手術で切除することになったのですが、術後の病理検査でリンパに転移していることがわかりました。もう、大ショック! 手術も成功、これで大丈夫! やったあ、終わった! と思ってましたから。

藤野 脇元さんも私も、二度告知されたようなものですよね。実は抗がん剤投与が始まってからが辛さ本番。朝起きると、副作用で枕に髪の毛が束になってごっそり抜けている。味覚障害が生じて、食べ物の本来の味がしない、美味しくない。食べることがおっくうになるから、食欲もぐんと低下して。そうなると体力もなくなりますから。もう、心も体もぼろぼろ。

脇元 私も抗がん剤治療に入ることが決定して、ショックと不安で号泣してしまって。髪の毛が抜けると聞きましたから、掃除が少しでも楽になるようにと、肩の下ほどまであった髪の毛をばっさりショートにしました。不思議ですね、そうしたら覚悟ができるというか、よし闘ってやる! って気持ちがみなぎってきて。でもやっぱり、髪の毛が抜けることは女性にとって精神的に大きなダメージ。あの時、藤野さんのバンダナがあればよかったのに(笑)。

藤野 ちょっと気分がいい日に、散歩でもしてみようかなと思っても、つるつるの頭では人に見られたくない気持ちの方が勝ってしまう。一般的なバンダナやニット帽ではつるつるのうなじまでは隠れませんし。よし、だったら作ってしまおう! ってひらめきました。

松田 私は手術のみで抗がん剤は投与しませんでした。投与しないためにも全摘出を決めたわけですし。お二人はまさに二度の告知ですが、実は私も似たようなもの。一度摘出した後、「もしかしたら、がん細胞が残ってるかもしれない」ということになり、乳頭あたりに残っている部分を、念のためもう一度手術。乳頭部分は残す摘出だったとは言え、乳房を丸ごと取ってしまってますからね。これで大丈夫、一度で終わると思っていたので、正直まいりました。

一般的に、がんは術後・治療後、5年、10年が一区切りと言われていますが、みなさんは今何か治療や通院はされてますか?

脇元 明後日がちょうど10年目の検査です。60歳の退職時にホルモン療法は終わりました。今は年に2回の検査を受けています。いまだに検査結果にはハラハラドキドキですけど。

松田 私は術後は定期的な検診を受けているくらいです。脇元さんと同じく、ちょうど10年経って、ほっとしているような、もう半分忘れちゃってるような(笑)。

藤野 私は2007年に手術でしたので今年で6年目に入ります。ホルモン療法継続中です。

ホルモン療法とは?

藤野 乳がんは女性ホルモンの量と関係していると言われています。だから、女性ホルモンをぐーっと抑える薬を飲んでいます。要は閉経、更年期状態を科学的に作ると思ってもらったらいいかな。人の顔がみんな違うように、乳がんにも〝顔つき〟があります。私もいろいろなタイプのホルモン剤の投薬を試して、ようやく相性の良いものに出会えたところです。

脇元 私も5年間、ホルモン療法を続けました。リンパ浮腫には今も悩まされたり、気をつけた

乳がん自己チェック

定期的に自分の乳房に触れることで、変化に気づくことができます。月に1度、生理が終わった1週間後(閉経後の人は日にちを決めて)を目安に、自己チェックを行いましょう。

●視診

鏡の前で両手を同時に上げ下げし、乳房の形や左右差をチェックします。

- □ 形や大きさに変化はありませんか?
- □ 皮膚のへこみやひきつれはありませんか?
- □ 乳首がへこんだり、ただれていませんか?

●触診

① 指を揃えてのばし、指の腹を乳頭方向に向かってすべらせるように。左右差を見るのもポイント。

② 同じように指先を脇の下に入れ、しこりがないか調べます。

③ 最後に乳首を軽くつまんで、血液の混じった分泌物が出ないかを確認します。

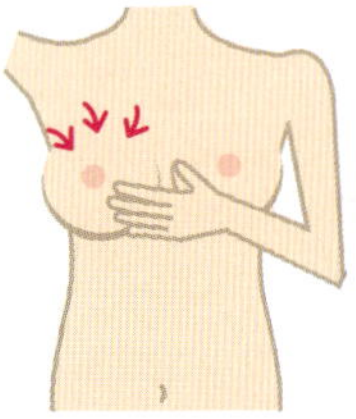

取材協力/
All About Breast 乳腺外科クリニック　町田英一郎院長

りしています。

リンパ浮腫?

脇元　リンパに転移したので、私の場合は左脇のリンパ節を取ってしまいました。リンパには老廃物を運ぶ働きがありますよね。これがないので、リンパ液が左腕に溜まって腫れたり、こわばったり。リンパ浮腫はこんな感じ（脇元さん左腕を見せる）。体が自然にリンパ液を流すことができないので、自分でマッサージをしています。

藤野　私もリンパを取ったので、むくみやすかったり、リンパ液が溜まったり。なので、定期的にマッサージで全身の老廃物を流し出すようにしています。プロの方にお願いするのは、気分転換にもなっていいですよ。

不謹慎ですが、がんになって良かったと感じたことがあったりもしますか?

松田　がんになったからこそ、今の自分があると胸を張っていえるかな。活字と向き合う仕事に就いていますが、辛かったこと、大変だったこと、泣いたことを乗り越えた経験が、何かしら役に立っていると自負できます。乳がんを通して、友人・知人も増えました。

脇元　〝がん友〟ですよね。私にもいます。検査を何事もなくパスできたら、今でも一緒によろこび合ったり。心も体も同じ痛みを抱えたことは、がん友同士ならではの絆です。

藤野　家族のありがたみが身に染みました。乳がんを経験して、素直な自分をさらけ出せたような気がします。自宅療養になってからも、味覚障害の私が何か食べられそうなものはないかな、と母や妹があれこれ作ってくれたり、快適に過ごせるようにと父が部屋に手を入れたり。

脇元　うちは主人が優しくなったかも(笑)。気分転換になるようにって、海へ連れて行ってくれたり。あれ？　こんな人だったっけ？　って(笑)。

松田　逆に、うちの場合は、主人が普通に、いつも通りに接してくれたことがありがたかったです。それまでと変わらない日常というか。

藤野　がん友の存在は私も大きい。バンダナショップは患者同士だから話せるピアカウンセリングの場になることもあります。誰かに話したい、聞いてもらいたい。そうすることで楽になるんですよね、私もそうですし。

読者へメッセージをお願いします。

松田　仕事や家事、孫の子守りなど忙しいことはいっぱいあるでしょうけど、検診に行く時間は確保することかな。私は自分が乳がんになる前は、検診なんてどこか他人事のようなところがありましたけど、今は時間をきちんと作るようにしています。でも、検診はやっぱり不安なもの。だから、その日は行きか帰りのどちらかで映画館に行くことをセットにして、楽しみのひとつとして予定しています。

脇元　検査は触診とマンモグラフィのセットが浸透してきましたが、超音波検査（エコー検査）も併せて受けることをおすすめします。しこりの中身がわかるので、がんなのか、良性の嚢腫《のうしゅ》なのか、マンモグラフィで曖昧な点がわかりますから。それと、30代の娘にも検診をさせています。娘さんのいらっしゃる方、早いに越したことはないと思います。

藤野　私は現在ホルモン療法中で、時々体調を崩したりもしますが、以前の生活を取り戻しつつあります。乳がんを経験された方や、ピンクリボンの活動を行う方々、県内外を問わず知り合ううちに、宮崎は乳がんや患者に対する意識がまだまだ低いと感じます。「もし乳がんだったら」と不安が先行して検診を受けていない方、早期発見のためにも検診は受けてくださいね。

あとがき

　この一冊は、「宮崎の大人の情報誌『じゅぴあ』」に、二〇〇六年七月号から二〇一四年初夏号まで、およそ七年余りにわたって掲載されたものです。掲載順に、じゅぴあＧａｌｌｅｒｙ一〇篇、うたの見える風景三九篇、特派員リポート＆宮崎ぶらり旅二五篇、おまけの章九篇など、計八三篇を四つの部立にしています。

　じゅぴあＧａｌｌｅｒｙは、自宅や近辺で目についた現代アートの作品を私なりに鑑賞したものです。うたの見える風景は、宮崎県内にある歌碑や句碑などを探し、藤野忠利が、写真と運転を担当してくれてあちらこちらと出かけ、又四十年余り歌を作っている私が、私なりに感動したことや、イメージのふくらんだものを心に思い浮かべながら自由に鑑賞したものです。中には不満や深読みや読みの足りないものがあるかもしれません。

　特派員リポート＆宮崎ぶらり旅は、県内はもとより、京都や甑島、フランスやタイ、カンボジアなどに行ったことをその土地とのコミュニケーションを交じえ、時には私の作った短歌も加えました。

　世の中には、たくさんのガイドブックや情報が溢れていますが、この本はガイドブック的でない書き方でその土地や場所が持つ魅力を発見し、名所旧跡の紹介よりも、変わっていたものと変わらないもののほとんどを自分に引きつけて書いたつもりです。こうしてまとめて見ると、結構たくさんの量で

すが過ぎてしまった今、これは私と藤野忠利との時間を共有した共同作業でもあったとしみじみ思っています。共に暮らして五十年の中で、たぶん大切な一冊になるでしょう。

毎月一回カフェ「キンヤ」で季節のおいしいランチをいただきながらの編集会議。次のテーマを決めたり、批評や取材先からのおみやげをそれぞれ持ち寄ったり、取材してくる人によって違った表情や驚きが見えてきて、とても有意義な濃い時間であったと懐かしんでいます。

又、おまけの章は、私が直接文章を聞き書きしたものではありませんが、私に関わりのある大切な人や友人を、「じゅぴあ」の編集長や、鉱脈社専務の川口道子さんが書いて下さったものです。私も取材に同行したり協力した楽しい思い出があるものなので特に一冊の中に加えることにしました。

この一冊を纏めるに当たり、取材や写真など一緒に行動していただいた川口道子さんが細かいところにまで気を配り、楽しみながら構成し、短歌を作る目で書いたのだからと『うタタビ　フタたビ』という素敵なタイトルを考えて下さったり、ご配慮をありがたく思っております。

最後になりましたが、全編カラーで絵本のように仕上げて下さった鉱脈社様と「じゅぴあ」編集長の小崎美和さん、柳田明子さん、そして、長女のア子が絵やイラストなどで飾り、賑やかな一冊にしてくれました。合わせて感謝いたします。

二〇一五年　立春

藤野まり子

目次

じゅぴあ Gallery 名作逍遙

白髪一雄「張良」004
田中充秋「ストーンスピーカー」005
菅井　汲「赤鬼」006
堀内正和「球の切り方」007
池田満寿夫「宗達讃歌」（天）008
宮崎正二「無題」009
イサム・ノグチ「あかり」010
篠田桃紅「結ぶ」011
松谷武判「メタモルフォーゼ」012
石山修武「現代っ子ミュージアム」013

うたの見える風景

石の光陰

長塚　節●橘公園（宮崎市）016
塚本邦雄●高城地区公民館（都城市高城町）017
若山牧水●中央卸売市場（宮崎市）018
柿本人麻呂●万葉植物園（都城市）019
越智渓水●城山公園（延岡市）020
加倉井秋を●西都原公園（西都市）021
木下利玄●広島通（宮崎市）022
春田　操●広瀬中学校（宮崎市佐土原町）023
金子兜太●県立青島亜熱帯植物園（宮崎市）024
若山牧水●富島高校（日向市）025
目野丁堪切●小戸神社（宮崎市）026
杉田作郎●五所稲荷神社（宮崎市）027
長塚　節●県立青島亜熱帯植物園（宮崎市）028
田﨑賜恵●安楽寺（宮崎市）029
若山牧水●文化の森（宮崎市）030
種田山頭火●ふるさと料理杉の子（宮崎市）031
川端康成●橘公園（宮崎市）032
宮　柊二●青雲橋公園（日之影町）033
安田尚義●茶臼原農村公園（西都市）034
若山牧水●青島神社参道（宮崎市）035
志垣澄幸●航空大学校（宮崎市）036
与謝野晶子●白鳥温泉下湯（えびの市）037
種田山頭火●市民図書館（えびの市）038
大原寿恵子●茶臼原（西都市）039
若山牧水●都井岬（串間市）040
高野春義●国立病院機構宮崎病院（川南町）041
種田山頭火●西橘通（宮崎市）042
凨　天●油津堀川（日南市）043
武者小路実篤●体育館（三股町）044
大河内冬扇●中央公民館（三股町）045
髙山彦九郎●座論梅（新富町）046
松尾芭蕉●鵜戸神社（高鍋町）047
野田宇太郎●飫肥城大手門駐車場（日南市）048
若山牧水●椿山森林公園（宮崎市）049
若山牧水●越智家（延岡市）050
橘　諸兄●宮崎市民の森（宮崎市）051
中村汀女●鵜戸神宮（日南市）052
高木兼寛●穆佐小（宮崎市高岡町）053
柴田司葉●祇園神社（日南市）054

宮崎ぶらり旅　じゅぴあ特派員リポート

海原山脈

絵付けと造形を楽しみながら
マイカップで暮らしたい 056
暮らしのなかで楽しむ My bicycle 058
アートと湯けむりを求めて 秋の霧島を行く 061
めんそーれ 宮崎に息づく沖縄の食を探訪 065
フランスの田舎の暮らしをリポート
ノルマンディーのタンポポサラダ 068
藍染め体験 070
木と向き合う暮らし
グローバルヴィレッヂ綾を訪ねて 072
「九鳥流」仕立ての流儀 076
茶臼原に息づく友愛の心 石井記念友愛園を訪ねて 080
庶民もプロも御用達!
京の暮らしの台所「錦市場」 084
愛する宮崎、繋がれてゆく地平のこころ 089
高鍋大師 にこにこ温和な石仏たち 092
発見!もうひとつの青島 096
廻船問屋の繁栄の歴史 美々津千軒を歩く 100
過去と未来が同居するマチ
中華航空で行く日本-台湾民間交流記 104
遊び相手は大自然 満喫!甑島リゾート 108
思い出「じゅぴあ食堂」 112
思い出「じゅぴあ食堂」 その② 114
大震災アングル スケッチで届ける被災地 116
サワディカー ほほえみの国タイへ 118
歴史と近代化の狭間、カンボジアを行く 120
綾・水物語 —二組の移住者に訊く— 122
生きいきアスタークラブ体験記 124
沖縄県読谷村の登り窯 陶芸家・大嶺實清の世界 126
夕日に魅せられて宮崎へ
歌人浜田康敬さんと短歌の紹介 128

走ってうたって 元気人 登場

金子兜太 133
元永定正 137
原田 宏 141
芸術のこと 人生のこと 現代っ子センターのこと 藤野忠利氏と語る 144
鷲見康夫 83歳の熱い風 芸術は勢いだ 148
福島泰樹 151
がんと生きる 154
おやつだって発酵パワー
味噌スイーツVS甘酒デザート 156
私の乳がん座談会 158

あとがき 162

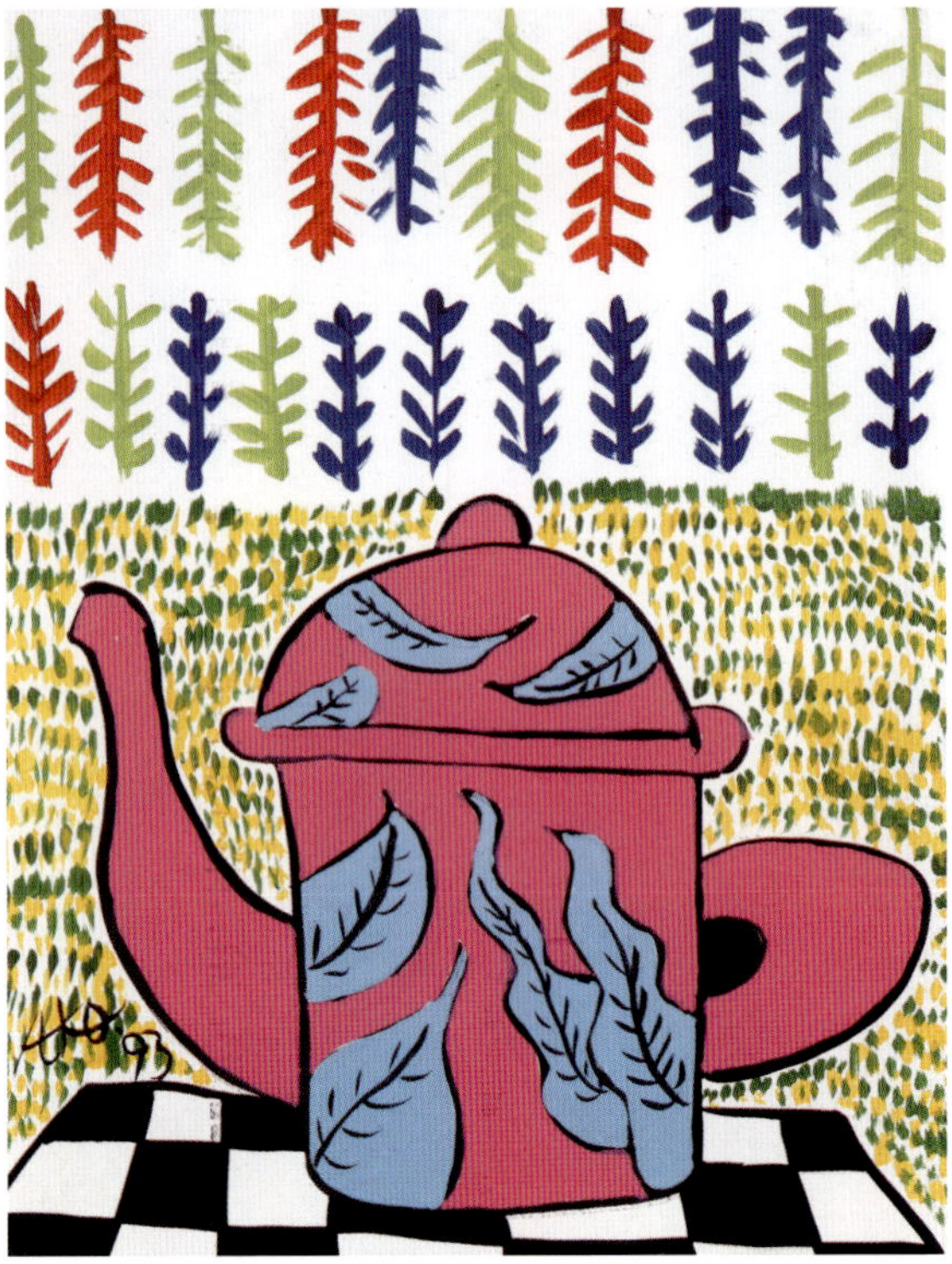

おしゃべりゆわかし

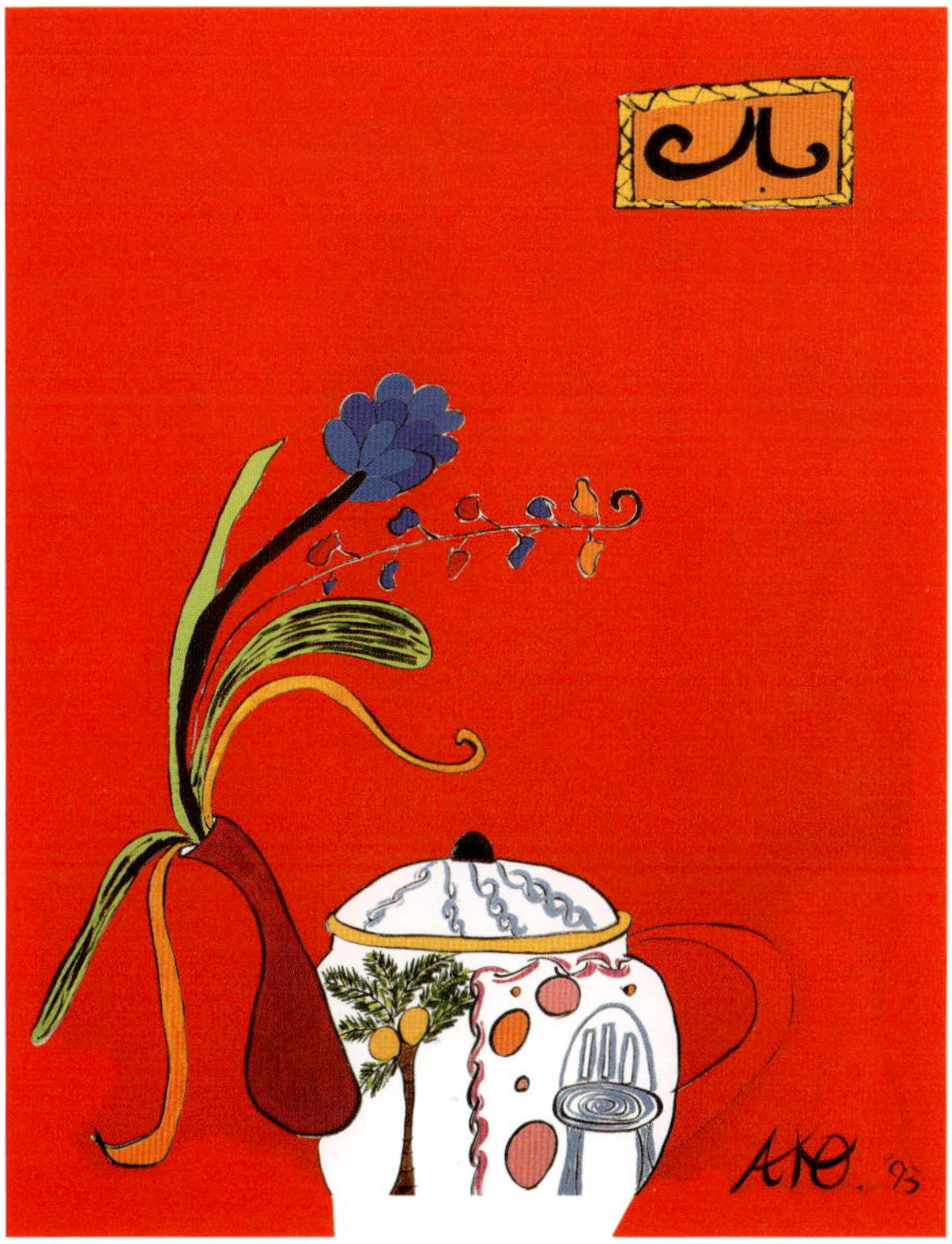

にやりとわらった

うタタビ
フタたビ

2015年3月23日初版発行
2015年5月25日増刷発行
著者：藤野まり子 ©
挿画：藤野ア子
装幀：石川道子
発行者：川口敦己
発行所：鉱脈社
〒880-8551　宮崎県宮崎市田代町263番地
電話 0985-25-1758
印刷製本：有限会社鉱脈社

サボテン・サボテン

かずら咲きこぼれ